AU SECONDAIRE

Un regard sur la vie

Carole Schepper, Dominic Groulx

Sylvie Bilodeau, Suzie Hamel, Christian Lefebvre,
Julie Marchand, Gilbert Melançon

Éditions Grand Duc
Groupe Éducalivres inc.
955, rue Bergar, Laval (Québec) H7L 4Z6
Téléphone : 514 334-8466 ■ Télécopie : 514 334-8387
InfoService : 1 800 567-3671

REMERCIEMENTS

Pour leur travail de vérification scientifique, l'Éditeur souligne la collaboration de :

M. Matthieu Devito, professeur de biologie, Collège Ahuntsic, Montréal ;

Mme Maud Joannert, biologiste, Université McGill ;

M. Bruno Lamolet, journaliste scientifique spécialisé en biologie et en médecine, Université de Montréal ;

M. Robert Ménard, enseignant retraité ;

M. Calin Zaganescu, physicien, Université du Québec à Montréal.

Pour leur travail de recherche, de rédaction ou de scénarisation, l'Éditeur tient à remercier les personnes suivantes :

M. Réjean Labrie, enseignant, École secondaire Louis-Philippe-Paré, C. s. des Grandes-Seigneuries ;

M. Paul Rosa, enseignant, École secondaire Louis-Philippe-Paré, C. s. des Grandes-Seigneuries ;

Mme Caroline Valiquette, rédactrice.

Pour leur travail de validation pédagogique ou d'expérimentation auprès des élèves, l'Éditeur tient à remercier les personnes suivantes :

Mme Marie-Josée Beauchamp, École secondaire L'Odyssée, C. s. de la Capitale ;

Mme Lucie Caron, enseignante, Petit Séminaire de Québec, Québec ;

M. Martin Dupont, enseignant, Collège de L'Assomption, L'Assomption ;

M. Guy Evans, enseignant retraité ;

Mme Mireille Jean, enseignante, École secondaire Pointe-Lévy, C. s. des Navigateurs ;

Mme Jacinthe Leclerc, enseignante, École secondaire de l'Aubier, C. s. des Navigateurs ;

Mme Danielle Legault, enseignante, École secondaire Fadette, C. s. de Saint-Hyacinthe ;

M. Damien Madgin, enseignant, École secondaire de la Magdeleine, C. s. des Grandes-Seigneuries ;

Mme Isabelle Marion, enseignante, Collège de L'Assomption, L'Assomption ;

Mme Marie-José Salem, enseignante, Académie Sainte-Thérèse, Sainte-Thérèse ;

Mme Kathleen Tousignant, enseignante, École d'éducation internationale de Laval ;

Mme Mélanie Tremblay, enseignante, Collège d'Anjou, Anjou.

Pour leur travail de validation des expériences de manipulation, l'Éditeur témoigne sa gratitude aux personnes suivantes :

Mme Pauline Berwald, technicienne en travaux pratiques, Académie Sainte-Agathe, C. s. Sir-Wilfrid-Laurier ;

Mme Sonia Bonin, technicienne en travaux pratiques, Collège Esther-Blondin, Saint-Jacques de Montcalm.

© 2007, **Éditions Grand Duc,** une division du Groupe Éducalivres inc.
955, rue Bergar, Laval (Québec) H7L 4Z6
Téléphone : 514 334-8466 ▪ Télécopie : 514 334-8387
www.grandduc.com
Tous droits réservés

CONCEPTION GRAPHIQUE : Marie-Violaine Lamarche.
ILLUSTRATIONS : Christine Beauregard, Arto DoKouzian, François et Christine Escalmel, Martin Gagnon, Bertrand Lachance, Michel Rouleau, Polygone Studio.

Nous reconnaissons l'aide financière du gouvernement du Canada par l'entremise du Programme d'aide au développement de l'industrie de l'édition (PADIÉ) pour nos activités d'édition.

Gouvernement du Québec – Programme de crédit d'impôt pour l'édition de livres - Gestion SODEC

CODE PRODUIT 3580
ISBN 978-2-7655-0098-8

Dépôt légal
Bibliothèque et Archives nationales du Québec, 2007
Bibliothèque et Archives Canada, 2007

Imprimé au Canada

1 2 3 4 5 6 7 8 9 0 F 6 5 4 3 2 1 0 9 8 7

Sommaire

VOLUME 1

MODULE 1   L'UNIVERS, LA CELLULE ET L'ÊTRE HUMAIN
MODULE 2   DE L'ATOME AUX ALIMENTS
MODULE 3   LE SYSTÈME DIGESTIF
MODULE 4   LES SYSTÈMES RESPIRATOIRE, CIRCULATOIRE
                ET LYMPHATIQUE

BOÎTE À OUTILS
ANNEXE
GLOSSAIRE
INDEX

VOLUME 2

MODULE 5   LE SYSTÈME EXCRÉTEUR
MODULE 6   LE SYSTÈME NERVEUX
MODULE 7   LE SYSTÈME MUSCULO-SQUELETTIQUE
MODULE 8   LA PERPÉTUATION DE L'ESPÈCE

BOÎTE À OUTILS
GLOSSAIRE
INDEX

Description sommaire des principaux systèmes du corps humain

Système digestif

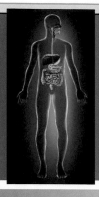

Composantes : tube digestif (bouche, pharynx, œsophage, estomac, intestin grêle, gros intestin, anus) et glandes digestives (glandes salivaires, foie, pancréas, glandes gastriques, glandes intestinales).

Fonctions : digestion mécanique et chimique des aliments, absorption des nutriments, excrétion des déchets.

Référence : **FIG. 3.2** (p. 109)

Système respiratoire

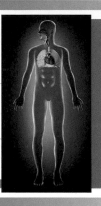

Composantes : voies respiratoires (fosses nasales, pharynx, larynx, trachée, bronches), poumons (bronchioles, sacs alvéolaires, alvéoles).

Fonctions : absorption de l'oxygène nécessaire aux cellules, élimination du dioxyde de carbone résultant de la combustion cellulaire.

Référence : **FIG. 4.3** (p. 161)

Système circulatoire

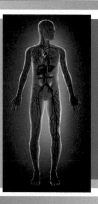

Composantes : sang (éléments figurés, plasma), cœur, vaisseaux sanguins (artères, veines, capillaires).

Fonction : circulation du sang, qui contient les éléments figurés, les nutriments, l'oxygène, les déchets et d'autres substances.

Référence : **FIG. 4.16** (p. 174)

Système lymphatique

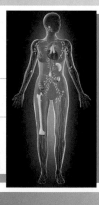

Composantes : lymphe, vaisseaux lymphatiques, structures riches en globules blancs (ganglions, thymus, rate, amygdales).

Fonction : défense de l'organisme contre les envahisseurs.

Référence : **FIG. 4.38** (p. 191)

Système excréteur

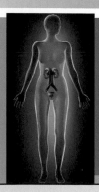

Composantes : reins, uretères, vessie, urètre.

Fonctions : élimination des déchets azotés et d'autres déchets sanguins, régulation de la composition chimique du sang.

Référence : **Volume 2**

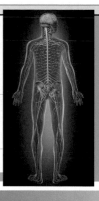

Composantes :	encéphale, moelle épinière, nerfs, organes sensoriels (yeux, oreilles), récepteurs sensoriels, présents notamment dans la peau, les fosses nasales et la langue.
Fonctions :	utilisation des influx nerveux afin de réguler les activités de l'organisme, perception et interprétation des sensations, réponses aux stimuli.
Référence :	**Volume 2**

Système nerveux

Système osseux

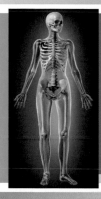

Composantes :	os, articulations, cartilages.
Fonctions :	protection et soutien de l'organisme, aide aux mouvements corporels, stockage des minéraux, fabrication des cellules sanguines.
Référence :	**Volume 2**

Composantes :	muscles.
Fonctions :	mouvements corporels, maintien de la posture, stabilisation des articulations, production de chaleur, mouvements internes.
Référence :	**Volume 2**

Système musculaire

Système reproducteur masculin

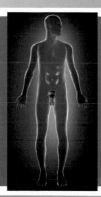

Composantes :	gonades (testicules), canaux (épididymes, canaux déférents, urètre), pénis, glandes annexes (prostate, vésicules séminales, glandes de Cowper).
Fonctions	production et transport de gamètes (spermatozoïdes) qui s'unissent à un ovule afin de former un nouvel organisme, sécrétion d'hormones sexuelles.
Référence :	**Volume 2**

Composantes :	gonades (ovaires), canaux (trompes de Fallope, utérus, vagin), vulve (grandes et petites lèvres, clitoris, glandes de Bartholin), glandes mammaires.
Fonctions :	production et transport de gamètes (ovules), siège de la fécondation et du développement du fœtus, production de lait, sécrétion d'hormones sexuelles.
Référence :	**Volume 2**

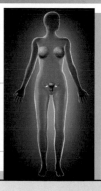

Système reproducteur féminin

Structure du manuel

Le manuel se divise en quatre grandes sections:
les modules; la Boîte à outils; le glossaire; l'index.

Structure d'un module

Présentation du module

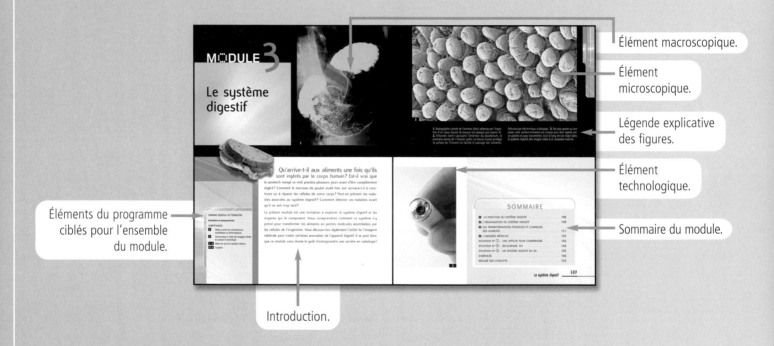

Élément macroscopique.

Élément microscopique.

Légende explicative des figures.

Élément technologique.

Éléments du programme ciblés pour l'ensemble du module.

Sommaire du module.

Introduction.

Partie 1 – Concepts

Cette partie contient les concepts théoriques du module.

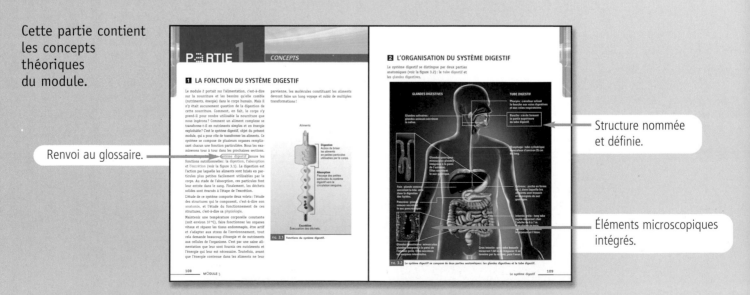

Structure nommée et définie.

Renvoi au glossaire.

Éléments microscopiques intégrés.

Partie 2 – Actions

Cette partie contient :
- des situations d'apprentissage ;
- des exercices ;
- un résumé des concepts.

Mise en situation
Contexte et préparation à la situation d'apprentissage.

Plan d'action
Sommaire des tâches proposées dans la situation d'apprentissage.

Tâche finale

Compétences à exploiter dans la situation d'apprentissage.

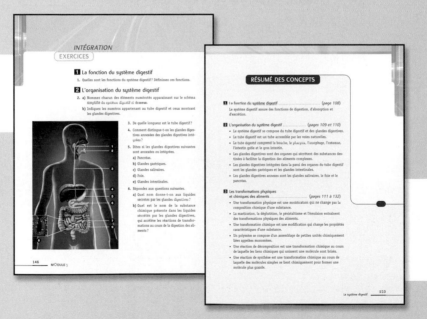

EXERCICES
Questions visant à vérifier les connaissances acquises dans le module.

RÉSUMÉ DES CONCEPTS
Abrégé point par point des concepts vus dans le module.

Pictogrammes

 Renvoi à la section Boîte à outils.

 Fiches reproductibles disponibles pour la tâche proposée.

 Renvoi à un laboratoire en fiches reproductibles.

Outils

Boîte à outils

Renseignements techniques liés à la science et à la technologie, et informations favorisant le développement des compétences.

Glossaire

Définition des mots en bleu dans les modules.

Index

Mots classés dans l'ordre alphabétique pour repérer rapidement un concept traité dans les modules.

Annexe La version intégrale de *Bien manger avec le Guide alimentaire canadien* se trouve après la Boîte à outils.

Rubriques

Espace science

Informations supplémentaires pour approfondir un concept abordé sommairement dans un module.

Carrières

Description de métiers ou de professions liés au domaine d'un module.

Rond-point culture

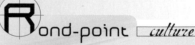

En 1822, par suite d'un coup de fusil au ventre, un soldat canadien, Alexis Saint-Martin, est devenu bien malgré lui un sujet de curiosité et d'étude pour les scientifiques. En effet, sa blessure s'était cicatrisée en soudant la paroi de l'estomac à la couche externe de l'épiderme. Il s'était ainsi formé un petit canal, appelé fistule, qui permettait au médecin de prélever directement de l'extérieur le contenu de l'estomac. Une série d'expériences sur les mécanismes de la digestion furent entreprises sur ce curieux cobaye.

Informations rattachées au sujet traité, mais provenant d'autres champs de connaissances : culture, géographie, français et mathématique.

info+

Mis bout à bout, les globules rouges d'un seul corps humain formeraient une chaîne de 175 000 km de longueur, soit 4 fois le tour de la Terre à l'équateur !

Informations anecdotiques rattachées au concept traité.

Table des matières

Description sommaire des principaux systèmes du corps humain IV

Structure du manuel VI

MODULE 1 L'Univers, la cellule et l'être humain 2

PARTIE 1 *CONCEPTS* 4

1 L'UNIVERS, SA COMPOSITION ET SES CARACTÉRISTIQUES 4
  1.1 L'origine et l'évolution de l'Univers 4
  1.2 Les composantes de l'Univers 6

2 LA TERRE DANS L'UNIVERS 8
  2.1 Notre galaxie 8
  2.2 Notre système solaire 10

3 LES ÉCHELLES DE DISTANCE DANS L'UNIVERS 11
  3.1 L'unité astronomique (UA) 11
  3.2 L'année-lumière (a.l.) 11

4 LA NAISSANCE DE L'UNIVERS, DU SYSTÈME SOLAIRE ET DE LA TERRE ... 12
  4.1 L'origine de l'Univers et du système solaire 12
  4.2 L'histoire de la Terre 12

5 L'HISTOIRE DE LA VIE 13
  5.1 Les conditions favorables à l'apparition
      et au développement de la vie 13
  5.2 Les origines de la vie sur Terre 13
  5.3 Les premières formes de vie sur Terre 14
  5.4 De la vie ailleurs dans l'Univers? 15

6 L'ORGANISATION DE LA VIE, DE LA CELLULE À L'ORGANISME 16
  6.1 La cellule, une petite unité de vie 16
  6.2 La cellule animale 16

  ESPACE SCIENCE **Les structures du cytoplasme en détail** 18
                  Le noyau en détail 19

  6.3 La cellule végétale 20
  6.4 La division cellulaire 21
  6.5 Les cellules spécialisées 22
  6.6 Les cellules forment des tissus 23
  6.7 Les tissus forment des organes 24
  6.8 Les organes forment les systèmes 24
  6.9 Un organisme se compose de plusieurs systèmes 24

PARTIE 1 CONCEPTS (*suite*)

7 **L'ÉVOLUTION DE LA VIE** 25

   7.1 Les temps géologiques de la Terre 25

   7.2 L'évolution des espèces 25

8 **LES EXTINCTIONS D'ESPÈCES VIVANTES** 29

   8.1 Les extinctions massives des temps géologiques 29

   8.2 Les causes des extinctions massives 30

9 **LES TRACES LAISSÉES PAR LES VIVANTS** 30

   9.1 Des traces utiles 30

   9.2 Des traces très anciennes 31

   9.3 Des traces de l'hominidé 32

   9.4 Des traces récentes 33

   9.5 La datation des traces 34

ESPACE SCIENCE

   L'Univers sous la lunette de Galilée 36

   La théorie moderne de l'évolution 37

CARRIÈRES

   Astronome : la tête dans les étoiles 39

   **Paléontologue et archéologue :
les deux pieds dans la terre** 39

PARTIE 2 ACTIONS 40

Situation n° ① : La biotechnologie doit-elle supplanter la nature ? 40

Situation n° ② : L'exploration de l'Univers : une tâche inutile ? 42

Situation n° ③ : Un ancêtre commun 43

Situation n° ④ : La Station spatiale internationale 43

INTÉGRATION 44

Exercices 44

Résumé des concepts 51

CONCEPTS ABORDÉS

ADN, 19 • CONDITIONS FAVORABLES AU DÉVELOPPEMENT DE LA VIE, 13 • COUCHES STRATIGRAPHIQUES, 31 À 34 • ÉCHELLES, 8 ET 9 • ÉCHELLE DE L'UNIVERS (ANNÉE LUMIÈRE, UNITÉ ASTRONOMIQUE ET SITUATION DE LA TERRE DANS L'UNIVERS, 8 À 11 • ÉCHELLE DES TEMPS GÉOLOGIQUES, 25 À 27 • EXTINCTIONS D'ESPÈCES VIVANTES, 29 ET 30 • FOSSILES, 30 À 32 • GRANDS ÉPISODES DE L'HISTOIRE DU VIVANT, 13 À 25, 25 À 28 • MITOSE, 21 • ORGANES, 24 • SYSTÈMES, 24 • TISSUS, 24.

MODULE 2 De l'atome aux aliments 54

PARTIE 1 *CONCEPTS* 56

1 LA MATIÈRE (RAPPEL) 56

2 L'ORGANISATION DE LA MATIÈRE 57

2.1 La modélisation de la matière 57

2.2 La modélisation de l'atome 58

ESPACE science — **De quoi est fait un atome ?** 59

2.3 De la molécule au composé 60

2.4 Les mélanges homogènes et hétérogènes 62

3 LES SOLUTIONS, DES MÉLANGES HOMOGÈNES 67

3.1 Les solutions et leur préparation 67

3.2 Les solutions et leurs propriétés 68

4 LES ALIMENTS 71

4.1 Les types d'aliments 71

4.2 Les besoins alimentaires quotidiens 73

4.3 Les aliments producteurs d'énergie 74

4.4 Les aliments constructeurs et réparateurs 77

4.5 Les aliments régulateurs 78

5 LA TRANSFORMATION DES ALIMENTS 80

5.1 Les changement de phase et les aliments 80

5.2 Les procédés de transformation des aliments 81

5.3 Les organismes génétiquement modifiés 82

ESPACE science — **Bien manger avec le Guide alimentaire canadien, un modèle parmi d'autres** 84

Le diabète, une maladie sucrée 86

L'évolution des modèles atomiques 88

La pasteurisation : un coup de chaleur pour les bactéries 90

CARRIÈRES — **Nutritionniste : fin stratège de l'alimentation** 91

Technicien ou technicienne en diététique : en action sur le terrain 91

PARTIE 2 *ACTIONS* 92

Situation n° ① : Santé et publicité : faut-il tout croire ? 92

Situation n° ② : Mon portrait santé ! 94

Situation n° ③ : Le diabète : d'une génération à l'autre ? 94

Situation n° ④ : En bonne santé dans 100 ans ? 95

INTÉGRATION 96

Exercices 96

Résumé des concepts 103

CONCEPTS ABORDÉS

FORME D'ÉNERGIE CHIMIQUE, 74 • MÉLANGE HOMOGÈNE ET HÉTÉROGÈNE, 62 À 66 • MODÈLE CORPUSCULAIRE, 57 ET 58 • PASTEURISATION, 90 • PROPRIÉTÉS CARACTÉRISTIQUES PHYSIQUES (POINT DE FUSION, POINT D'ÉBULLITION, MASSE VOLUMIQUE ET SOLUBILITÉ), 68 À 70, 80 • PROPRIÉTÉS DES SOLUTIONS (CONCENTRATION, SOLUTÉ ET SOLVANT), 67, 69 • SUBSTANCES PURES (COMPOSÉS ET ÉLÉMENTS), 60 À 62 • TRANSFORMATION GÉNÉTIQUE (OGM), 82 ET 83 • TRANSFORMATIONS PHYSIQUES (DISSOLUTION, DILUTION ET CHANGEMENT DE PHASE), 67, 70, 80 • TYPES D'ALIMENTS (EAU, PROTIDES, GLUCIDES, LIPIDES, VITAMINES ET MINÉRAUX), 71 À 79 • VALEURS NUTRITIVE ET ÉNERGÉTIQUE ASSOCIÉES AUX ALIMENTS, 74.

MODULE 3 Le système digestif 106

PARTIE 1 *CONCEPTS* 108

1 LA FONCTION DU SYSTÈME DIGESTIF 108

2 L'ORGANISATION DU SYSTÈME DIGESTIF 109

2.1 Le tube digestif 110

2.2 Les glandes digestives 110

3 LES TRANSFORMATIONS PHYSIQUES ET CHIMIQUES DES ALIMENTS 111

3.1 Les transformations physiques des aliments 111

3.2 Les transformations chimiques des aliments 112

3.3 La bouche 114

3.4 Le pharynx 118

3.5 L'œsophage 119

3.6 L'estomac 120

3.7 L'intestin grêle 123

3.8 Le gros intestin 129

3.9 Le système digestif en résumé 131

4 L'IMAGERIE MÉDICALE 133

4.1 La radiographie 134

4.2 L'échographie 135

4.3 Le scanner 136

4.4 L'imagerie par résonance magnétique (IRM) 137

4.5 L'endoscopie 138

ESPACE SCIENCE
**L'hygiène dentaire:
sourire éclatant et dents saines** 139

CARRIÈRES
**Gastro-entérologue: pour un
système digestif fonctionnel** 141

**Technologue en radiologie: pour voir
ce qui se cache à l'intérieur du corps** 141

PARTIE 2 *ACTIONS* 142

Situation n° ① : Une affiche pour comprendre 142

Situation n° ② : Secourisme 101 144

Situation n° ③ : Un système digestif en 3D 145

INTÉGRATION 146

Exercices 146

Résumé des concepts 153

CONCEPTS ABORDÉS

GLANDES DIGESTIVES (GLANDES SALIVAIRES, GLANDES GAS-
TRIQUES, PANCRÉAS, FOIE, GLANDES INTESTINALES), 109 ET
110, 116 ET 117, 120 À 122, 125 À 128 • TRANSFORMA-
TIONS DES ALIMENTS (MÉCANIQUE, CHIMIQUE), 111 À 113 •
TRANSFORMATIONS CHIMIQUES (PRÉCIPITATION, DÉCOMPOSITION
ET SYNTHÈSE), 112 ET 113 • TRANSFORMATIONS PHYSIQUES,
111 • TUBE DIGESTIF (BOUCHE, ŒSOPHAGE, ESTOMAC, INTESTIN
GRÊLE, GROS INTESTIN, ANUS), 109 ET 110, 114 À 132.

MODULE 4 Les systèmes respiratoire, circulatoire et lymphatique 156

PARTIE 1 *CONCEPTS* 158

1 LES RÉSEAUX DE TRANSPORT 158

2 L'ANATOMIE ET LA PHYSIOLOGIE DU SYSTÈME RESPIRATOIRE 160
2.1 Les voies respiratoires 162
2.2 Les poumons 164
2.3 Les mouvements respiratoires 167
2.4 La capacité pulmonaire 167
2.5 Les échanges gazeux 168
2.6 La pression 169
2.7 Les fluides compressibles et les fluides incompressibles 172

3 L'ANATOMIE ET LA PHYSIOLOGIE DU SYSTÈME CIRCULATOIRE 173
3.1 La fonction du système circulatoire 173
3.2 Le sang 173
3.3 Les groupes sanguins 178
3.4 La structure du cœur 181
3.5 Les vaisseaux sanguins 183
3.6 La physiologie du cœur 186
3.7 La circulation du sang 187
3.8 La mesure de la pression sanguine 188

4 L'ANATOMIE ET LA PHYSIOLOGIE DU SYSTÈME LYMPHATIQUE 190
4.1 La lymphe 190
4.2 Les vaisseaux lymphatiques 190
4.3 Les organes annexes 192
4.4 Le système immunitaire 193
4.5 La vaccination 194
4.6 La fabrication de vaccins 196

CARRIÈRES **Cardiologue : le système cardiovasculaire
sous surveillance** 197

Inhalothérapeute : à la recherche du souffle de vie ... 197

PARTIE 2 *ACTIONS* 198
Situation n° ① : Tour cycliste 198
Situation n° ② : Délit de fuite ? 199
Situation n° ③ : Carambolage sur la route ! 200
Situation n° ④ : À bout de souffle ! 200
Situation n° ⑤ : Le système lymphatique 201

INTÉGRATION 202
Exercices 202
Résumé des concepts 210

BOÎTE À OUTILS 214
ANNEXE : *Bien manger avec le Guide alimentaire canadien* ... 270
GLOSSAIRE 276
INDEX 284
RÉFÉRENCES PHOTOGRAPHIQUES 290

CONCEPTS ABORDÉS

COMPATIBILITÉ DES GROUPES SANGUINS, 178 À 180 • FLUIDES COMPRESSIBLE ET INCOMPRESSIBLE, 172 • FONCTIONS DES CONSTITUANTS DU SANG, 173 À 178 • PRESSION, 169 À 171 • RELATION ENTRE PRESSION ET VOLUME, 170 À 172 • SYSTÈME CIRCULATOIRE, 158 ET 159, 173 À 189 • SYSTÈME LYMPHATIQUE, 158 ET 159, 190 À 194 • SYSTÈME RESPIRATOIRE, 158 À 169 • VACCINATION, 194 À 196.

MODULE 1

L'Univers, la cellule et l'être humain

1

L'être humain s'interroge sur l'origine de l'Univers et de sa planète ainsi que sur l'origine et l'évolution des formes de vie. Comment la Terre a-t-elle pris forme? La vie a-t-elle commencé sur la Terre? Et comment a-t-elle commencé? Quelles sont les étapes de l'évolution de la vie? Des scientifiques se mobilisent pour arriver à répondre à ces questions. Cependant, encore aujourd'hui, certaines de ces questions sont sans réponse. Avant de se lancer dans l'étude du corps humain, il importe d'explorer nos origines.

Le présent module porte sur l'histoire connue de l'Univers, de la Terre et de la vie. Plusieurs grands sujets y seront donc abordés. Nous étudierons d'abord les notions astronomiques se rapportant à l'Univers, au système solaire puis à la Terre. Le point marquant de l'apparition de la vie, la cellule, sera examiné du point de vue biologique. Finalement, nous traiterons de l'histoire de la vie et de son évolution, ainsi que des moyens géologiques, paléontologiques et archéologiques mis en œuvre pour les découvrir et les comprendre.

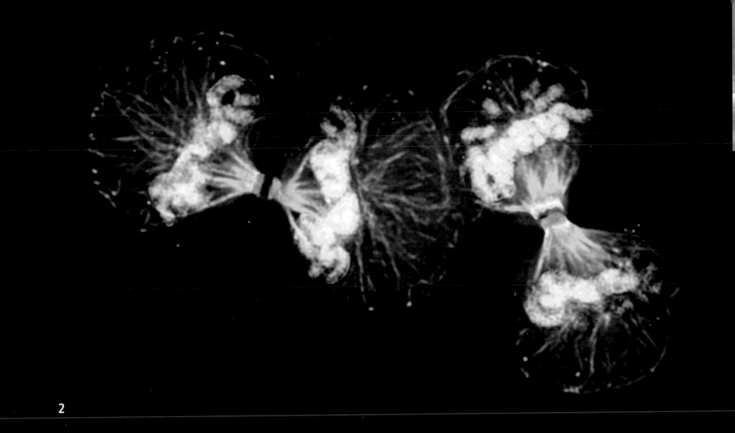

1. Région centrale de la Voie lactée, notre galaxie, vue de l'intérieur. Cette bande laiteuse traverse les constellations du Scorpion et du Sagittaire.
2. Micrographie fluorescente de la division cellulaire (mitose) de deux cellules. L'ADN apparaît en blanc au centre des quatre cellules filles.
3. Graphique illustrant les résultats d'un séquençage d'ADN. L'ADN, acide désoxyribonucléique, se compose de quatre bases : l'adénine (A), la cytosine (C), la guanine (G) et la thymine (T). La séquence de ces bases forme les gènes qui contiennent l'information génétique d'un organisme.
4. Télescope spatial Hubble, tel que l'ont vu les astronautes à bord de la navette spatiale *Discovery* peu de temps après qu'il eut été relâché par le bras canadien le 25 avril 1990.

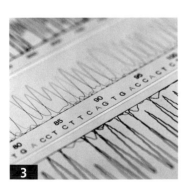

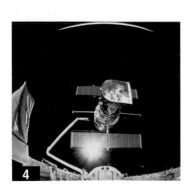

SOMMAIRE

1 L'UNIVERS, SA COMPOSITION ET SES CARACTÉRISTIQUES 4

2 LA TERRE DANS L'UNIVERS 8

3 LES ÉCHELLES DE DISTANCE DANS L'UNIVERS 11

4 LA NAISSANCE DE L'UNIVERS,
DU SYSTÈME SOLAIRE ET DE LA TERRE 12

5 L'HISTOIRE DE LA VIE 13

6 L'ORGANISATION DE LA VIE, DE LA CELLULE À L'ORGANISME 16

7 L'ÉVOLUTION DE LA VIE 25

8 LES EXTINCTIONS D'ESPÈCES VIVANTES 29

9 LES TRACES LAISSÉES PAR LES VIVANTS 30

SITUATION N° ① : LA BIOTECHNOLOGIE
DOIT-ELLE SUPPLANTER LA NATURE? 40

SITUATION N° ② : L'EXPLORATION DE L'UNIVERS :
UNE TÂCHE INUTILE?..................... 42

SITUATION N° ③ : UN ANCÊTRE COMMUN 43

SITUATION N° ④ : LA STATION SPATIALE INTERNATIONALE 43

EXERCICES 44

RÉSUMÉ DES CONCEPTS 51

1 L'UNIVERS, SA COMPOSITION ET SES CARACTÉRISTIQUES

Aujourd'hui, avec des instruments sophistiqués, il nous est possible d'observer des milliards d'étoiles dans l'espace (voir la figure 1.1). Des milliards d'autres corps célestes demeurent toutefois imperceptibles à nos yeux. Quelle est la taille de l'espace capable de contenir toutes ces masses? L'Univers est-il fini ou infini? Est-ce que sa taille change avec le temps?

Depuis un certain temps, les êtres humains se posent ces questions. Notre plus grand obstacle à la compréhension de l'Univers est un problème d'échelle. L'Univers est si immense et si âgé qu'il est difficile de s'en faire une idée juste pour nous, dont la durée de vie est de moins d'un siècle et pour qui les distances se mesurent en kilomètres. Regarder un ciel rempli d'étoiles peut nous donner le vertige. C'est pourquoi, avant de se lancer dans l'étude du corps humain et de son fonctionnement, il est nécessaire de se pencher sur les questions posées précédemment afin de se faire une meilleure idée de notre place et de notre origine dans l'Univers.

1.1 L'origine et l'évolution de l'Univers

La cosmologie est la branche de l'astronomie qui étudie la structure d'ensemble et l'évolution de l'Univers. Plusieurs modèles décrivant les caractéristiques de l'Univers sont toujours à l'étude en cosmologie (pour plus d'information sur la modélisation, consultez la section Boîte à outils aux pages 256 et 257). Le plus accepté actuellement est celui du big bang (voir la figure 1.2). Il permet d'expliquer physiquement l'expansion de l'Univers observé par les astronomes avec leurs télescopes. L'Univers étant en expansion, toutes les galaxies lointaines s'éloignent de nous à grande vitesse. Ce modèle permet également d'expliquer la naissance

FIG. 1.1 **Deux galaxies en interaction.**

La galaxie M51 (au centre) et sa compagne NGC 5195 (en haut) sont situées à 20 millions d'années-lumière de la Terre. Photographie prise par le télescope Canada-France-Hawaii, à Mauna Kea, à Hawaii.

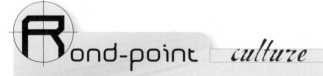

Rond-point *culture*

Le premier catalogue d'objets stellaires (galaxies, amas d'étoiles, nébuleuses) a été rédigé à l'observatoire de Paris par Charles Messier au 18e siècle. Ce catalogue répertorie aujourd'hui 110 objets, nommés M1 à M110.

de l'Univers. Le Cosmos (l'Univers) aurait pris forme après une explosion extrêmement puissante qui aurait fait voler en éclats un noyau primitif dont les fragments se dispersent encore aujourd'hui.

L'Univers se composerait donc de l'ensemble de la matière et de l'énergie répandues dans l'espace et le temps. Or, on observe un immense vide dans cet espace. Si la matière était répartie également dans l'espace, chaque grain de sable se retrouverait au milieu d'un cube vide de 30 km de côté. En fait, cette matière est plutôt répartie en amas qu'on appelle galaxies et qui comptent des milliards d'étoiles autour desquelles gravitent des planètes (voir la figure 1.3).

FIG. 1.2 **Représentation conceptuelle du big bang.**

Au commencement, toute la matière et l'énergie de l'Univers auraient tenu dans un volume inférieur à celui d'un atome. Après une explosion colossale, la matière se serait lentement groupée en galaxies (aux bords de l'image). Depuis, l'Univers ne cesse de s'étendre et de se refroidir.

FIG. 1.3 **Photographie de plusieurs galaxies lointaines prise par le télescope spatial Hubble.**

Andromède (M31), une galaxie spirale.

M87, une galaxie elliptique.

Deux petites galaxies irrégulières: le grand nuage de Magellan (à gauche) et le petit nuage de Magellan (à droite).

FIG. 1.4 Galaxies typiques.

1.2 Les composantes de l'Univers

Les galaxies

Une galaxie se compose d'un vaste ensemble d'étoiles, de poussières et de gaz interstellaires tournant autour d'un centre commun et formant un tout bien défini dans l'Univers. Il existe des milliards de galaxies; certaines sont bien connues, comme notre voisine cosmique, la galaxie d'Andromède (appelée aussi M31). Les galaxies sont classées selon leurs formes.

Les galaxies les plus spectaculaires sont les spirales; elles sont aplaties, en forme de disque avec un bulbe au centre et des bras qui s'enroulent tout autour (Andromède, voir la figure 1.4). Composées de beaucoup de gaz et de poussières, ces galaxies sont les plus courantes (environ 70%). Les étoiles les plus vieilles occupent le centre; les plus jeunes sont disséminées dans les bras spiraux. Il existe également des galaxies spirales barrées dont le noyau, au centre, s'étire pour former une ligne.

Les galaxies elliptiques, comme leur nom l'indique, sont presque sphériques. Elles se composent d'étoiles plus vieilles et comportent peu de gaz. La galaxie M87 située dans l'amas de galaxie de la Vierge en est un bon exemple (voir la figure 1.4). Les galaxies elliptiques ne possèdent pas de bras spiraux, mais ont néanmoins une forme plus ou moins ronde. Finalement, les galaxies irrégulières ne possèdent pas de forme définie. Elles sont formées d'étoiles jeunes et contiennent beaucoup de poussières et de gaz (voir la figure 1.4).

Les étoiles

Les milliards d'étoiles de notre galaxie ne sont pas toutes semblables: certaines sont jeunes, d'autres, vieilles; certaines sont très brillantes (jusqu'à 30 000 fois plus lumineuses que notre Soleil), d'autres sont imperceptibles à cause de leur obscurité; certaines sont géantes et d'autres, naines. Comment classe-t-on les étoiles? En les comparant avec l'étoile que nous connaissons le mieux, notre Soleil. La couleur d'une étoile nous renseigne sur la température régnant à sa surface. Le Soleil est une étoile jaune, la température à sa surface est d'environ 6000 °C. Les étoiles rouges sont plus froides, elles possèdent une température de surface de 3000 °C. Les bleues, en revanche, sont plus chaudes, variant de 20 000 à 35 000 °C.

La taille des étoiles est exprimée en comparaison avec le diamètre de notre Soleil. Des étoiles naines ont un diamètre d'environ 0,1 fois celui du Soleil; les étoiles géantes, elles, atteignent un diamètre 1000 fois plus grand.

Il est également possible d'estimer la masse des étoiles. Cette masse s'exprime alors en unités de masse solaire ($M_\odot$). Dans ce système d'unités, la masse du Soleil est donc de 1 (1 $M_\odot$ = 1,99 $\times$ 10^{23} kg; consultez la section Boîte à outils aux pages 224 et 225 pour les unités de mesure). Les étoiles connues possèdent des masses qui varient de 0,08 à 100 masses solaires.

Dans notre ciel, les étoiles sont groupées en constellations. Historiquement, une constellation est un ensemble d'étoiles dont les projections sur la voûte

céleste sont suffisamment proches pour qu'une civilisation donnée ait décidé de les lier par des lignes imaginaires formant une figure sur la voûte céleste. Les astronomes ont déterminé 88 constellations sur toute la grandeur de la voûte céleste, notamment Orion, la Grande Ourse et, bien sûr, les douze constellations formant le Zodiaque (voir la figure 1.5).

Parmi les 3000 étoiles observables à l'œil nu, quelques-unes méritent notre attention. Par exemple, Sirius A, dans la constellation du Grand Chien, est l'étoile la plus brillante du ciel après le Soleil. Sa masse vaut plus de deux fois celle du Soleil et son diamètre équivaut à près du double. Sirius B, la compagne de Sirius A, est la première naine blanche découverte par les astronomes. Comme son nom l'indique, elle est extrêmement petite et, par conséquent, émet peu de lumière. Bételgeuse, sur l'épaule d'Orion, et Antarès, le cœur du Scorpion, sont des géantes rouges qui possèdent des masses environ 15 fois supérieures à celle du Soleil et des diamètres d'environ 650 fois supérieurs à celui de ce dernier. Proxima du Centaure, une petite étoile peu lumineuse, est l'étoile la plus proche du Soleil.

Exercices pour cette section, page 44.

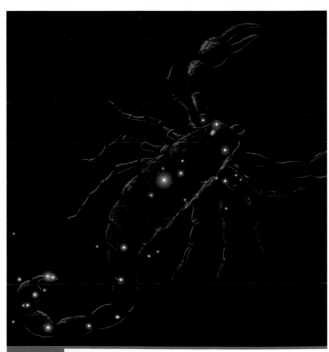

FIG. 1.5 Représentation artistique de la constellation du Scorpion, l'une des douze constellations formant le Zodiaque.

2 LA TERRE DANS L'UNIVERS

2.1 Notre galaxie

La Terre fait partie de la Voie lactée (voir la figure 1.6), une galaxie de type spirale barrée contenant 200 milliards d'étoiles. Les étoiles au centre de la galaxie sont des étoiles plus vieilles (12 à 13 milliards d'années) ; celles des bras spiraux sont en moyenne beaucoup plus jeunes. Notre Soleil est une étoile dans la force de l'âge, soit 5 milliards d'années ou la moitié de sa durée de vie totale, estimée à 10 milliards d'années. Il se situe dans un des bras de la galaxie, nommé le bras d'Orion (voir la figure 1.7).

Quelle est la taille de notre galaxie ? Pour se faire une idée de la dimension de la Voie lactée, nous devons avoir recours à une échelle. Une échelle est un rapport entre la grandeur réelle d'un objet et la grandeur utilisée pour sa représentation. Ainsi, si 1 cm sur un dessin représente 1 000 000 km dans la réalité (échelle 1 : 100 000 000 000), le Soleil, dont le diamètre réel est de 1 390 000 km,

TABLEAU **1.1**   Carte d'identité de la Voie lactée.

Type d'objet	Galaxie spirale barrée.
Nombre d'étoiles	Environ 200 milliards.
Masse	Entre 750 et 1000 milliards de masses solaires.
Dimension	Environ 100 000 années-lumière de diamètre.

info +

L'astronome étudie l'Univers, les planètes et les étoiles. Pour en connaître davantage sur sa profession, consultez la rubrique Carrières à la page 39.

FIG. **1.6**   **Voie lactée vue de la Terre.**

Nos ancêtres ont donné le nom de Voie lactée à cette bande blanche laiteuse qu'on peut voir dans le ciel. Nous avons compris plus tard qu'il s'agissait de notre galaxie. Pour une vue d'ensemble de la Voie lactée, voir la figure 1.9 à la page 11.

sera réduit sur le papier à la taille d'une pièce de 10 cents (environ 1,4 cm).

Si cette pièce de 10 cents était placée au centre du terrain de football du Stade olympique de Montréal (sur la ligne des 55 verges), la Terre se retrouverait alors à 1,5 m du Soleil et aurait la taille d'un dixième de la pointe de votre crayon (0,1 mm). Jupiter, grosse comme deux pointes de crayon (1,4 mm), serait à 8 m du Soleil (soit plus loin que la ligne des 50 verges) et Pluton se situerait à 59 m (au milieu de la zone des buts).

Selon la même échelle, à partir du Stade olympique, il faudrait, pour atteindre l'étoile la plus proche du Soleil (Proxima du Centaure), aller en ligne droite jusqu'à Tadoussac (à environ 400 km). L'étoile la plus brillante dans notre ciel, Sirius, serait à environ 800 km en ligne droite, soit à Sept-Îles.

Selon cette même échelle, quelle distance nous donnerait une idée du diamètre de notre galaxie? Aucune ville sur Terre ne serait assez loin de Montréal; la Lune elle-même ne serait pas assez éloignée. En fait, il faudrait compter une distance plus grande que 20 fois celle entre la Terre et la Lune!

FIG. **1.7** Voie lactée (représentation).

Galileo Galilei est le premier homme à avoir pointé un télescope sur la bande laiteuse formée par la Voie lactée. À sa grande surprise, il remarqua que cette bande était formée d'une quantité impressionnante d'étoiles. Pour en savoir plus sur ce célèbre scientifique, consultez la rubrique Espace science à la page 36.

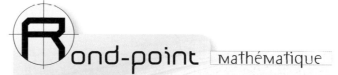

Une échelle est le rapport entre la mesure d'un objet réel et la mesure de sa représentation (carte géographique, maquette, etc.). Elle s'exprime par une fraction. Un facteur d'échelle 1/100 (s'écrivant aussi 1 : 100 ou au 100e) se traduit par la formule suivante :

mesure de la représentation =
mesure de l'objet représenté × (1/100)

Donc, dans cet exemple, si 1 cm représente 100 cm, alors 2 cm représenteront 200 cm et ainsi de suite.

2.2 Notre système solaire

Le système solaire a pour centre le Soleil (qui représente 99% de toute la masse du système). Autour du Soleil, huit planètes décrivent une orbite; ce sont, de la plus proche à la plus éloignée, Mercure, Vénus, la Terre, Mars, Jupiter, Saturne, Uranus et Neptune (voir la figure 1.8).

D'autres objets tournent également autour du Soleil: des planètes naines (dont Pluton), une ceinture d'astéroïdes située entre Mars et Jupiter, la ceinture de Kuiper située au-delà de Neptune, des comètes provenant principalement du nuage de Oort (nuage sphérique de roches et de glace entourant tout le système solaire) et des poussières. Les planètes possèdent également des satellites, à l'exception de Mercure et de Vénus (voir le tableau 1.2).

Exercices pour cette section, pages 44 et 45.

Exercices pour cette section, pages 44 et 45.

info **+**

Jusqu'en 2006, Pluton était considérée comme la 9ᵉ planète du système solaire. Or, étant donné sa très petite taille (plus petite que la Lune) et la découverte d'autres objets de taille équivalente aux confins du système solaire (notamment 2003 UB_{313}), les astronomes ont décidé de la retirer du rang des planètes. Pour classer Pluton et les nouveaux objets découverts, ils et elles ont créé, en 2006, une nouvelle classe d'objets, les planètes naines.

TABLEAU **1.2** Quelques caractéristiques des planètes et de Pluton (planète naine): distance moyenne et nombre de satellites.

OBJET	Mercure	Vénus	Terre	Mars	Jupiter	Saturne	Uranus	Neptune	Pluton
DISTANCE DU SOLEIL (en millions de km)	58	108	150	228	778	1427	2871	4498	5906
NOMBRE DE SATELLITES	0	0	1	2	63	plus de 59	27	13	3 (2 découverts en 2005)

FIG. **1.8** Planètes du système solaire.

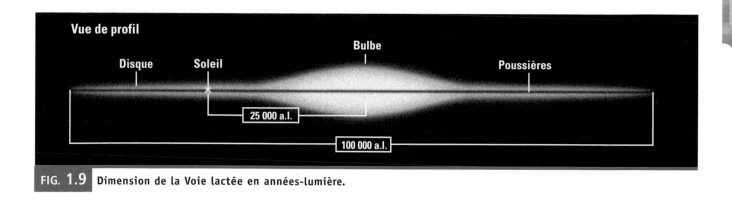

FIG. 1.9 Dimension de la Voie lactée en années-lumière.

3 LES ÉCHELLES DE DISTANCE DANS L'UNIVERS

L'Univers, y compris notre système solaire, est si vaste qu'il n'est pas pratique de le mesurer avec une unité comme le kilomètre. Les astronomes recourent à d'autres unités pour estimer les dimensions dans l'espace et pour effectuer leurs calculs mathématiques.

3.1 L'unité astronomique (UA)

La première unité de référence est la distance moyenne entre le Soleil et la Terre, soit 149 599 000 km. Cette unité de distance se nomme unité astronomique (UA). L'unité astronomique sert surtout à décrire les distances à l'intérieur des systèmes solaires : le nôtre ainsi que les nombreux autres systèmes planétaires découverts par les astronomes depuis plus de 10 ans. Par exemple, dans notre système solaire, la distance entre Mars et le Soleil est de 1,5 UA.

3.2 L'année-lumière (a.l.)

Les distances entre les étoiles sont tellement grandes que même l'unité astronomique est insuffisante ; pour les décrire, les astronomes utilisent plutôt l'année-lumière. Une année-lumière (a.l.) est la distance parcourue par la lumière en un an, soit 63 240 UA ou encore $9,46 \times 10^{15}$ m. Cette unité s'emploie pour exprimer les très grandes distances : celles entre les étoiles ou encore la dimension d'une galaxie. Le diamètre de la Voie lactée est estimé à environ 100 000 a.l. et le Soleil se trouve à environ 25 000 a.l. du centre de la galaxie (voir la figure 1.9). La galaxie d'Andromède est située à plus de 2,5 millions d'années-lumière de nous.

Exercices pour cette section, page 45.

info +

La lumière franchit 300 000 km à chaque seconde. Son déplacement est si rapide qu'à l'échelle du mètre ou même du kilomètre, il donne l'impression d'être immédiat. En effet, si une lampe s'allume à 3 m de vous, la lumière prendra un dix millionième de seconde (0,000 000 1 s) pour se rendre à vos yeux. Or, il en va autrement pour des distances d'ordre astronomique. La lumière de la Lune prend un peu plus d'une seconde pour se rendre à la Terre. Celle du Soleil, environ 8,5 min. Enfin, la lumière des étoiles, avant d'arriver à votre œil, a voyagé dans l'espace pendant plusieurs années, plusieurs siècles, voire plus encore.

4 LA NAISSANCE DE L'UNIVERS, DU SYSTÈME SOLAIRE ET DE LA TERRE

4.1 L'origine de l'Univers et du système solaire

Les astronomes ont maintenant une très bonne idée de l'âge de l'Univers, soit 13,7 milliards d'années, avec une marge d'erreur de plus ou moins 0,2 milliard d'années. Ils et elles en sont arrivés à ce nombre en se basant sur la théorie du big bang et en effectuant plusieurs types d'observations astronomiques et de calculs complexes. En 1998, en s'appuyant sur ces observations, les astronomes ont également découvert que l'Univers prenait de l'expansion de plus en plus rapidement, contrairement à ce qu'ils et elles croyaient. Notre Soleil, l'étoile la plus proche de nous, a été formé il y a 5 milliards d'années, et la Terre, il y a 4,55 milliards d'années.

4.2 L'histoire de la Terre

La Terre a été formée par accrétion, c'est-à-dire par l'accumulation graduelle de poussières qui formaient le système solaire primordial. Plus notre jeune Terre attirait la matière qui l'entourait, plus elle était massive et, de ce fait, capable d'en attirer encore plus. Durant les premiers millions d'années de son existence, la Terre n'a été qu'une masse incandescente, extrêmement chaude, principalement formée de roches en fusion et entourée de gaz. Les roches se sont séparées selon leur poids, les plus lourdes formant les couches les plus intérieures de la planète. Peu à peu, la masse formant cette Terre primitive s'est refroidie suffisamment pour qu'une croûte solide puisse se former, emprisonnant ainsi à l'intérieur un noyau qui, à ce jour, est encore en fusion (voir la figure 1.10).

Le refroidissement de la croûte a permis la condensation de la vapeur d'eau, provoquant ainsi des pluies abondantes qui aboutirent à la formation des océans. L'activité volcanique a projeté des gaz en surface, contribuant ainsi à la formation de l'atmosphère. C'est durant cette étape cruciale que les continents furent créés. Les pluies chaudes et acides entrèrent en réaction chimique avec les roches et le dioxyde de carbone (CO_2), engendrant une substance nommée carbonate, dont une quantité très importante fut emportée dans les océans, qui emmagasinèrent ainsi le CO_2. L'atmosphère primitive était totalement différente de celle que nous connaissons aujourd'hui. Tous ces phénomènes se produisirent dans les 700 à 800 millions premières années d'existence de la Terre.

Exercices pour cette section, pages 45 et 46.

FIG. 1.10 **La formation de la Terre.**

Il y a près de 5 milliards d'années, les particules formant le système solaire primordial se groupent en morceaux de roche et de glace de plus en plus gros (à gauche et au centre). Graduellement, de jeunes planètes sont créées, dont la Terre (à droite). La chaleur générée par les collisions en font une masse de roches en fusion, dans laquelle les éléments les plus lourds coulent vers le centre de la planète, formant son noyau. Finalement, la couche extérieure de la planète se refroidit et devient une croûte solide.

5 L'HISTOIRE DE LA VIE

L'histoire de la vie sur Terre est extrêmement intéressante. Son étude a nécessité la collaboration de scientifiques travaillant dans plusieurs domaines différents. Encore aujourd'hui, certains chaînons de cette histoire restent toujours à découvrir.

5.1 Les conditions favorables à l'apparition et au développement de la vie

Pour que la vie apparaisse sur une planète, certaines conditions sont nécessaires. La présence d'eau liquide, d'azote et de carbone y est essentielle. Pour que l'eau y soit présente sous forme liquide, il faut que la température moyenne à la surface de la planète s'élève un peu au-dessus du point de congélation de l'eau, qui est de 0 °C. De plus, il faut que la planète décrive une orbite stable pour laisser le temps à la vie de s'y développer. L'étoile qui éclaire la planète doit aussi être stable. Ici, le terme *stable* signifie que ces conditions doivent demeurer inchangées pendant une très longue période.

5.2 Les origines de la vie sur Terre

Comment la vie est-elle apparue sur notre planète ? Cette question demeure encore aujourd'hui sans réponse, mais les scientifiques ont émis de nombreuses hypothèses qu'ils et elles tentent de vérifier. Selon plusieurs indices, la vie serait apparue sur Terre il y a 3,8 milliards d'années. Les scientifiques ne connaissent pas bien les conditions qui régnaient alors à la surface de notre planète et dans son atmosphère, ce qui complique beaucoup leur tâche (voir la figure 1.11). Ils et elles savent que l'hydrogène, le carbone et l'azote étaient alors présents et que ces éléments formaient des molécules plus complexes comme le méthane (CH_4), le dioxyde de carbone (CO_2), l'ammoniac (NH_3) et, surtout, l'eau (H_2O). Les scientifiques savent également que le dioxygène (O_2) était absent et qu'il est apparu plus tard, produit par les algues des océans.

FIG. 1.11 Représentation artistique de la Terre à l'aube de la vie.

FIG. **1.12** **Stanley Miller et son montage visant à recréer les conditions qui avaient cours à la surface de la Terre durant sa formation.**

En 1923, le biochimiste russe Alexander Oparin émit l'hypothèse que l'atmosphère primitive de la Terre aurait été le déclencheur de l'origine de la vie. L'idée, reprise par Stanley Miller en 1953, amena celui-ci à tenter une expérience en récréant en laboratoire les conditions qui régnaient au début de la formation de la Terre (voir la figure 1.12). Il introduisit dans un ballon du méthane, de l'ammoniac, de l'hydrogène et de l'eau. Soumis à une température élevée et à des décharges électriques comparables aux éclairs, le mélange produisit des molécules prébiotiques. Ces molécules, matériaux de base du vivant, sont notamment des acides aminés.

Les scientifiques n'ont toutefois jamais réussi à fabriquer des êtres vivants à partir de ces molécules. Ils et elles pensent néanmoins que les premières bactéries, les thermophiles, qui se développaient à des températures élevées, seraient apparues autour de sources sous-marines thermales. Ces sources, chauffées par le magma à des températures situées entre 20 et 70 ºC, étaient riches en éléments nutritifs favorables à l'apparition des premiers habitants de la Terre.

5.3 Les premières formes de vie sur Terre

Les océans primitifs, qui contenaient d'innombrables petites molécules de base, étaient les lieux idéaux pour favoriser l'apparition de la vie. Les molécules prébiotiques formèrent alors des liens entre elles et s'approchèrent encore un peu plus de la structure de l'ADN. Les premiers organismes vivants, les procaryotes, ne contenaient pas de noyau. Ces organismes unicellulaires, existant toujours aujourd'hui, possèdent de l'ADN dispersé dans leur cytoplasme. C'est ainsi que seraient nées les premières cellules.

5.4 De la vie ailleurs dans l'Univers?

Des comètes ont peut-être apporté de grandes quantités d'eau et de substances carbonées provenant de l'espace en entrant en collision avec la Terre, permettant ainsi l'apparition de la vie. Si cette hypothèse est vraie, il faut alors envisager que la vie soit possible ailleurs dans l'Univers. La vie sur Terre pourrait également avoir des sources extraterrestres : les premières bactéries proviendraient peut-être de la planète Mars et auraient pu être amenées sur Terre par une météorite d'origine martienne.

Dans notre système solaire, quelques corps célestes pourraient réunir les conditions nécessaires à la vie. La vie sur Mars aurait pu être possible, car de l'eau gelée s'y trouve, qui aurait déjà été sous forme liquide. Plusieurs sondes (Viking, Spirit et Opportunity) ont été envoyées sur cette planète à la recherche de traces d'eau liquide et de bactéries.

Europe, un satellite de Jupiter, aurait également pu accueillir des organismes vivants. Un océan gelé en surface recouvre cette lune. L'atmosphère de Titan, la plus grosse lune de Saturne, possède de nombreuses similitudes avec l'atmosphère primitive de la Terre. En janvier 2005, l'orbiteur Huygens s'est posé sur Titan (voir la figure 1.13), où du méthane liquide formant des lacs et des océans prend la place de l'eau et où la température est de −180 °C à la surface.

Exercices pour cette section, page 46.

info +

Plusieurs scientifiques croient vraiment qu'il existe d'autres civilisations intelligentes dans l'Univers. C'est ainsi qu'est né le groupe SETI (*Search for ExtraTerrestrial Intelligence* ou recherche pour de la vie extraterrestre intelligente), qui écoute le ciel avec d'immenses radiotélescopes dans le but de capter un message, ou du moins un signe, provenant d'une de ces civilisations extraterrestres.

FIG. 1.13 Représentation artistique de la sonde Huygens sur la surface de Titan.

6 L'ORGANISATION DE LA VIE, DE LA CELLULE À L'ORGANISME

La plupart des scientifiques s'entendent sur le fait que la vie au sens strict est apparue dès la formation de la première cellule. Mais de quoi est constituée une cellule ?

6.1 La cellule, une petite unité de vie

La cellule est l'unité de base de la vie. Tous les organismes vivants sont constitués d'une ou de plusieurs cellules. Les organismes ne possédant qu'une seule cellule s'appellent unicellulaires (voir la figure 1.14) et les organismes ayant plusieurs cellules, pluricellulaires. L'être humain est un organisme pluricellulaire.

Les cellules animales diffèrent des cellules végétales, mais toutes possèdent un noyau. Outre le noyau, ces unités de vie comportent d'autres parties fonctionnelles nommées organites.

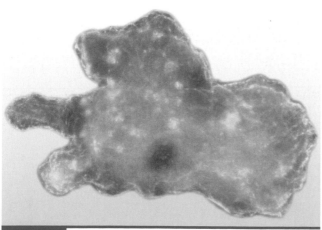

FIG. 1.14 *Amoeba proteus.*
L'amibe est un organisme unicellulaire, c'est-à-dire formé d'une seule cellule.

6.2 La cellule animale

La figure 1.15 illustre la structure de la cellule animale. Examinons les constituants les plus importants de cette structure.

La membrane plasmique

Elle constitue une frontière qui délimite la cellule et assure les échanges avec le milieu dans lequel la cellule baigne. Cette couche possède une perméabilité sélective, c'est-à-dire qu'elle peut permettre le passage de certaines substances et en bloquer d'autres. C'est en quelque sorte le poste des douanes de la cellule.

Le cytoplasme

Le cytoplasme correspond à tout le contenu cellulaire situé entre la membrane plasmique et le noyau. Il se compose de deux parties : le cytosol, élément liquide sans lequel tout mouvement à l'intérieur de la cellule serait impossible, et les organites, structures ayant des formes et des fonctions très variées (consultez la rubrique Espace science à la page 18).

Le noyau

Le noyau est la partie la plus importante de la cellule. En effet, c'est le noyau qui contient le matériel génétique. Ce bagage génétique donne à la cellule sa fonction spécifique, détermine ses activités, procure les instructions permettant la synthèse des protéines et déclenche la division cellulaire. Le noyau se compose de trois parties : l'enveloppe nucléaire, les nucléoles et la chromatine (consultez la rubrique Espace science à la page 19).

Extraction de l'ADN. Ce laboratoire vous permettra de connaître et d'utiliser une technique pour isoler l'ADN du germe de blé.

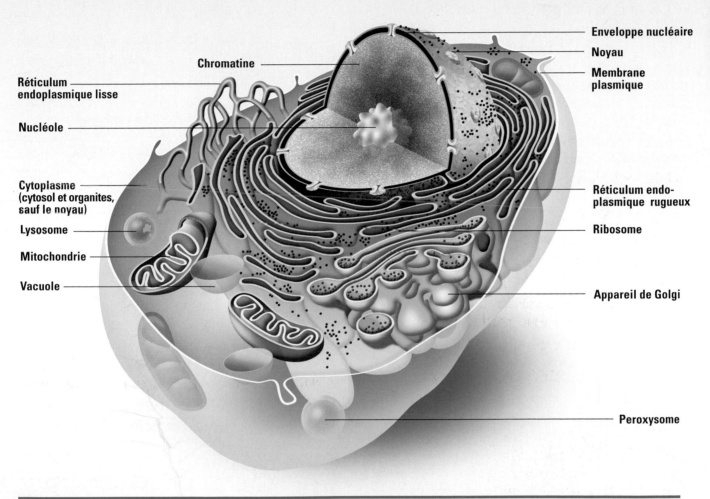

Réticulum
endoplasmique lisse

Nucléole

Cytoplasme
(cytosol et organites,
sauf le noyau)

Lysosome

Mitochondrie

Vacuole

Chromatine

Enveloppe nucléaire

Noyau

Membrane
plasmique

Réticulum endo-
plasmique rugueux

Ribosome

Appareil de Golgi

Peroxysome

FIG. 1.15 Cellule animale.

LES STRUCTURES DU CYTOPLASME EN DÉTAIL

Plusieurs organites sont présents dans la cellule animale : les mitochondries, les vacuoles, les ribosomes, les lysosomes et les peroxysomes, les réticulums endoplasmiques rugueux et lisses ainsi que l'appareil de Golgi (ou complexe golgien).

Les mitochondries

Les mitochondries ont une forme allongée et représentent le centre énergétique de la cellule. Nous pouvons compter de 100 à 1000 mitochondries par cellule. C'est dans cet organite que s'effectue la **respiration cellulaire**.

Les ribosomes

Les ribosomes sont de petits organites ayant pour rôle la fabrication des protéines. Il existe deux types de ribosomes dans la cellule. Les ribosomes libres se trouvant dans le cytosol produisent des protéines qui seront utilisées à l'intérieur de la cellule. Les ribosomes liés sont collés à la paroi du réticulum endoplasmique rugueux et du noyau ; ils produisent des protéines qui seront insérées dans la membrane plasmique ou exportées à l'extérieur de la cellule.

Les vacuoles

Les vacuoles sont des conteneurs où sont stockées différentes substances utiles telles que des sucres, des acides, des sels et des pigments. Les lysosomes représentent une catégorie de vacuoles qui contribuent, grâce à des enzymes, à la digestion des substances entrant dans la cellule et à la neutralisation de certains toxiques.

Les réticulums endoplasmiques

Ces réseaux complexes de membranes se divisent en deux catégories selon qu'elles sont rugueuses ou non. Le réticulum endoplasmique rugueux possède des ribosomes à sa surface. Ces petits grains lui donnent une apparence rugueuse au microscope. Il joue le rôle d'usine de fabrication de protéines destinées à quitter la cellule. Le réticulum endoplasmique lisse n'a aucun ribosome à sa surface. Il est le siège de la fabrication et du métabolisme des lipides.

L'appareil de Golgi

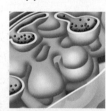

Également formé de membranes, l'appareil de Golgi (ou complexe golgien) est le prolongement du réticulum endoplasmique rugueux. Son rôle est de modifier, trier, emballer et transporter les protéines fabriquées par le réticulum endoplasmique rugueux vers la membrane plasmique et l'extérieur de la cellule. Donc, si le réticulum endoplasmique rugueux est l'usine de production de protéines, l'appareil de Golgi en est le système de distribution.

LE NOYAU EN DÉTAIL

Le noyau est souvent considéré comme le « patron » de la cellule. C'est lui qui contient le matériel génétique, qui détermine l'activité de la cellule, qui reçoit les informations et donne les instructions permettant la fabrication des protéines, et qui déclenche la division cellulaire. Le noyau se compose de trois parties : l'enveloppe nucléaire, les nucléoles et la chromatine.

L'enveloppe nucléaire

L'enveloppe nucléaire isole le noyau du cytoplasme. Comme la membrane plasmique, elle possède une perméabilité sélective qui lui permet de contrôler le passage des substances vers l'intérieur ou l'extérieur du noyau.

Les nucléoles

Le noyau contient un ou plusieurs de ces corps sphériques qui ne sont pas entourés d'une membrane. Les nucléoles sont le siège de la fabrication des composantes des ribosomes.

La chromatine

La chromatine est un matériau granulaire composé d'ADN et de protéines. Dans la chromatine, le matériel génétique est organisé de la façon suivante :

1. ADN (acide désoxyribonucléique) : immense molécule (**macromolécule**) bâtie en forme de double hélice. C'est avec cette molécule que tout le code génétique est écrit.

2. Gène : portion d'ADN qui porte le plan de fabrication d'une protéine. L'information contenue dans les gènes joue ainsi un rôle dans l'**hérédité**, par exemple dans le fait d'avoir les yeux bleus ou bruns, ou les cheveux foncés ou pâles. L'être humain possède environ 30 000 gènes.

3. Chromosome : lorsque la cellule se divise, la chromatine se condense pour former un petit bâtonnet visible au microscope, appelé le chromosome. Chaque cellule humaine, sauf les cellules sexuelles (gamètes), possède 46 chromosomes groupés en 23 paires, tandis que les gamètes (ovules et spermatozoïdes) contiennent 23 chromosomes.

Représentation d'une macromolécule d'ADN (double hélice).

6.3 La cellule végétale

La cellule végétale possède sensiblement les mêmes structures que la cellule animale. Elle s'en distingue toutefois par trois aspects. La cellule végétale est dotée d'une paroi cellulaire qui soutient sa forme.

La plupart des cellules végétales contiennent des chloroplastes riches en chlorophylle (pigmen vert qui capte l'énergie solaire), organites qui sont le siège de la photosynthèse. Enfin, la cellule végétale se caractérise par une grande vacuole unique (voir la figure 1.16).

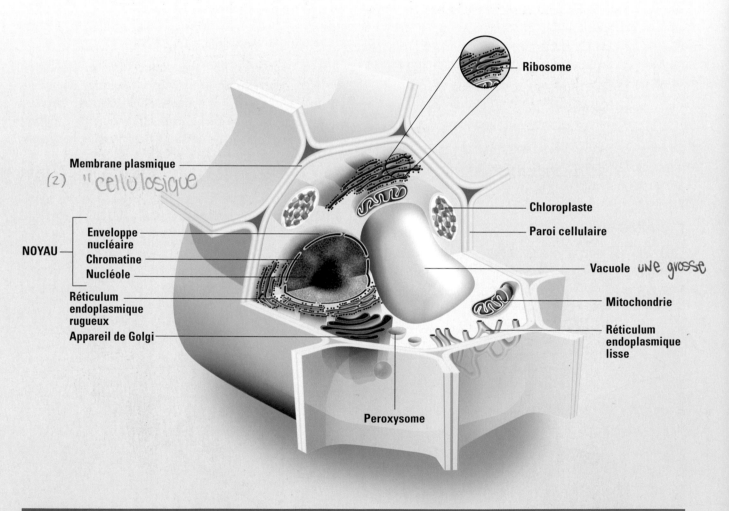

(2) " cellulosique

Ribosome

Membrane plasmique

NOYAU
Enveloppe nucléaire
Chromatine
Nucléole
Réticulum endoplasmique rugueux
Appareil de Golgi

Chloroplaste

Paroi cellulaire

Vacuole une grosse

Mitochondrie

Réticulum endoplasmique lisse

Peroxysome

FIG. 1.16 Cellule végétale.

6.4 La division cellulaire

Tout porte à croire que la première cellule s'est divisée en deux, que ces deux nouvelles cellules se sont divisées à leur tour, et ainsi de suite, permettant de cette façon la propagation de la vie. Mais comment une cellule s'y prend-elle pour se diviser ?

La division cellulaire, ou mitose, est primordiale pour maintenir et perpétuer les espèces vivantes. Les unicellulaires se multiplient exclusivement de cette façon. Chez les pluricellulaires, la mitose assure la croissance et la réparation de leurs organes. Il s'agit d'un processus complexe et continu que les scientifiques ont divisé en quatre phases (voir la figure 1.17).

À partir d'une cellule, appelée cellule mère, se forment deux cellules filles identiques à la cellule mère. Les cellules filles pourront effectuer une mitose à leur tour. La phase durant laquelle les cellules ne sont pas en processus de mitose, lorsqu'elles croissent par exemple, se nomme interphase.

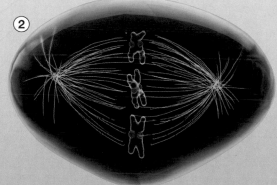

Prophase.
Les chromosomes se condensent et deviennent visibles ; chaque chromosome se fait une copie de lui-même, un jumeau siamois auquel il reste attaché.

Anaphase.
Les chromosomes jumeaux se séparent et chacun se déplace à un pôle opposé de la cellule. Chaque pôle renferme alors une copie des chromosomes de la cellule avant la division.

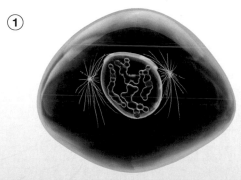

Métaphase.
L'enveloppe nucléaire est dissoute, les chromosomes s'alignent au centre de la cellule.

Télophase.
Une membrane nucléaire est construite autour de chaque groupe de chromosomes. La cellule, qui possède momentanément deux noyaux, s'étrangle au centre pour former deux cellules filles.

FIG. 1.17 **Mitose.**
Les quatre phases de la division cellulaire.

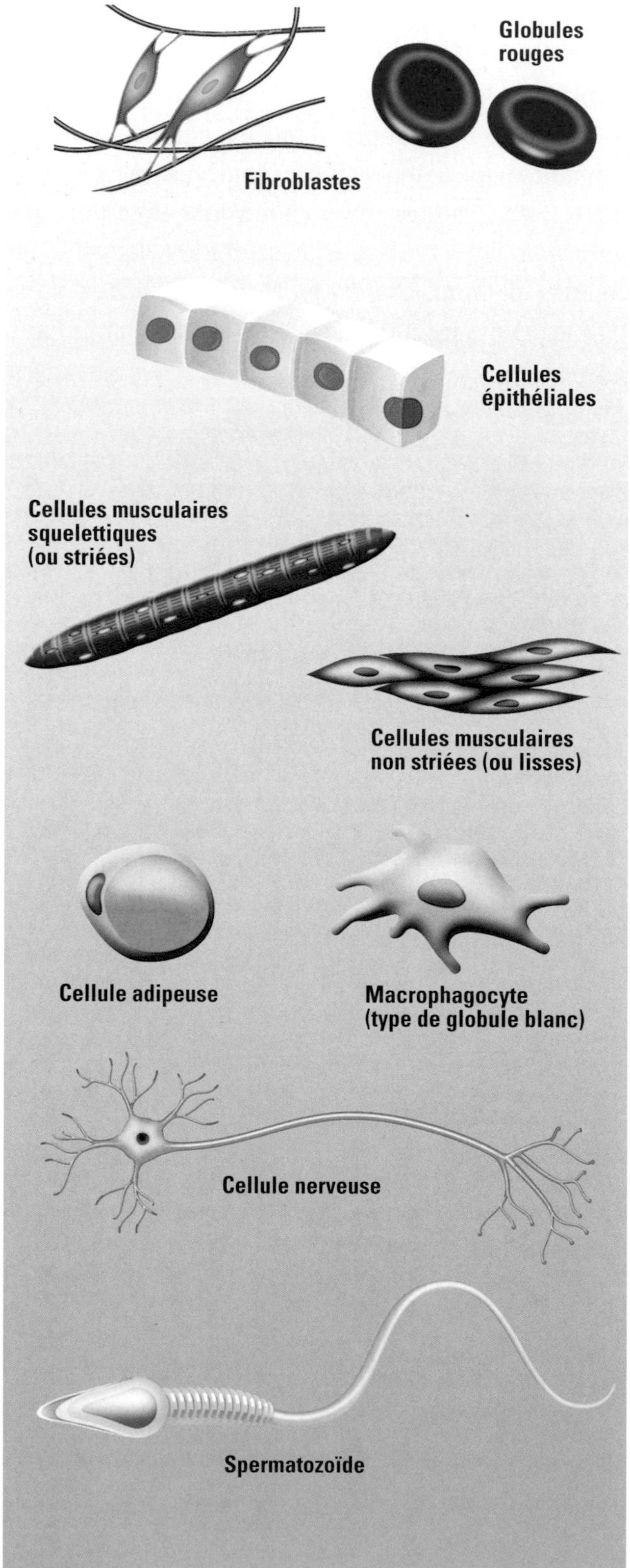

Globules rouges

Fibroblastes

Cellules épithéliales

Cellules musculaires squelettiques (ou striées)

Cellules musculaires non striées (ou lisses)

Cellule adipeuse

Macrophagocyte (type de globule blanc)

Cellule nerveuse

Spermatozoïde

FIG. **1.18** Diversité des cellules.

6.5 Les cellules spécialisées

Nos cellules possèdent chacune une fonction spécifique destinée à maintenir l'équilibre de notre corps et à assurer son bon fonctionnement. Avant de parvenir à la maturité leur permettant d'effectuer leur fonction, les cellules portent le nom de cellules souches (voir la rubrique Info+ à la page 23). Après être parvenue à maturité, les cellules adoptent une forme et une taille spécifiques qui leur permettent d'accomplir leur mission. Seulement chez l'être humain, il existe environ 200 types différents de cellules.

La figure 1.18 illustre des cellules de différents types présentes dans le corps humain. Les cellules épithéliales sont conçues pour former ensemble des feuillets. Dans le sang, les globules rouges transportant l'oxygène et le gaz carbonique sont en forme de disque aplati au centre.

Les muscles se composent de cellules leur permettant d'effectuer des actions mécaniques et de faire bouger les différentes parties du corps. Il existe deux types de cellules musculaires : les cellules musculaires striées, qui forment de longues fibres cylindriques, et les cellules musculaires lisses, qui sont plus allongées et minces.

Certaines cellules permettent d'emmagasiner des nutriments. Tel est le cas des cellules adipeuses, qui emmagasinent les graisses. Dans ces grosses cellules, le noyau se trouve près de la périphérie, laissant ainsi le plus de place possible aux nutriments qui doivent y être emmagasinés. Les globules blancs luttent contre les infections et ont souvent une forme sphérique, mais parfois, comme sur la figure 1.18, ils ressemblent à des amibes (voir la figure 1.14 à la page 16).

Les cellules nerveuses ont la forme la plus originale. Elles ont un corps central où se trouve le noyau, mais possèdent des prolongements pouvant atteindre jusqu'à 1 m de long!

Les spermatozoïdes, produits par l'homme, servent exclusivement à la reproduction. Ils ont la particularité d'être les seules cellules du corps humain à posséder un flagelle, sorte de petite queue qui leur permet de se déplacer.

6.6 Les cellules forment des tissus

Dans un organisme, le groupement des cellules semblables forme un tissu cellulaire.

En voici quelques exemples (voir la figure 1.19) :

- Le tissu conjonctif (présent dans les os et sous la peau), qui prend part aux fonctions de soutien et de liaison entre les autres tissus.
- Le tissu épithélial (épithélium), formé de cellules épithéliales réunies en feuillets qui favorisent les échanges avec les milieux environnants.
- Les tissus musculaires, qui se contractent facilement et engendrent ainsi les mouvements.

info +

Les cellules souches pourraient permettre de guérir plusieurs maladies (Alzheimer, cancer, etc.). La controverse vient du fait que les embryons humains représentent la source la plus importante de cellules souches. C'est pourquoi un gros débat éthique, scientifique et politique fait rage depuis plusieurs années sur l'utilisation des cellules souches.

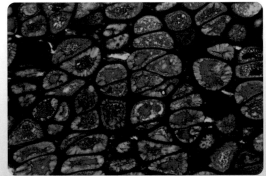
Tissu conjonctif (cartilage).

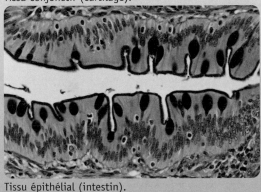
Tissu épithélial (intestin).

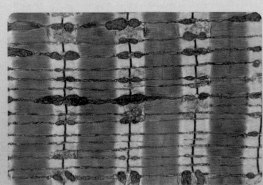
Tissu musculaire (muscle strié).

FIG. 1.19 **Quelques tissus du corps humain.**

6.7 Les tissus forment des organes

Les différentes couches de tissus cellulaires s'agencent pour former les organes. Par exemple, l'estomac possède une couche épithéliale très développée lui permettant de produire des substances digestives et de se protéger contre celles-ci. Il est également entouré de couches de muscles, de tissus nerveux et de tissus conjonctifs (voir la figure 1.20).

6.8 Les organes forment les systèmes

Un système se compose de plusieurs organes et possède une mission précise. Par exemple, le système digestif doit transformer les aliments en substances nutritives utilisables par les cellules. Pour ce faire, chacun des organes formant ce système (estomac, intestin, foie, etc.) doit accomplir son travail.

Voici quelques exemples de systèmes:
• le système digestif;
• le système respiratoire;
• le système circulatoire;
• le système lymphatique;
• le système excréteur;
• le système nerveux;
• le système musculo-squelettique;
• le système reproducteur.

6.9 Un organisme se compose de plusieurs systèmes

Finalement, pour qu'un organisme soit fonctionnel, il faut une parfaite harmonie entre les systèmes. Chez l'être humain, par exemple, les systèmes digestif et respiratoire assurent un apport essentiel en nutriments et en oxygène, le système circulatoire a soin d'acheminer le tout aux différentes cellules du corps et le système excréteur débarrasse l'organisme de certains déchets. Bien sûr, le système musculo-squelettique permet de nous mouvoir, sous la direction du système nerveux. Finalement, notre espèce peut subsister grâce au système reproducteur.

Exercices pour cette section, pages 46 et 47.

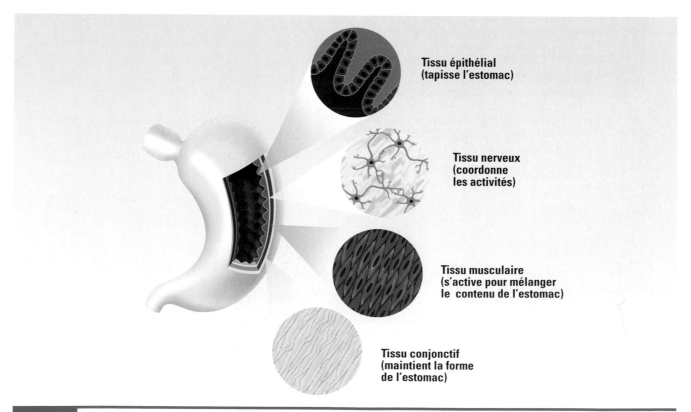

FIG. 1.20 Coupe de l'estomac qui laisse voir les différents tissus.

7 L'ÉVOLUTION DE LA VIE

Comment, à partir d'organismes unicellulaires très simples, des organismes aussi complexes que l'être humain ont-ils pu se développer ? La réponse à cette question est complexe, mais voyons un peu le parcours de l'évolution.

D'abord, pour comprendre l'évolution de la vie sur Terre, il est nécessaire d'examiner les étapes de son histoire.

7.1 Les temps géologiques de la Terre

Les scientifiques ont divisé les étapes de l'histoire de la Terre afin d'en comprendre plus facilement l'évolution. Ces étapes sont les ères, les périodes et les époques.

Les ères sont de très grandes divisions du temps. Le début et la fin de chaque ère sont souvent marqués par un événement géologique ou biologique majeur. Par exemple, le début de notre ère, le cénozoïque, correspond à la disparition des dinosaures, vraisemblablement causée par la chute d'un météorite. Chaque ère se divise en plusieurs périodes. Chaque période comprend à son tour plusieurs époques. L'échelle des temps géologiques est illustrée aux pages 26 et 27.

7.2 L'évolution des espèces

Le Précambrien

Le terme Précambrien ne désigne pas une étape déterminée de l'histoire de la Terre. Ainsi que l'indique son préfixe pré-, cette appellation englobe toutes les ères antérieures à la période du Cambrien. Le Précambrien s'étend donc de la formation de la Terre, il y a 4,55 milliards d'années, à l'apparition des premiers animaux, il y a environ 0,5 milliard d'années.

Les premières formes de vie à apparaître sur Terre il y a plus de 3,5 milliards d'années (ère paléoarchéen) étaient des archéobactéries (bactéries anciennes). Ces dernières, comme les bactéries d'aujourd'hui, ne possédaient pas de noyau et se multipliaient très rapidement par reproduction asexuée.

Il y a deux à trois milliards d'années, les eubactéries (vraies bactéries) commencèrent à faire de la photosynthèse et produisirent le dioxygène (O_2). Par la suite apparaissent les eucaryotes, organismes formés d'une ou de plusieurs cellules complexes munies d'un noyau. Les protozoaires unicellulaires sont apparus il y a environ 2 milliards d'années (voir la figure 1.21). Surviennent ensuite les eucaryotes pluricellulaires, qui se reproduisent par reproduction sexuée. C'est ainsi, il y a 1,2 milliard d'années (ère mésoprotérozoïque), que naissaient les premiers végétaux : les algues.

L'explosion de la vie

Les premiers animaux, les invertébrés, apparurent il y a environ 500 millions d'années à la fin de la période du Cambrien (ère paléozoïque).

FIG. 1.21 **Foraminifères.**
Les foraminifères sont des protozoaires apparus au Cambrien. Ils sont utilisés en géologie pour la datation des roches sédimentaires.

Échelle des temps géologiques

De −4500 millions d'années à −550 millions d'années : le Précambrien[1]

−4500 −4000 −3500 −3000

- Refroidissement de la Terre
- Solidification de la croûte terrestre
- Formation des océans

Diminution des concentrations de certains gaz atmosphériques (CO_2 et CH_4)

◄ Stromatolites fossiles : structures sédimentaires contenant des fossiles des premières bactéries (algues bleues)

De −550 millions d'années à −66 millions d'années : l'explosion de la vie

−550 −500 −450 −400 −350

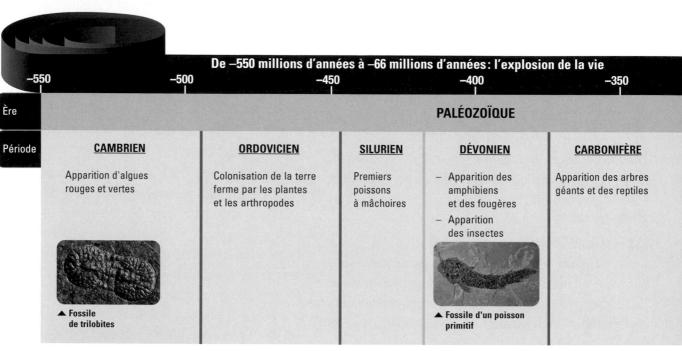

Ère	PALÉOZOÏQUE				
Période	**CAMBRIEN**	**ORDOVICIEN**	**SILURIEN**	**DÉVONIEN**	**CARBONIFÈRE**

CAMBRIEN — Apparition d'algues rouges et vertes

▲ Fossile de trilobites

ORDOVICIEN — Colonisation de la terre ferme par les plantes et les arthropodes

SILURIEN — Premiers poissons à mâchoires

DÉVONIEN
- Apparition des amphibiens et des fougères
- Apparition des insectes

▲ Fossile d'un poisson primitif

CARBONIFÈRE — Apparition des arbres géants et des reptiles

De −66 millions d'années à aujourd'hui : l'ère des mammifères

−66 −63 −60 −57 −54 −51 −48 −45 −42 −39 −36

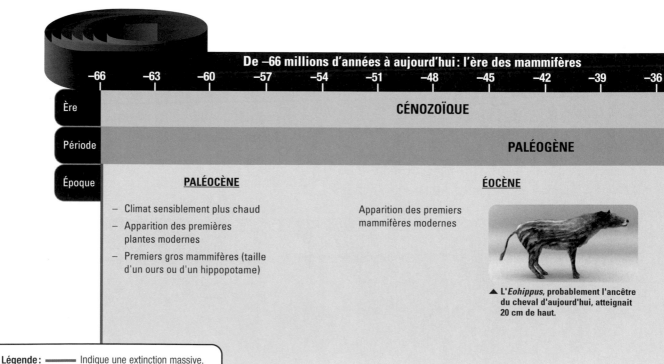

Ère	CÉNOZOÏQUE
Période	PALÉOGÈNE
Époque	PALÉOCÈNE — ÉOCÈNE

PALÉOCÈNE
- Climat sensiblement plus chaud
- Apparition des premières plantes modernes
- Premiers gros mammifères (taille d'un ours ou d'un hippopotame)

ÉOCÈNE — Apparition des premiers mammifères modernes

▲ L'*Eohippus*, probablement l'ancêtre du cheval d'aujourd'hui, atteignait 20 cm de haut.

Légende : ———— Indique une extinction massive.

1. Le terme Précambrien englobe toutes les ères antérieures au Cambrien.

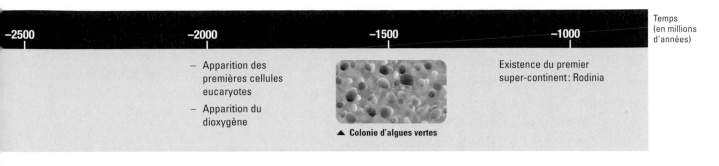

| −2500 | −2000 | −1500 | −1000 | Temps (en millions d'années) |

- Apparition des premières cellules eucaryotes
- Apparition du dioxygène

▲ Colonie d'algues vertes

Existence du premier super-continent: Rodinia

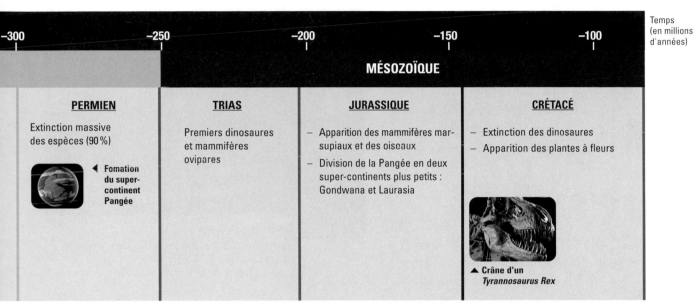

| −300 | −250 | −200 | −150 | −100 | Temps (en millions d'années) |

MÉSOZOÏQUE

PERMIEN

Extinction massive des espèces (90 %)

◀ Fomation du super-continent Pangée

TRIAS

Premiers dinosaures et mammifères ovipares

JURASSIQUE

- Apparition des mammifères marsupiaux et des oiseaux
- Division de la Pangée en deux super-continents plus petits : Gondwana et Laurasia

CRÉTACÉ

- Extinction des dinosaures
- Apparition des plantes à fleurs

▲ Crâne d'un *Tyrannosaurus Rex*

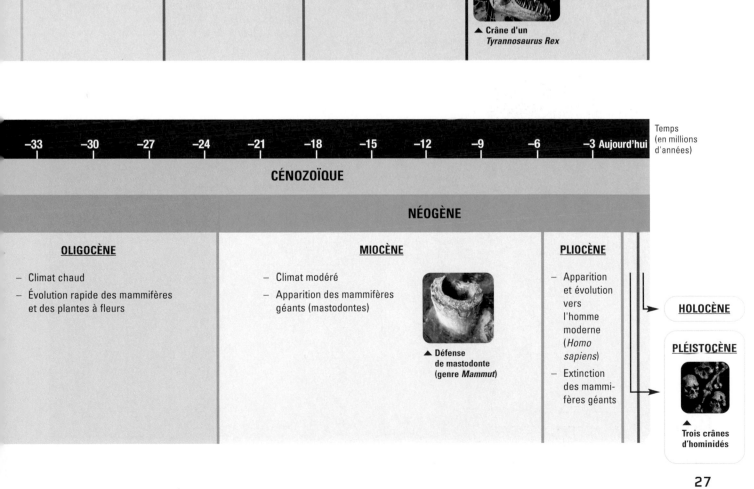

| −33 | −30 | −27 | −24 | −21 | −18 | −15 | −12 | −9 | −6 | −3 Aujourd'hui | Temps (en millions d'années) |

CÉNOZOÏQUE

NÉOGÈNE

OLIGOCÈNE

- Climat chaud
- Évolution rapide des mammifères et des plantes à fleurs

MIOCÈNE

- Climat modéré
- Apparition des mammifères géants (mastodontes)

▲ Défense de mastodonte (genre *Mammut*)

PLIOCÈNE

- Apparition et évolution vers l'homme moderne (*Homo sapiens*)
- Extinction des mammifères géants

HOLOCÈNE

PLÉISTOCÈNE

▲ Trois crânes d'hominidés

7.2 L'évolution des espèces (*suite*)

Les premières espèces vivantes sortirent des océans il y a environ 400 millions d'années durant la période du Dévonien (ère paléozoïque). Ce sont les amphibiens. Les œufs des amphibiens se développent dans l'eau et les bébés passent la première partie de leur vie en milieu aquatique. Après une métamorphose, ils peuvent alors sortir de l'eau.

Il y a environ 250 millions d'années survient une grande extinction des espèces marines, qui semble résulter de l'augmentation de l'activité volcanique marine. Cette catastrophe marque la fin de l'ère paléozoïque et le début de l'ère mésozoïque. C'est durant le Mésozoïque que se développèrent les dinosaures (voir la figure 1.23) et les premiers mammifères ovipares.

L'ère des mammifères

Les premiers mammifères modernes firent leur apparition à la suite de l'extinction des dinosaures à la fin du Crétacé il y a environ 66 millions d'années. L'ère ultérieure, le Cénozoïque, est marquée par l'apparition des hominidés : les premiers Hommes. En 1974, le fossile du premier genre d'hominidé fut découvert en Éthiopie (Afrique). Ces ossements étaient ceux d'une femelle australopithèque qui fut nommée Lucy. Celle-ci serait âgée de 3,18 millions d'années (voir la figure 1.22).

Exercices pour cette section, pages 47 et 48.

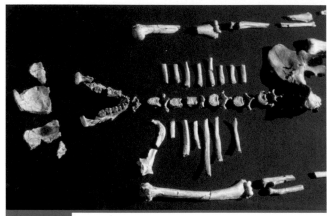

FIG. 1.22 **Ossements de Lucy.**
De gauche à droite : morceaux du crâne, mâchoire, vertèbres et côtes, partie gauche du bassin. Les os des bras sont en haut et en bas.

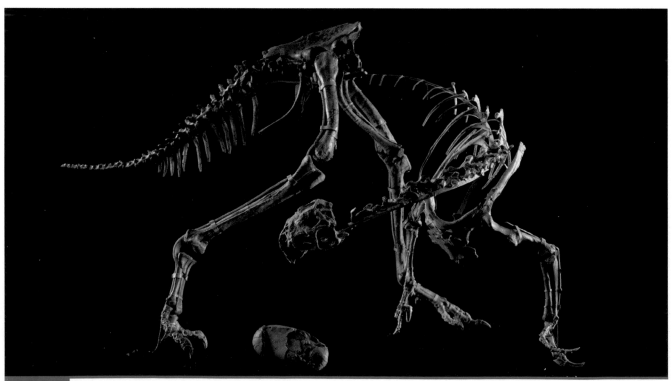

FIG. 1.23 **Squelette et œuf de dinosaure (*Oviraptor*).**

8 LES EXTINCTIONS D'ESPÈCES VIVANTES

Sur Terre, des espèces vivantes disparaissent continuellement. Par le passé, de nouvelles espèces plus évoluées sont venues prendre leur place. Aujourd'hui, beaucoup d'espèces vivantes disparaissent sans être remplacées par des espèces plus évoluées. En plus de ces extinctions continues d'espèces, la Terre a connu plusieurs périodes d'extinctions massives qui ont fait disparaître chaque fois un grand nombre d'espèces.

8.1 Les extinctions massives des temps géologiques

Sept extinctions massives ont été observées depuis l'apparition de la vie sur la Terre. La première eut lieu vers la fin du Cambrien. La dernière s'est produite à la fin du Néogène, où les mammouths se sont éteints. Le tableau 1.3 donne des précisions sur ces extinctions massives.

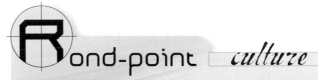

Rond-point *culture*

Charles Darwin proposa la théorie de l'évolution dans son célèbre livre *L'origine des espèces*. Sa théorie est encore aujourd'hui à la base des recherches en biologie, en paléontologie et en anthropologie. Pour en connaître davantage sur Darwin et sa théorie, consultez la rubrique Espace science aux pages 37 et 38.

TABLEAU **1.3** Tableau des extinctions massives.

PÉRIODE	ÉVÉNEMENT	ESPÈCES TOUCHÉES
Fin du Cambrien **500 millions d'années**	Refroidissement global et variation du niveau marin	Disparition de 85 % des espèces, dont beaucoup de trilobites
Fin de l'Ordovicien **435 à 440 millions d'années**	Glaciation	60 % de la vie disparaît, dont beaucoup d'invertébrés marins
Dévonien **365 millions d'années**	Hypothèse : impact météoritique ou refroidissement	Disparition de 75 % des espèces, surtout marines (Les plantes et animaux terrestres sont peu touchés.)
Permien **245-252 millions d'années**	Plusieurs causes dont l'impact d'un météorite majeur	Disparition de 96 % des espèces marines et de 70 % des espèces terrestres
Trias-Jurassique **195 millions d'années**	Activité volcanique intense	Disparition de près de 50 % des espèces, dont les grands amphibiens
Crétacé	Météorite de Chicxulub (Mexique)	Disparition de 50 % des espèces, y compris les dinosaures
Fin du Néogène	Réchauffement rapide Hypothèse : activité humaine	Extinction des mammifères géants (mammouths)

8.2 Les causes des extinctions massives

Les causes de ces extinctions sont diverses, mais en général les disparitions sont dues à des conditions défavorables au maintien de la vie. Des changements climatiques entraînant la disparition de sources de nourriture, des glaciations, des impacts météoritiques ou des irruptions volcaniques peuvent ainsi être à l'origine de l'élimination d'espèces vivantes.

Fait inquiétant, le rythme des extinctions s'accélère à notre époque. À titre d'exemple, pour les vieux fossiles, la durée d'existence d'une espèce variait entre 2 et 8 millions d'années. Pour les vertébrés (fossiles récents), cette période est maintenant d'environ 10 000 ans et le rythme des extinctions continue de s'accélérer.

Les actions de l'Homme pourraient jouer un rôle dans cette accélération des extinctions. Il est en tout cas certain que la destruction d'habitats, la chasse et la pollution ont des répercussions sur la survie d'espèces végétales ou animales. L'introduction de nouveaux prédateurs ou parasites sur des continents et les changements climatiques (entraînés par l'activité humaine) sont aussi des facteurs qui compliquent la survie des espèces actuelles.

Exercices pour cette section, page 48.

9 LES TRACES LAISSÉES PAR LES VIVANTS

9.1 Des traces utiles

Comment avons-nous pu reconstituer toute l'histoire de la vie présentée dans ce module? La vie laisse des traces au cours de son passage et l'être humain a su mettre au point des outils qui lui permettent d'étudier ces traces. Pour dater les stades de l'évolution sur une échelle des temps géologiques, la paléontologie étudie les restes ou les traces laissées par les vivants. Ces traces prennent le nom de fossiles. La fossilisation débute lorsqu'un organisme est enseveli, le plus souvent sous des dépôts de roche sédimentaire. Les minéraux contenus dans la plante ou l'animal se trouvent alors emprisonnés et déposent leur trace dans la roche. On a également découvert des organismes emprisonnés dans de la boue, de la résine ou de l'ambre. D'autres traces sont découvertes sous forme d'ossements ensevelis dans le sable ou dans des cavernes. Le processus de fossilisation s'effectue sur des millions d'années.

FIG. 1.24 Ces structures de couches sédimentaires (appelées stromatolites) forment de véritables lignes du temps que les géologues doivent décoder.

9.2 Des traces très anciennes

Les traces les plus anciennes des molécules prébiotiques datent d'environ 3,8 milliards d'années et permettent de dater l'apparition de la vie sur Terre. Les couches sédimentaires de notre planète, nommées couches stratigraphiques, possèdent un arrangement régulier. Les fossiles stratigraphiques sont caractéristiques d'une époque et permettent de dater les autres fossiles découverts dans la même couche sédimentaire (voir la figure 1.24). En effet, des organismes anciens y ont été emprisonnés au fil du temps, les plus vieux apparaissant dans les couches inférieures et les plus récents au-dessus. Les chercheurs et chercheuses savent également que les fossiles observés dans une même couche ont vécu à la même époque, ce qui permet de les situer dans le temps les unes par rapport aux autres.

Le trilobite est un excellent exemple d'arthropode du Cambrien. Le graptolite, un invertébré, serait le plus proche ancêtre des vertébrés et est caractéristique de la période de l'Ordovicien. L'euryptéride, un scorpion marin fossile, était présent durant tout le Paléozoïque (voir la figure 1.25).

Les fossiles des premiers poissons à écailles sont typiques de la période dévonienne. Les fossiles d'insectes trouvés dans de l'ambre (voir la figure 1.26) et les fossiles d'écorce d'arbre sont caractéristiques de la période du Carbonifère.

FIG. 1.25 **Fossiles.**
De haut en bas, un trilobite, des graptolites et un euryptéride.

FIG. 1.26 **Insecte dans de l'ambre.**

9.3 Des traces de l'hominidé

Les premiers primates sont apparus il y a environ 60 millions d'années. Ils utilisaient leurs quatre membres pour se déplacer. Plus tard est apparu au sein des primates une nouvelle famille, les hominidés. Ils étaient bipèdes, c'est-à-dire qu'ils marchaient à l'aide de leurs membres inférieurs. Les hominidés incluent l'australopithèque, l'*Homo habilis*, l'*Homo erectus* et l'*Homo sapiens*.

Toumaï, le spécimen le plus ancien d'hominidé, fut découvert en 2001 dans la vallée du Rift (Afrique de l'Est) et daterait de 7 millions d'années. Il serait l'ancêtre de l'australopithèque. Les australopithèques seraient apparus il y a 4,4 millions d'années. Ces premiers bipèdes mesuraient environ 1,30 m mais, apparemment, n'utilisaient pas d'outils. Lucy, découverte en 1974, et Abel, découvert en 1995, sont deux fossiles représentant ce genre d'hominidé (voir la figure 1.22 à la page 28).

Les *Homo habilis*, quant à eux, maîtrisèrent la position debout, mais ne pouvaient se déplacer en marchant de manière efficace, puisque leurs jambes étaient courtes. Un fossile de cette espèce fut découvert en Tanzanie (Afrique) en 1964 et daterait de 2,5 à 1,8 million d'années.

Le tout premier fossile de l'*Homo erectus* fut découvert en 1891 et datait de 2 millions d'années. Ces hominidés préhistoriques étaient capables de chasser, d'utiliser le feu et de cueillir des fruits. Ceux-ci fabriquaient des outils à double tranchant nommés bifaces. Les plus anciens bifaces furent découverts en Afrique et dateraient de 1,6 million d'années. Les êtres humains préhistoriques les fabriquaient en façonnant un bloc de silex, de quartz ou de roche volcanique pour lui donner une forme de pointe symétrique à double tranchant. Le biface a par la suite évolué vers une forme d'une grande finesse ressemblant à une feuille de laurier à deux pointes (voir la figure 1.27).

FIG. 1.27 **Pointe de lance (Angleterre).**

L'homme de Neandertal, découvert en Allemagne en 1856, est une sous-espèce de l'*Homo sapiens* qui a existé entre 250 000 et 28 000 ans avant notre ère.

Selon certaines études, les hommes de Neandertal avaient un langage, des coutumes sociales et utilisaient des outils avec des manches. Ils ont coexisté avec les mammouths, qui ont vécu il y a entre 2,6 millions d'années et 3700 ans. De nombreux restes congelés de mammouths ont été découverts en Sibérie (Russie).

9.4 Des traces récentes

Les artéfacts trouvés permettent de témoigner de la présence des premiers peuples d'Asie, d'Europe et d'Amérique. Les traces laissées par l'être humain peuvent se présenter sous la forme de ruines, d'ossements, d'outils, de peintures, de poteries, d'armes, de pièces de monnaie, de bijoux ou de vêtements (voir la figure 1.28). Tous ces objets permettent à l'archéologue de mieux comprendre et de reconstituer les civilisations anciennes.

Hiéroglyphes égyptiens.

Collier celtique (Allemagne).

Pyramide maya (Mexique).

Pointes de flèche fabriquées par des Amérindiens (ouest des États-Unis).

FIG. 1.28 **Différentes traces laissées par nos ancêtres.**

9.5 La datation des traces

Comment s'y prend-on pour déterminer scientifiquement l'âge d'un artéfact ou d'un fossile ? Il existe en fait deux grands types de méthodes de datation : les méthodes de datation relative et les méthodes de datation objective.

Les méthodes de datation relative

Les méthodes de datation relative consistent à comparer un élément dont l'âge est connu avec un autre élément non daté. Ces techniques, relativement peu coûteuses mais souvent imprécises, comprennent la stratigraphie, la biochronologie et la typologie.

- La stratigraphie étudie les strates ou couches du sol qui se superposent avec le temps. Une même couche a le même âge sur toute son entendue, et la plus récente se trouve au-dessus.

- La biochronologie, qui est un principe de datation relative reposant sur la stratigraphie, étudie les types de fossiles présents dans les strates.

- La typologie, quant à elle, s'utilise davantage pour les objets. Elle se base sur le fait que leur forme varie selon les modes, le degré d'avancement des technologies et les habitudes artisanales des êtres humains.

info +

En octobre 1992, au cours de travaux sur la Seine, en France, on découvre par hasard une barque qui semble avoir été construite il y a plusieurs siècles. Pour évaluer l'âge de la barque, les archéologues ont utilisé comme méthode de datation la dendrochronologie. Ils et elles ont pu établir que l'arbre avait été abattu au cours de l'hiver 834-835 de notre ère et qu'il avait alors 158 ans.

Les méthodes de datation objective

Les méthodes de datation objective ou absolue, qui sont généralement plus précises, comprennent la mesure de la radioactivité, la dendrochronologie et la thermoluminescence.

- La mesure de la radioactivité permet de dater les roches, les fossiles et les objets. Elle se base sur le fait que tous les éléments chimiques possèdent une radioactivité naturelle et que cette radioactivité diminue avec le temps, sous l'effet de la désintégration des atomes en d'autres éléments chimiques. Le carbone 14 (^{14}C), qui se désintègre en azote 14 (^{14}N), permet de dater les fossiles et certains objets. La désintégration d'autres atomes tels que le potassium (^{40}K) en argon (^{40}Ar), le rubidium (^{87}Rb) en strontium (^{87}Sr) et l'uranium (^{238}U) en plomb (^{206}Pb) est utile pour dater des roches plus anciennes.

- La dendrochronologie se base sur l'étude des anneaux de croissance des arbres. Cette méthode est très utile pour dater les objets de bois des régions tempérées d'Amérique ou d'Europe, puisque les anneaux de croissance des arbres marquent les saisons. Il est ainsi possible de remonter avec une grande exactitude dans un temps assez rapproché (voir la figure 1.29).

- La thermoluminescence s'appuie sur le principe selon lequel les minéraux cristallins chauffés émettent de la lumière à une intensité proportionnelle à la période écoulée depuis la dernière solidification. Cette méthode permet de dater les objets ayant été chauffés au cours de leur fabrication, telles les poteries, ou encore les roches magmatiques et métamorphiques.

FIG. 1.29 Anneaux de croissance d'un arbre.

Vers l'être humain

Maintenant que nous savons un peu mieux d'où nous venons et que nous connaissons les différents moyens qui nous ont permis de découvrir l'histoire de l'Univers, de la Terre, de la vie, donc notre histoire, il est grand temps de se lancer dans l'étude du corps humain. D'aller découvrir, au fil de l'étude des systèmes composant cet organisme hautement spécialisé, comment l'être humain a pu acquérir sa capacité de fonctionnement et l'intelligence qui lui permet de comprendre son passé et le monde qui l'entoure.

Exercices pour cette section, page 48.

info+

La paléontologie est la science qui étudie, en se fondant sur l'analyse des fossiles, les êtres vivants qui ont peuplé la Terre au cours des temps géologiques. L'archéologie, qui est une branche de l'anthropologie, est la science qui étudie des vestiges matériels laissés par les Hommes, ou artéfacts, et nous renseigne ainsi sur le mode de vie de nos plus proches ancêtres. Les paléontologues et les archéologues étudient donc à leur manière les différentes traces laissées par les êtres vivants. Pour en connaître davantage sur ces professions, consultez la rubrique Carrières à la page 39.

ESPACE *Science*

L'UNIVERS SOUS LA LUNETTE DE GALILÉE

Galileo Galilei, dit Galilée, mathématicien, physicien, astronome et philosophe, est né en 1564 en Italie. Aussi professeur et inventeur, il est à l'origine de diverses découvertes qui révolutionnèrent le monde scientifique de son époque.

C'est à lui que l'on attribue l'invention du compas géométrique militaire, de la pompe à eau et du thermoscope, l'ancêtre des thermomètres actuels. C'est également à lui que l'on doit certains perfectionnements de la lunette astronomique, le premier appareil permettant de voir les objets éloignés à l'aide de lentilles. Galilée fut toutefois le premier à tourner sa lunette vers le ciel, où il observa des phénomènes jusque-là inconnus. Il fut le premier à scruter les montagnes de la Lune, les anneaux de Saturne et les taches solaires. Les satellites de Jupiter et la nature de la Voie lactée furent aussi du nombre de ses observations.

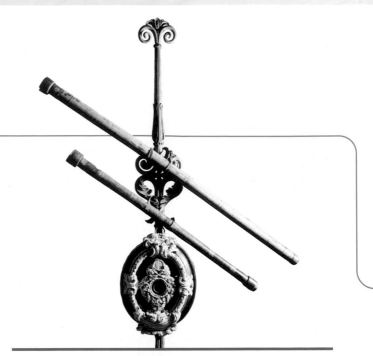

Lunettes astronomiques ayant appartenu à Galilée.

Ses analyses du mouvement des astres l'amenèrent à penser que les corps célestes ne tournent pas autour de la Terre, contrairement à la théorie communément admise à son époque. Il apporta donc son appui à la théorie de Copernic, qui affirmait que la Terre tourne autour du Soleil. Il s'attira ainsi les foudres de plusieurs personnalités politiques, scientifiques et religieuses.

Après un long procès, où il fut même menacé de torture, Galilée fut condamné à la réclusion. Certains de ses livres furent interdits et il dut même renoncer publiquement à sa théorie sur le mouvement de la Terre. Il mourut en 1642, malade et aveugle, mais s'efforçant toujours de percer les lois qui régissent l'Univers.

Galilée a fortement influencé la science et la philosophie de son époque. Il adopta une méthode de recherche peu courante pour le 17e siècle : prouver par des expériences pratiques ses hypothèses sur les phénomènes naturels. Il posa donc le fondement sur lequel se base encore aujourd'hui la science moderne : la méthode scientifique.

Portrait de Galilée.

Charles Darwin, concepteur de la théorie moderne de l'évolution.

LA THÉORIE MODERNE DE L'ÉVOLUTION

Dès l'âge de 22 ans, le jeune naturaliste anglais Charles Darwin entreprend une expédition scientifique autour du monde qui durera cinq ans. Vers la fin de 1835, il se rend aux îles Galápagos, un archipel du Pacifique à l'ouest de l'Équateur, où il séjournera pendant cinq semaines. En observant la faune de l'archipel, il est frappé par la diversité des espèces et par le fait que beaucoup d'entre elles n'existent nulle part ailleurs. Ses observations l'amènent à concevoir une toute nouvelle théorie concernant la naissance et l'évolution des espèces. C'est en 1859 que Darwin publie son célèbre ouvrage *L'origine des espèces*.

Dans ce livre, Darwin s'oppose aux personnes qui prétendent que toutes les espèces ont toujours été là et à celles qui affirment que les espèces sont issues d'une création divine. Il contredit aussi Jean-Baptiste Lamarck, un autre théoricien de l'évolution. Selon Lamarck, le milieu dans lequel vit une espèce suscite chez celle-ci des transformations qui lui permettent de s'y adapter. Les caractères ainsi acquis par l'individu sont transmis à sa progéniture et l'espèce tout entière finit par les posséder. L'explication de Darwin est bien différente de celle-ci.

La théorie de Darwin postule d'abord que les organismes vivants ne sont ni constants, ni créés tout récemment, ni cycliques. Des changements physiques ou physiologiques peuvent apparaître spontanément, sans que le milieu en soit la cause. Pour Darwin, toutes les espèces descendent les unes des autres et ont donc un ancêtre commun. Il y a donc eu une première forme de vie, une simple cellule, de laquelle ont découlé toutes les autres espèces. Mais comment toutes ces espèces sont-elles apparues ? Divers phénomènes sont susceptibles d'expliquer l'origine des espèces, mais le plus commun est la *spéciation allopatrique* (les membres d'une population sont séparés et chacun des groupes évolue différemment jusqu'à être distinct de l'autre).

Darwin distingue deux types de sélection de caractéristiques chez les êtres vivants. Il y a premièrement la sélection sexuelle, qui se traduit par la conservation d'un caractère extravagant. Par exemple, le paon mâle possède une grande queue colorée afin d'attirer à lui les femelles. Deuxièmement, il y a la sélection naturelle, qui explique l'adaptation des organismes à leur milieu. La sélection naturelle est un processus complexe. Dans la nature, les individus d'une même espèce doivent lutter pour vivre, que ce soit pour manger ou pour se défendre contre leurs ennemis. Seuls les individus les mieux adaptés à l'environnement survivent. Les caractères physiques qui ont procuré un avantage à ces individus sont transmis aux descendants. Tel est le mécanisme de la sélection naturelle. Dans la théorie de Darwin, c'est celle-ci qui permet l'évolution des espèces.

Le long cou de la girafe s'expliquerait par la sélection naturelle, l'un des mécanismes de la théorie de l'évolution de Darwin.

Par conséquent, Darwin possède une explication bien différente de celle de Lamarck pour expliquer le long cou des girafes. Selon sa théorie, les girafes avaient déjà des cous de différentes longueurs à cause de la variabilité génétique. À la suite d'une sécheresse, seules les plus hautes feuilles des arbres survécurent. Donc, seules les girafes avec les plus longs cous survécurent et, en se reproduisant entre elles, donnèrent naissance à une nouvelle génération de girafes à long cou. Le cou des girafes se serait donc ainsi allongé jusqu'à ce qu'il atteigne sa longueur actuelle.

Depuis l'époque de Darwin, sa théorie s'est transformée. On parle maintenant de néodarwinisme ou de théorie synthétique de l'évolution. C'est la découverte des lois de la génétique qui nécessita une refonte de sa théorie. Cette découverte de Gregor Mendel expliquait la transmission des caractères à la descendance par les lois de l'hérédité. Là où Darwin ne voyait que des variations physiques, on parle aujourd'hui de modifications au niveau de l'ADN, molécule découverte par James Watson et Francis Crick en 1953.

Stephen Jay Gould est l'un des principaux initiateurs du néodarwinisme. Avec sa théorie des *équilibres ponctués*, il apporta au darwinisme une nuance importante. Dans la théorie de Darwin, l'évolution est perçue comme graduelle. Darwin croyait que les transformations étaient toujours graduelles et ne faisaient jamais de «sauts». Dans les années 1970, Stephen Jay Gould réfuta le gradualisme. Sa théorie des équilibres ponctués postule que l'évolution correspond à une succession de longues périodes d'équilibre ponctuées de brèves périodes de changements. L'évolution se produirait donc par sauts et non pas par de très lentes modifications en continu.

Stephen Jay Gould, un des biologistes qui ont élaboré la théorie synthétique de l'évolution.

ASTRONOME :
LA TÊTE DANS LES ÉTOILES

Les astronomes sont des spécialistes de la physique et des mathématiques. Sauf qu'au lieu d'appliquer leur science à la Terre, ils et elles scrutent le ciel à la recherche d'astres.

Les astronomes examinent la voûte étoilée afin d'y découvrir de nouveaux corps célestes et d'expliquer leur origine, leur évolution ainsi que leurs propriétés physiques et chimiques. Leur travail consiste à préparer des séances d'observation spatiale, à analyser les données obtenues et à rédiger des rapports d'observation. Leur but principal est de parvenir à une meilleure compréhension de l'Univers et de ses composantes. Les astronomes veulent percer les mystères, entre autres, du big bang, des trous noirs et de la formation des planètes.

Hubert Reeves, un astronome canadien, en compagnie de quelques-uns de ses instruments de travail.

Leurs outils sont les télescopes terrestres et spatiaux et les détecteurs tels que les caméras, les spectromètres (appareils permettant d'analyser les molécules d'un corps par les longueurs d'onde ou les masses des constituants) et les polarimètres (appareils mesurant la propagation de la lumière).

PALÉONTOLOGUE ET ARCHÉOLOGUE :
LES DEUX PIEDS DANS LA TERRE

La paléontologie et l'archéologie sont des métiers de recherche sur le terrain. Les paléontologues fouillent des chantiers à la recherche de fossiles d'organismes vivants, alors que les archéologues recherchent des artefacts d'anciennes civilisations.

Les paléontologues observent les formations rocheuses afin d'y trouver des fossiles végétaux ou animaux, tels des os de dinosaures. Les collectes de fossiles représentent une mine d'informations sur les formes de vie et l'environnement des temps reculés, ainsi que sur l'évolution des organismes vivants.

Les archéologues, quant à eux, effectuent des fouilles archéologiques afin de trouver des traces du passé, tels des fragments de vaisselle, des ruines d'habitation et d'autres vestiges des temps anciens. Leurs buts sont de reconstituer l'histoire humaine et de comprendre les modes de vie des sociétés étudiées.

Un squelette humain découvert au cours de fouilles archéologiques au Pérou.

SITUATIONS D'APPRENTISSAGE ET D'ÉVALUATION

Situation n° ①
La biotechnologie doit-elle supplanter la nature?

Mise en situation

La biotechnologie évolue à un rythme très rapide. Certaines techniques du domaine de la reproduction sont controversées, par exemple le clonage. Les spécialistes de la reproduction ont réussi à contrôler la reproduction d'une cellule en y injectant de l'ADN d'une autre cellule pour obtenir un individu dont les caractères physiques ont été préalablement définis. Les biotechnologies de la reproduction sont-elles sûres? Permettent-elles de reproduire de l'ADN aussi fidèlement que la nature le fait? Permettent-elles d'imiter parfaitement la nature pour produire des cellules, des tissus et des organes qui assureront un aussi bon fonctionnement des différents systèmes d'un organisme? Qu'en pensez-vous?

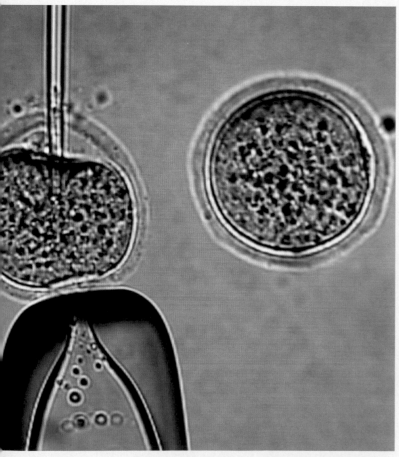

Un ovule de souris, duquel on a retiré le matériel génétique, reçoit le noyau d'une cellule adulte. Il en résultera un embryon dont on pourra extraire des cellules souches.

Selon la formule privilégiée par votre enseignant ou enseignante, vous devrez prendre position et exprimer votre opinion sur les avantages, les inconvénients et les dangers liés à la manipulation du matériel génétique, par exemple aux fins du clonage thérapeutique.

Plan d'action

Le plan d'action regroupe les tâches à effectuer pour recueillir les arguments et les preuves qui vont soutenir votre prise de position.

Tâches:

- Expliquer comment on arrive à produire un organisme vivant complexe à partir d'une seule cellule.

- Extraire de l'ADN du germes de blé.

- Connaître et expliquer la méthode de clonage thérapeuthique; analyser les avantages, les inconvénients et les dangers liés à la manipulation génétique.

Mission finale

À l'aide d'arguments et de preuves bien structurés, vous devrez élaborer et exprimer votre opinion sur les questions soulevées dans la mise en situation n° 1.

Selon la formule privilégiée par votre enseignant ou enseignante, vous pourrez exprimer votre opinion sur le clonage thérapeutique aux moments suivants :

• lors de la rédaction des fiches de l'élève liées à la situation d'apprentissage ;

• au cours d'un débat en classe.

Les tâches qui vous permettront d'élaborer votre opinion sur le clonage thérapeutique contribueront aussi au développement des compétences ci dessous :

Compétence disciplinaire 2
Mettre à profit ses connaissances scientifiques et technologiques.

Compétence transversale 1
Exploiter l'information.

Pourceaux transgéniques dotés d'un gène humain qui leur permet de produire une protéine humaine (la protéine C) entrant dans la fabrication du sang.

Portée de souriceaux transgéniques, dont quatre émettent une lumière verte sous un éclairage bleu. Par génie génétique, on a inséré dans l'ADN des souriceaux un gène de méduse (*Aequorea victoria*) qui leur donne cette couleur étrange. Cette technique pourrait être appliquée à des cellules cancéreuses humaines afin de suivre leurs déplacements dans l'organisme.

Situation n° ② L'exploration de l'Univers : une tâche inutile ?

Mise en situation

L'être humain est attiré par l'inconnu. Depuis plusieurs années, les chercheurs et chercheuses de plusieurs pays ont mis en commun leurs connaissances et leur technologie pour explorer l'Univers en quête d'indices susceptibles d'expliquer l'origine de la Terre et dans l'espoir de découvrir des signes de vie sur d'autres planètes.

On bâtit une station spatiale, on propulse dans l'espace des navettes spatiales et des sondes interplanétaires, on scrute les confins de l'Univers, etc. Quel est le prix à payer ? Des pertes de vie (*Challenger* en 1986, *Columbia* en 2003), des milliards de dollars, l'énergie et l'expertise de milliers de spécialistes de l'aéronautique, etc. L'être humain perd-il son temps, sa vie, ses forces à vouloir atteindre l'inaccessible ? Quel est le plus grand défi des passionnés de l'espace ? A-t-on les moyens de le relever ? Quels sont les dangers de vouloir aller trop loin ? L'être humain devrait-il plutôt consacrer ses efforts à améliorer les conditions favorables au développement et au maintien de la vie sur la Terre ? Devrait-on envoyer des robots dans l'espace au lieu d'êtres humains ? Qu'en pensez-vous ?

L'équipage qui prend part à la mission STS-107 se dirige vers la navette spatiale *Columbia* le jour du lancement. Cette mission connût une fin tragique lorsque, le 1er février 2003, *Columbia* explosa en plein vol lors de sa rentrée dans l'atmosphère, ne laissant ainsi aucun survivant.

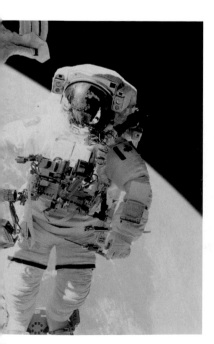

L'astronaute canadien Chris Hadfield en train d'effectuer une marche spatiale à l'extérieur de la Station spatiale internationale (SSI). Cette sortie dans l'espace était la première effectuée par un Canadien. Chris Hadfield devait installer un nouveau bras canadien sur la SSI.

Situation n° ③
Un ancêtre commun 📄

Mise en situation

Chaque année, des millions d'êtres humains quittent leur pays en quête d'une vie meilleure. La guerre, la famine, les catastrophes naturelles, les accidents écologiques, etc., les obligent à fuir le lieu qui les hébergeait depuis plusieurs années. Ces personnes cherchent un pays charitable qui pourrait les accueillir. Or, plusieurs pays sont méfiants à l'égard des réfugiés et réfugiées : ils craignent l'envahissement, les compromis trop lourds, la perte de leur identité culturelle, etc. Les peuples doivent-ils abolir leurs frontières et partager leurs territoires avec tous les autres peuples de la Terre ? Si les êtres humains ont un ancêtre commun, devraient-ils, pour cette raison, renoncer à leurs droits territoriaux ? Doit-on assouplir les règles de l'immigration ? Qu'en pensez-vous ?

Situation n° ④
La Station spatiale internationale 📄

Mise en situation

L'exploration spatiale fascine les êtres humains depuis toujours. C'est l'inconnu, la plénitude, l'immensité. Dès 1953, Hergé, auteur des aventures de Tintin, rêvait déjà à l'idée d'envoyer ses personnages sur la Lune. Qu'est-ce qui nous pousse tant à vouloir connaître, à tout prix, les secrets de l'Univers ? Neil Armstrong, astronaute américain, s'exclama en foulant la surface de la Lune en 1969 : « Un petit pas pour l'Homme, un bond de géant pour l'humanité. » Qui sont les acteurs et actrices de cette croisade céleste ? Où en sommes-nous ?

La Station spatiale internationale (SSI) représente le plus important projet de coopération internationale jamais entrepris dans le domaine de la recherche scientifique. Plusieurs pays, dont le Canada, sont engagés dans cette aventure. La SSI servira de laboratoire pour les sciences de la vie et celles des matériaux. Elle deviendra également une plate-forme stratégique pour l'observation de la Terre.

Les responsables du bulletin astronomique *Info-ciel* vous demandent, à titre de spécialiste en rédaction, d'écrire une série d'articles sur le sujet. Vous travaillerez avec des correspondants et correspondantes internationaux qui s'intéressent également à l'évolution du dossier.

Réfugiés albanais arrivant au port de Brindisi, dans le sud de l'Italie.

1 L'Univers, sa composition et ses caractéristiques

1. Qu'est-ce que la cosmologie ?

2. Qu'est-ce que le big bang ?

3. Quelle est la définition d'une galaxie ?

4. Combien y a-t-il de galaxies dans l'univers ?

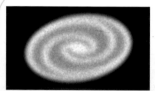

Dessin 1

Dessin 2

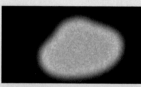

Dessin 3

Dessin 4

5. a) Quelle classe de galaxies est représentée par le dessin 1 ?

   b) Quelle classe de galaxies est représentée par le dessin 2 ?

   c) Quelle classe de galaxies est représentée par le dessin 3 ?

   d) Quelle classe de galaxies est représentée par le dessin 4 ?

   e) Quelle classe de galaxies est la plus courante ?

   f) Quelle classe de galaxies est composée d'étoiles plus vieilles ?

   g) Quelle classe de galaxies contient beaucoup de gaz et de poussières ?

   h) Quelle classe de galaxies est composée d'étoiles jeunes ?

6. Comment se nomme notre galaxie ?

7. Quelle est la masse de notre galaxie ?

8. Quelle est la température d'une étoile jaune comme le Soleil ? D'une étoile bleue ?

9. Quelle est la masse de Bételgeuse ?

10. Quelle est l'étoile la plus près du Soleil ?

11. Qu'est-ce qu'une constellation ?

12. Combien de constellations est-il possible d'observer sur la voûte céleste ?

2 La Terre dans l'Univers

13. Dessinez notre galaxie et situez notre Soleil au bon endroit.

14. Quel est l'âge de notre Soleil ?

15. Dessinez sur une feuille mobile le Soleil et les trois premières planètes du système solaire en respectant les distances à l'échelle. Choisissez une échelle qui convient. (Vous n'avez pas à représenter à l'échelle les diamètres des planètes.)

16. Associez les énoncés suivants aux termes proposés à droite.

a) Je ne possède pas de satellite.

b) Je suis la planète placée en troisième position par rapport au Soleil.

c) Je possède 63 satellites.

d) Je proviens du nuage de Oort.

e) Je suis formée d'astéroïdes et je suis située au-delà de Neptune.

f) Je représente 99 % de la masse totale du système solaire.

g) Je suis la plus petite planète du système solaire.

h) Je suis la plus grosse planète du système solaire.

i) Je suis la planète qui a un seul satellite.

j) Je suis la planète la plus près du Soleil.

1) Ceinture de Kuiper.

2) Soleil.

3) Mercure.

4) Jupiter.

5) Terre.

6) Vénus.

7) Comète.

3 Les échelles de distance dans l'Univers

17. À quoi correspond une unité astronomique (UA) ?

18. Quand est-il utile d'utiliser l'année-lumière (a.l.) comme unité de mesure ?

19. À combien de kilomètres correspond une année-lumière ?

20. En combien de temps pourriez-vous parcourir la distance d'une année-lumière si vous voyagiez à 100 km/h ?

21. Combien d'années-lumière la Voie lactée mesure-t-elle ?

4 La naissance de l'Univers, du système solaire et de la Terre

22. Quel est le nom de la théorie la plus acceptée sur la formation de l'Univers ?

23. Quel est l'âge de l'Univers ?

24. Replacez dans l'ordre chronologique les événements qui décrivent la formation de la Terre.

a) La condensation de la vapeur d'eau à la surface de la Terre apporte des pluies abondantes permettant ainsi la formation des océans.

b) La Terre s'est refroidie suffisamment pour qu'une croûte solide apparaisse, emprisonnant à l'intérieur un noyau en fusion.

L'Univers, la cellule et l'être humain

c) L'activité volcanique contribue à la formation de l'atmosphère.

d) La Terre est une masse incandescente, extrêmement chaude, formée principalement de roches en fusion et de gaz.

e) Les continents furent créés.

f) Les pluies chaudes et acides réagissent avec les roches et le dioxyde de carbone (CO_2), donnant naissance aux carbonates.

5 L'histoire de la vie

25. Quels composés chimiques étaient présents sur la Terre avant l'apparition de la vie?

26. Quelles étaient les conditions reproduites en laboratoire par Miller dans son ballon de verre représentant la Terre primitive?

27. Quel est le nom d'une cellule sans noyau?

28. Nommez deux corps célestes de notre système solaire (autres que la Terre) où des traces de vie pourraient être découvertes.

6 L'organisation de la vie, de la cellule à l'organisme

29. Quelle est la caractéristique d'une membrane à perméabilité sélective?

30. Combien de chromosomes compte-t-on dans le noyau d'une cellule humaine?

31. Quelle partie du noyau coordonne les activités de la cellule, dont sa division?

32. Quelles sont les principales caractéristiques qui distinguent les cellules végétales des cellules animales?

33. Les organismes suivants sont-ils unicellulaires ou pluricellulaires?

    a) Un être humain.

    b) Une amibe.

    c) Une fougère.

34. À quoi sert la mitose chez les unicellulaires? Chez les pluricellulaires?

35. Replacez dans l'ordre les quatre phases de la mitose.

    a) Anaphase.

    b) Prophase.

    c) Télophase.

    d) Métaphase.

36. Quel est le résultat de la mitose?

...z les tableaux ci-dessous et inscrivez:

a) le nom des structures pointées sur la figure;

b) la fonction de chacune de ces structures.

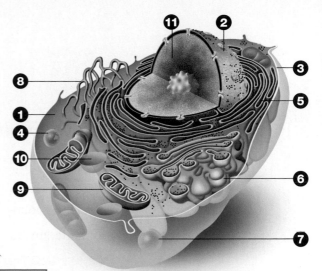

NOM DE LA STRUCTURE	FONCTION
❶	
❷	
❸	

Enrichissement

NOM DE LA STRUCTURE	FONCTION
❹	
❺	
❻	
❼	
❽	
❾	
❿	
⓫	

38. Combien existe-t-il de types cellulaires différents chez l'être humain?

39. De quoi un tissu est-il formé?

40. Associez chaque tissu à sa fonction.

Tissu	**Fonction**
a) Tissu conjonctif.	**1)** Mouvements du corps.
b) Tissu musculaire.	**2)** Échanges avec le milieu environnant.
c) Tissu épithélial.	**3)** Soutien et liaison aux autres tissus.

41. En considérant la cellule comme la plus petite unité de vie, nommez les différentes structures de plus en plus complexes menant à l'élaboration d'un organisme complet.

7 L'évolution

42. Expliquez la distinction entre les époques, les ères et les périodes.

43. À quand remonte l'apparition de la vie sur Terre?

44. Durant quelle grande division du temps les premières cellules sont-elles apparues?

7 L'évolution (*suite*)

45. Durant quelle ère géologique les amphibiens sont-ils apparus?

46. Durant quelle ère les dinosaures ont-ils vécu?

47. À quelle époque les mammifères modernes sont-ils apparus?

48. À quelle ère les premiers hominidés sont-ils apparus?

49. Classez dans l'ordre chronologique les différents événements de l'apparition de la vie: mammifères modernes, hominidés, cellules procaryotes, dinosaures, amphibiens, cellules eucaryotes, invertébrés, plantes terrestres, reptiles.

8 Les extinctions d'espèces vivantes

50. Associez les animaux disparus suivants à la période de leur disparition.

    a) Dinosaures.   **1)** Néogène.

    b) Mammifères géants.   **2)** Cambrien.

    c) Grands amphibiens.   **3)** Trias-Jurassique.

    d) Trilobites.   **4)** Crétacé.

51. Nommez deux causes possibles de l'extinction des espèces.

52. Pourquoi observe-t-on une augmentation du rythme des extinctions depuis 10 000 ans?

9 Les traces laissées par les vivants

53. Comment nomme-t-on les traces laissées par les vivants?

54. Associez les artéfacts de la colonne de gauche avec la méthode de datation la plus appropriée et la plus précise pour le dater.

    Artéfact   **Principe de datation**

    a) Fossile de fougère.   **1)** Stratigraphie.

    b) Manche de lance en bois.   **2)** Biochronologie.

    c) Ossements de dinosaures.   **3)** Thermoluminescence.

    d) Vase en terre cuite.   **4)** Mesure de la radioactivité.

    e) Fossile de trilobite.   **5)** Dendrochronologie.

Synthèse

1. Écrivez les phrases ci-dessous en choisissant le mot ou l'expression appropriée dans les parenthèses.

   a) Notre Soleil est une (étoile jaune, étoile rouge, étoile bleue).

   b) La Terre, qui fait partie de la Voie lactée, est située sur le bras spiral de (Persée, Centaure, Orion).

   c) (L'unité astronomique, l'année-lumière) est utilisée pour exprimer les distances entre les étoiles ou encore les dimensions d'une galaxie.

   d) (L'unité astronomique, l'année-lumière) est surtout utilisée pour décrire les distances à l'intérieur des systèmes solaires.

   e) Les géantes rouges sont (de jeunes étoiles, des étoiles vieillissantes).

2. À quoi correspondent les lettres **a)** à **d)** ?

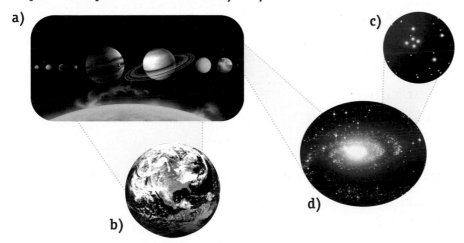

3. Calculez combien de fois la lumière fait le tour de la Terre en une seconde, sachant que la circonférence de la Terre à l'équateur est d'environ 40 000 km.

4. Reproduisez et remplissez l'organigramme suivant qui résume les conditions nécessaires pour que la vie soit possible sur la planète Terre.

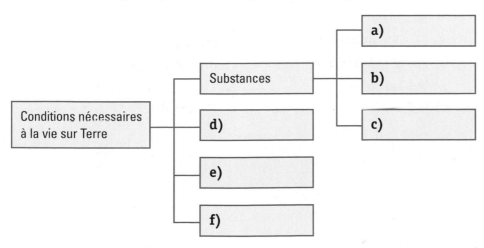

5. Faire l'expérience d'anticipation suivante.

a) Observez la cellule apparaissant dans la marge.

Une cellule est sectionnée en trois parties (**A**, **B** et **C**) déposées dans un milieu de culture. Au bout de quelques jours, on observe les résultats illustrés ci-contre :

Comment expliquez-vous ces résultats ?

b) Observez le schéma ci-dessous.

Une cellule est sectionnée en trois morceaux (**D**, **E** et **F**). Les morceaux **D** et **F** sont jetés à la poubelle et **E** est conservé. La particule de la partie **C** de la première cellule est injectée dans la partie **E**. Munie de sa particule, **E** est placée dans un bouillon de culture.

Quel sera le résultat ?

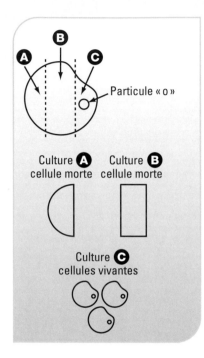

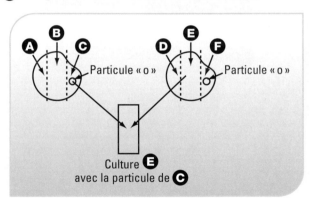

6. Écrivez et complétez les phrases suivantes portant sur l'organisation de la vie.

a) La cellule est ▮▮▮▮▮▮.

b) Les êtres formés d'une seule cellule sont appelés des ▮▮▮▮▮▮.

c) Ceux qui sont formés de plusieurs cellules sont des ▮▮▮▮▮▮, notamment l'être humain.

d) La cellule est composée d'un ▮▮▮▮▮▮ et d'▮▮▮▮▮▮.

e) Les ▮▮▮▮▮▮, organites de la cellule végétale, sont le siège de la photosynthèse.

RÉSUMÉ DES CONCEPTS

1 L'Univers, sa composition et ses caractéristiques....... (*pages 4 à 7*)

- L'Univers est très grand et en expansion.
- Le big bang est le modèle qui décrit le mieux l'Univers.
- Une galaxie est un ensemble d'étoiles, de poussières et de gaz tournant autour d'un centre.
- Il existe des milliards de galaxies.
- Notre galaxie se nomme la Voie lactée et contient environ 200 milliards d'étoiles.
- Les étoiles sont classées selon leur taille, leur couleur et leur luminosité.
- Une constellation est un ensemble d'étoiles dont les projections sur la voûte céleste sont suffisamment proches pour les lier par des lignes imaginaires formant une figure.

2 La Terre dans l'Univers .... (*pages 8 à 10*)

- Le Soleil est situé dans un des bras spiraux de la Voie lactée.
- Le système solaire est composé du Soleil et de tous les objets gravitant autour.
- Les échelles permettent de se représenter plus facilement les dimensions à l'intérieur du système solaire et de la galaxie.
- La Terre est la troisième planète du système solaire, qui compte au total huit planètes.
- Pluton est maintenant classée parmi les planètes naines.

3 Les échelles de distance dans l'Univers .... (*page 11*)

- L'unité astronomique (UA) est la distance moyenne entre le Soleil et la Terre.
- L'unité astronomique correspond à 149 599 000 km.
- L'unité astronomique est utilisée pour exprimer des distances à l'intérieur d'un système solaire.
- Les distances entre les étoiles, extrêmement grandes, s'expriment en années-lumière.
- Une année-lumière (a.l.) représente $9,46 \times 10^{15}$ m.

4 La naissance de l'Univers,
du système solaire et de la Terre .... (*page 12*)

- L'Univers est probablement vieux de 13,7 milliards d'années.

- L'histoire de la Terre compte 4,5 milliards d'années.

- Initialement, la Terre était une masse incandescente et très chaude.

- Au cours de son refroidissement, la masse de la Terre se répartit en plusieurs couches.

- L'atmosphère primitive de la Terre contenait de l'hydrogène, du carbone et de l'azote.

- Ces éléments se combinèrent pour former du méthane, du dioxyde et du carbone.

- Le gaz carbonique fut piégé en grande quantité dans des carbonates accumulés dans les océans.

- Le dioxygène libre est apparu plus tard, produit par les algues des océans, capables de photosynthèse.

5 L'histoire de la vie .... (*pages 13 à 15*)

- Les conditions favorables à l'apparition de la vie sont la présence d'eau liquide, d'azote et de carbone ainsi que la stabilité de la planète et de son étoile.

- Soumis à une température élevée et à des éclairs, des petites molécules simples formèrent des molécules prébiotiques.

- Les molécules prébiotiques se sont combinées dans les océans pour former les protéines et l'ADN que contiendra par la suite la première cellule.

- Les bactéries furent les premiers vivants apparus sur Terre.

- Un organisme formé d'une seule cellule est appelé unicellulaire.

6 L'organisation de la vie, de la cellule
à l'organisme .... (*pages 16 à 24*)

- L'unité de base des vivants est la cellule.

- Une cellule se compose de la membrane plasmique, du cytoplasme (cytosol et organites) et du noyau.

- Le noyau de la cellule contient l'ADN, une macromolécule qui est unique à chaque organisme et qui régit la cellule.

- La division cellulaire, appelée mitose, permet de créer deux cellules identiques ayant le même bagage génétique.

- Les cellules possèdent une forme particulière et une fonction spécifique.

- Les cellules s'agencent pour former des tissus, lesquels se superposent en couches et forment les organes.

- La réunion d'organes constitue un système ayant une fonction particulière. Un organisme contient plusieurs systèmes.

7 L'évolution de la vie .... (*pages 25 à 28*)

- L'échelle des temps géologiques de la Terre se divise en périodes et en époques. Chaque ère se divise en périodes, chaque période se divise en époques.

- Le Précambrien englobe toutes les ères antérieures au Cambrien.

- Un organisme à plusieurs cellules est appelé pluricellulaire.

- Les premiers végétaux étaient des algues et les premiers animaux, des invertébrés.

- C'est durant le Paléozoïque que les amphibiens sortirent de l'eau.

- Les dinosaures et les mammifères ovipares se développèrent durant le Mésozoïque.

- Les mammifères modernes et les hominidés apparurent durant le Cénozoïque.

8 Les extinctions d'espèces vivantes .... (*pages 29 et 30*)

- L'histoire de la Terre est marqué par sept grandes extinctions.

- Les extinctions sont causées par des conditions défavorables au maintien de la vie : changements climatiques qui font disparaître des sources de nourriture, impacts météoritiques, glaciations ou éruptions volcaniques.

9 Les traces laissées par les vivants .... (*pages 30 à 35*)

- Les traces laissées par les vivants se nomment fossiles.

- Les couches sédimentaires de notre planète, appelées couches stratigraphiques, possèdent un arrangement régulier qui s'est établi au fil du temps.

- Les artéfacts sont des vestiges matériels laissés par les êtres humains.

- Les six méthodes de datation sont la stratigraphie, la biochronologie, la typologie, la mesure de la radioactivité, la dendrochronologie et la thermoluminescence.

MODULE 2

De l'atome aux aliments

1

DOMAINE GÉNÉRAL DE FORMATION

Environnement et consommation

COMPÉTENCES

2 Mettre à profit ses connaissances scientifiques et technologiques.

3 Communiquer à l'aide des langages utilisés en science et technologie.

I 3 Exercer son jugement critique.

Que se trouve-t-il vraiment dans notre assiette? Que se cache-t-il derrière notre morceau de viande, nos légumes et notre verre de lait? Nous consommons chaque jour des aliments que nous apprécions pour leur goût et leur texture. Pourtant, à la base, tous ces aliments sont composés de la même matière: des molécules formées d'atomes. Néanmoins, différents aliments auront différents effets sur le corps. Pourquoi? La malbouffe contribue à l'embonpoint. Les fruits et légumes, par contre, sont tout à fait conseillés. Pour quelles raisons? Et que dire des organismes génétiquement modifiés (OGM)?

Aujourd'hui, l'alimentation soulève plusieurs questions. C'est pourquoi nous nous y intéresserons dans le présent module, ainsi qu'aux principes chimiques et physiques qui s'y rapportent. Il sera avant tout question de la matière formant les aliments: sa composition, sa modélisation et ses propriétés. Par la suite, nous entreprendrons l'étude des différents types d'aliments que nous consommons; nous examinerons leurs caractéristiques et leurs effets. Finalement, nous nous pencherons sur les procédés technologiques et scientifiques mis en œuvre dans la production et la transformation des aliments.

2

1. Pour détecter les bactéries responsables des empoisonnements alimentaires (telle la salmonelle), on examine les diverses façons dont elles réagissent au contact de différents produits chimiques. Le motif de couleur obtenu permet d'identifier les divers types de bactéries et de reconnaître celles qui sont toxiques. 2. Un cristal de fongicide sur la feuille d'une plante. Les fongicides sont utilisés pour tuer les champignons qui endommagent les cultures. Les fongicides étant toxiques pour l'être humain, il faut donc bien laver les plantes avant de les consommer. (Microscope électronique à balayage, grossissement: X 5780.) 3. La consommation de fruits et de légumes, sources de plusieurs nutriments essentiels au corps humain, est recommandée par le guide *Bien manger avec le Guide alimentaire canadien*. 4. La molécule de glucose est composée d'atomes de carbone, d'hydrogène et d'oxygène. Le glucose est à la base des sucres que nous ingérons; c'est une de nos sources d'énergie.

3

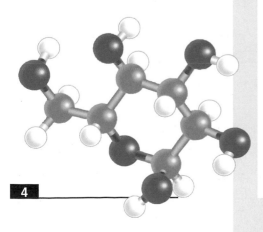

4

SOMMAIRE

1 LA MATIÈRE (RAPPEL) 56

2 L'ORGANISATION DE LA MATIÈRE 57

3 LES SOLUTIONS, DES MÉLANGES HOMOGÈNES 67

4 LES ALIMENTS 71

5 LA TRANSFORMATION DES ALIMENTS 80

SITUATION N° ① : SANTÉ ET PUBLICITÉ:
  FAUT-IL TOUT CROIRE? 92

SITUATION N° ② : MON PORTRAIT SANTÉ! 94

SITUATION N° ③ : LE DIABÈTE: D'UNE GÉNÉRATION
  À L'AUTRE? 94

SITUATION N° ④ : EN BONNE SANTÉ DANS 100 ANS? 95

EXERCICES 96

RÉSUMÉ DES CONCEPTS 103

Les aliments que nous consommons sont faits de matière, de cette même matière qui nous compose, qui compose le sol, la Terre et même le Soleil. C'est pourquoi il est nécessaire, afin de bien comprendre les différents phénomènes physiques et chimiques entrant en jeu dans l'alimentation, de se familiariser d'abord avec les concepts de base concernant la matière. Vous réaliserez rapidement que ces concepts réapparaîtront fréquemment dans vos études scientifiques. Bien sûr, une fois ces concepts de base abordés, nous pourrons nous lancer pleinement dans l'étude de l'alimentation.

1 LA MATIÈRE (RAPPEL)

Qu'est-ce que la matière? En plus d'être tout ce qui nous entoure, la matière est définie comme toute substance ayant une masse et un volume :

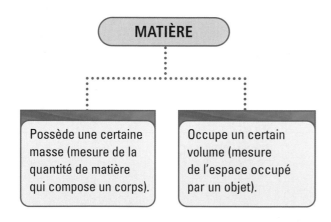

La matière se présente sous différentes phases : les phases solide, liquide et gazeuse. Si nous prenons l'eau comme exemple, nous dirons que la glace est sa phase solide, que l'eau telle que nous la buvons est sa phase liquide et que la vapeur est sa phase gazeuse. Chacune de ces phases possède des propriétés particulières (voir le tableau 2.1).

Toute matière, solide, liquide ou gazeuse, se compose de particules extrêmement petites appelées atomes. Les atomes ne sont pas tous identiques : leurs propriétés peuvent varier énormément. À ce jour, les scientifiques ont identifié 116 variétés d'atomes ou 116 éléments chimiques. Parmi ceux-ci, le carbone, le fer, l'oxygène, etc. Toute matière est formée d'atomes d'un de ces éléments, ou d'une combinaison d'atomes de différents éléments.

TABLEAU **2.1** Propriétés des phases de la matière.

PHASE	FORME	CONSISTANCE	VOLUME
Solide	• Définie • Fixe	• Ferme • Visible	• Défini • Fixe
Liquide	• Indéfinie • Fixée par le contenant	• Fluide • Visible	• Défini • Fixe
Gazeuse	• Indéfinie • Fixée par le contenant	• Fluide • Parfois visible	• Indéfini • Fixé par le contenant

Tous les éléments sont classés dans le tableau périodique. Chaque case décrit les caractéristiques d'un élément : le nom de l'élément, son symbole (une ou deux lettres), son numéro atomique, sa masse atomique et parfois d'autres informations (voir la figure 2.1). Pour en savoir plus sur le tableau périodique, consultez la section Boîte à outils à la page 216. 🔧

Exercices pour cette section, page 96.

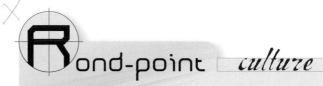

Le chimiste russe Dimitri Ivanovitch Mendeleïev (1834-1907) a su faire preuve d'organisation et de créativité en classant les éléments qui composent la matière et en les groupant dans un tableau devenu célèbre : le tableau périodique.

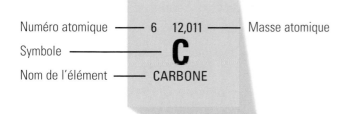

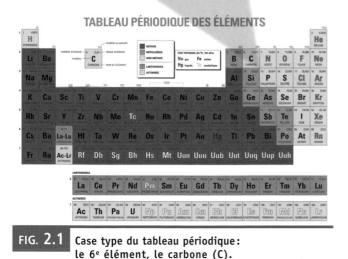

FIG. **2.1** Case type du tableau périodique : le 6ᵉ élément, le carbone (C).

info +

Il existe 94 éléments présents dans la nature : ce sont les 94 premiers éléments du tableau périodique, qui vont de l'hydrogène (H) au plutonium (Pu). Quant aux autres, qui portent des numéros atomiques plus grands que celui du plutonium (94), ils ont été créés artificiellement en laboratoire. À ce jour, les scientifiques ont créé 22 nouveaux éléments (jusqu'au numéro atomique 116). Le 116ᵉ élément du tableau périodique porte le nom d'ununhexium (symbole Uuh).

2 L'ORGANISATION DE LA MATIÈRE

Nous connaissons les unités de base de la matière, c'est-à-dire les atomes, mais de quoi les atomes sont-ils faits ? Comment classer les différentes substances obtenues par l'assemblage de ces atomes ? Le présent module répond à ces questions. Bien sûr, plusieurs des substances décrites joueront un grand rôle dans les processus qui surviennent au sein de l'organisme humain, y compris l'alimentation.

2.1 La modélisation de la matière

Pour comprendre comment la matière est organisée, nous devons l'examiner à l'échelle de l'atome. Cependant, l'observation directe de l'atome est techniquement difficile ; c'est pourquoi il vaut mieux expliquer et comprendre concrètement l'organisation de la matière à l'aide d'un modèle (pour en savoir plus sur la démarche de modélisation, consultez la section Boîte à outils à la page 256). 🔧

Puisque la matière est composée de très petites particules (ou corpuscules), il est possible d'expliquer les différentes phases de la matière à l'aide du modèle corpusculaire illustré à la figure 2.2.

Dans le modèle illustré à la figure 2.2, les particules sont représentées schématiquement par des billes. Lorsque nous utilisons un tel modèle, nous pouvons distinguer chaque phase selon :

- l'espace présent entre les particules, qui va de très petit pour la phase solide à très grand pour la phase gazeuse ;

- le type de lien qui lie les particules, qui va de fort pour la phase solide à pratiquement nul pour la phase gazeuse ;

- le degré d'agitation des particules, qui va de faible pour la phase solide à très élevé pour la phase gazeuse.

2.2 La modélisation de l'atome

La constitution de la matière peut également être expliquée à l'aide d'un modèle. Un des plus vieux modèles scientifiques permettant d'expliquer la composition de la matière est le modèle de Dalton. Dans ce modèle, un élément macroscopique, par exemple un morceau de plomb, élément numéro 82 (Pb), se compose d'atomes identiques de cet élément (donc d'atomes de plomb). La matière se présente donc comme un assemblage de différents éléments, chacun des éléments étant composé d'atomes identiques.

Par la suite, des modèles plus raffinés (modèle planétaire) ont permis d'illustrer le fait que les atomes se composent toujours de trois types de particules de base : les protons et les neutrons, qui forment le noyau de l'atome, et les électrons, qui se situent en périphérie de l'atome et tournent autour du noyau (voir la rubrique Espace science à la page 59).

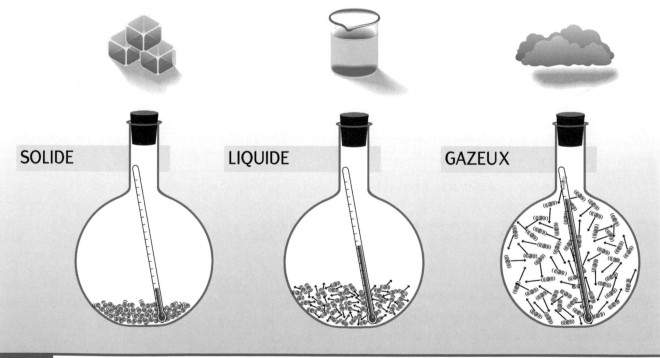

FIG. 2.2 **Modèle corpusculaire de la matière.**

En phase solide (à gauche), les particules sont serrées les unes sur les autres et se déplacent très peu, ce qui explique la fermeté d'un corps solide. Dans un liquide (au centre), il y a un peu plus d'espace entre les particules et celles-ci glissent librement les unes sur les autres ; un corps liquide peut donc se déformer pour prendre la forme du contenant dans lequel il se trouve. En phase gazeuse (à droite), les particules sont très espacées, voyagent librement et parfois entrent en collision ; c'est pourquoi, dans un contenant fermé, elles occupent tout l'espace.

DE QUOI EST FAIT UN ATOME ?

Le tableau 2.2 donne une description sommaire des trois types de particules présentes dans un atome.

TABLEAU **2.2** Particules élémentaires de l'atome selon le modèle planétaire.

PARTICULE	DESCRIPTION
● **Proton**	• Particule du noyau ayant une charge électrique positive. • Son nombre détermine le numéro atomique de l'élément (donc l'identité de l'élément) ainsi que ses propriétés chimiques.
○ **Neutron**	• Particule du noyau n'ayant aucune charge électrique. • La masse du neutron est légèrement supérieure à celle du proton.
● **Électron**	• Particule ayant une charge électrique négative. • Selon le modèle planétaire, tourne autour du noyau avec une grande vitesse. • Participe à la formation des molécules en établissant des liens chimiques entre les atomes.

Le nombre de particules présentes varie en quantité selon l'élément du tableau périodique considéré, ainsi que le montrent les figures 2.3 et 2.4. Par exemple, le numéro atomique d'un élément (voir la figure 2.1 à la page 57) indique le nombre de protons qui composent cet élément.

La masse atomique est égale à la somme des protons et des neutrons contenus dans le noyau.

Exemple: Hélium (He) → 2 neutrons et 2 protons
→ masse atomique: 4

De plus, l'atome est électriquement neutre. Donc, le nombre d'électrons qui gravitent autour du noyau est égal au nombre de protons dans le noyau.

Pour en savoir plus sur les modèles de l'atome, consultez la rubrique Espace science à la page 88.

Atome d'hélium (He)

• 2 protons
• 2 neutrons
• 2 électrons

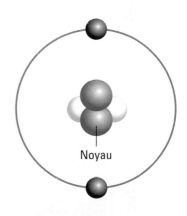

Noyau

FIG. **2.3** **Modèle planétaire de l'atome d'hélium.**

Atome de lithium (Li)

• 3 protons
• 4 neutrons
• 3 électrons

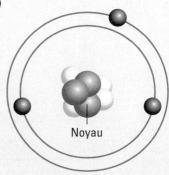

Noyau

FIG. **2.4** **Modèle planétaire de l'atome de lithium.**

2.3 De la molécule au composé

Les atomes, identiques ou différents, ont souvent tendance à créer des liens chimiques entre eux. Ils forment alors une molécule. La matière peut donc également se composer de molécules. La figure 2.5 illustre une molécule de caféine. Cette figure montre bien qu'il est possible de modéliser une molécule selon des règles universelles établies.

La molécule de caféine, par exemple, se compose de quatre sortes différentes d'atomes (carbone, hydrogène, oxygène et azote), présents en quantité variable, liés les uns aux autres à l'aide de liens chimiques disposés dans l'espace.

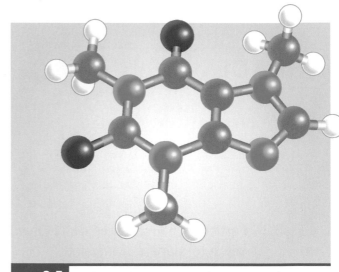

FIG. 2.5 **Modèle moléculaire de la caféine ($C_8H_{10}O_2N_4$).**
La caféine est une molécule formée de 24 atomes provenant de 4 éléments différents.

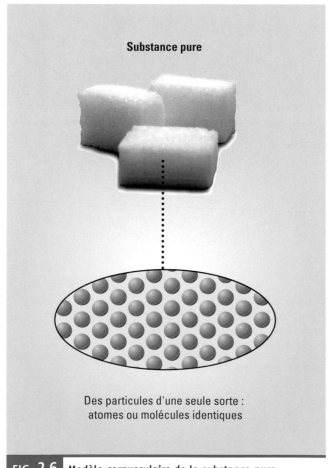

Substance pure

Des particules d'une seule sorte : atomes ou molécules identiques

FIG. 2.6 **Modèle corpusculaire de la substance pure.**
Le sucre est composé de molécules identiques de saccharose.

Une substance est pure lorsqu'elle est formée de particules identiques (atomes ou molécules identiques). Si une substance est formée d'atomes identiques, il s'agit d'un élément.

Une substance pure constituée de molécules identiques, elles-mêmes composées d'atomes d'éléments différents, se nomme un composé. Le tableau 2.3 présente un résumé de ces notions. En utilisant encore une fois le modèle corpusculaire, il est possible de modéliser une substance pure de la façon illustrée à la figure 2.6.

TABLEAU **2.3** Classification macroscopique des substances pures.

MACROSCOPIQUE	MICROSCOPIQUE	EXEMPLES DE SUBSTANCES PURES
Un élément est constitué d'atomes identiques.	Atomes	• Cuivre (Cu) • Fer (Fe)
	Molécules (atomes d'éléments identiques)	Dioxygène moléculaire (O_2)
Un composé est formé de molécules identiques.	Molécules (atomes d'éléments différents)	• Eau (H_2O) • Chlorure de sodium (NaCl)

Lorsqu'un composé est constitué d'atomes de carbone, ce composé est dit organique (sauf le monoxyde de carbone, CO, et le dioxyde de carbone, CO_2). Comme leur nom l'indique, la plupart de ces composés sont issus du monde vivant. Le tableau 2.4 présente des composés organiques qui jouent un rôle essentiel chez l'être humain.

La figure 2.7 illustre la guanine, une des quatre molécules organiques formant l'ADN (acide désoxyribonucléique).

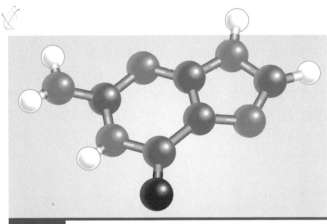

FIG. 2.7 **Guanine ($C_5H_5N_5O$).**
Cette molécule est composée de carbone, d'hydrogène, d'oxygène et d'azote.

TABLEAU **2.4** Classification de quelques composés organiques.

COMPOSÉ ORGANIQUE	DESCRIPTION	EXEMPLES
Glucides	Éléments nutritifs qui représentent la principale source d'énergie du corps.	• Monosaccharides • Disaccharides • Polysaccharides
Lipides	Corps gras d'origine végétale ou animale.	• Graisses • Huiles • Stéroïdes
Protéines	Molécules organiques complexes qui entrent dans la composition des êtres vivants.	• Enzymes • Hémoglobine • Insuline
Acides nucléiques	Macromolécules qui assurent la transmission du patrimoine génétique de génération en génération et régissent la fabrication des protéines nécessaires à la vie.	• ADN (acide désoxyribonucléique) • ARN (acide ribonucléique)

Lorsqu'un composé n'est pas fait à base de carbone, on dit qu'il est inorganique. L'eau (voir la figure 2.8), le dioxyde de soufre (voir la figure 2.9), certaines substances acides telle l'acide chlorhydrique (HCl) et certaines substances basiques telle l'hydroxyde de sodium (NaOH) sont des composés inorganiques.

2.4 Les mélanges homogènes et hétérogènes

Lorsqu'il est possible de séparer la matière à l'aide de procédés physiques, nous sommes en présence d'un mélange, c'est-à-dire d'une substance composée d'au moins deux substances pures. Il existe deux sortes de mélanges : les mélanges homogènes et les mélanges hétérogènes. C'est la façon dont sont arrangées les particules entre elles qui permet de distinguer les deux types de mélanges. Il est possible, encore avec le modèle corpusculaire, de modéliser les mélanges, ainsi que l'illustre la figure 2.10.

FIG. 2.8 Molécule d'eau (H_2O).
Cette molécule est formée de trois atomes provenant de deux éléments différents.

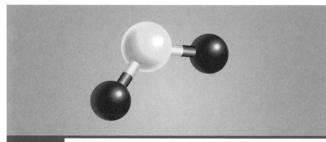

FIG. 2.9 Molécule de dioxyde de soufre (SO_2).
Cette molécule est formée de trois atomes provenant de deux éléments différents.

Mélange homogène

Interstice : espace entre les particules

Deux sortes de particules différentes

Mélange hétérogène

Deux sortes de particules différentes

FIG. 2.10 Modèles corpusculaires d'un mélange homogène (jus de canneberges composé d'eau et d'autres molécules) et d'un mélange hétérogène (soupe où plusieurs constituants sont perceptibles à l'œil nu).

Dans un mélange homogène, l'arrangement des particules est uniforme, de sorte qu'il n'est pas possible de distinguer visuellement les constituants les uns des autres (voir la figure 2.11). Un mélange homogène ne comporte qu'une seule partie visible.

Exemples:

- le sel forme, avec l'eau de la mer, un mélange dont les constituants sont impossibles à distinguer à l'œil nu;
- l'oxygène et l'azote présents dans l'air forment un mélange dont les constituants sont impossibles à distinguer sans recourir à des procédés physiques.

FIG. 2.11 Exemple de mélange homogène: le jus de canneberge.

TABLEAU **2.5** Composition de deux alliages.

ALLIAGE	COMPOSITION
Or rouge 18 carats	• Or (75%) • Cuivre (25%)
Bronze	• Cuivre (70%) • Étain (30%)

Les alliages contenant certains métaux tels que l'or, le cuivre ou l'étain sont des mélanges homogènes dans lesquels un solide est dissous dans un autre solide. Le résultat obtenu est un mélange homogène qui ne comporte qu'une seule partie distincte visible (voir le tableau 2.5). Contrairement aux mélanges d'eau de mer ou d'air, qui sont limpides, les alliages de métaux sont opaques (voir la figure 2.12). Pour en savoir plus sur les matériaux métalliques, consultez la section Boîte à outils aux pages 240 et 241.

FIG. 2.12 Différents alliages.

Des vis en acier (alliage de fer et de carbone), une pièce de un cent (cuivre, étain et zinc jusqu'en 1996) et des alliances en or rouge (or et cuivre).

Dans un mélange hétérogène, l'arrangement des particules est non uniforme, de sorte qu'il est possible de distinguer visuellement les constituants les uns des autres, même lorsqu'on agite le mélange (voir la figure 2.13). Un mélange hétérogène comporte au moins deux parties distinctes visibles.

Exemples:

• l'huile en phase liquide et le vinaigre en phase liquide d'une vinaigrette;

• l'eau en phase liquide et la terre en phase solide d'une eau boueuse;

• les ingrédients en phase solide ou liquide d'une salade verte.

Les mélanges hétérogènes peuvent être caractérisés de trois façons différentes en fonction du temps nécessaire pour que leurs constituants se séparent:

• Dans un mélange hétérogène simple (voir la figure 2.14), les particules se séparent assez rapidement en tombant au fond ou en se rassemblant à la surface du mélange.

Exemples: du sable dans de l'eau, de l'huile qui flotte sur de l'eau.

| FIG. **2.13** | **Différents mélanges hétérogènes.** |

De la vinaigrette, des macaronis de différentes couleurs et une boisson gazeuse (gaz carbonique dans un liquide).

| FIG. **2.14** | **Deux mélanges hétérogènes simples.** |

Des liquides non miscibles flottant les uns sur les autres (de la paraffine sur de l'huile et de l'huile sur de l'eau) et des cailloux dans de l'eau.

- Dans une suspension (voir la figure 2.15), les particules sont si petites qu'elles peuvent rester en suspension dans le mélange pendant un certain temps avant de se séparer.

Exemples : la crème qui se sépare du lait, la pulpe du jus d'orange qui se dépose au fond du contenant.

- Dans un colloïde (voir la figure 2.16), les particules restent en suspension dans le mélange très longtemps avant de se séparer.

Exemples : la peinture à l'huile, l'huile sur le dessus du beurre d'arachide naturel, la mayonnaise.

Il est normal d'avoir quelquefois de la difficulté à distinguer un mélange homogène d'un mélange hétérogène (du lait et de la peinture, par exemple). Il faut alors soit utiliser des moyens physiques pour tenter de séparer les constituants, soit attendre et voir ce qui va se produire. Le tableau 2.6 résume les caractéristiques des mélanges.

FIG. 2.16 Colloïde.
De la peinture à l'huile.

Crème

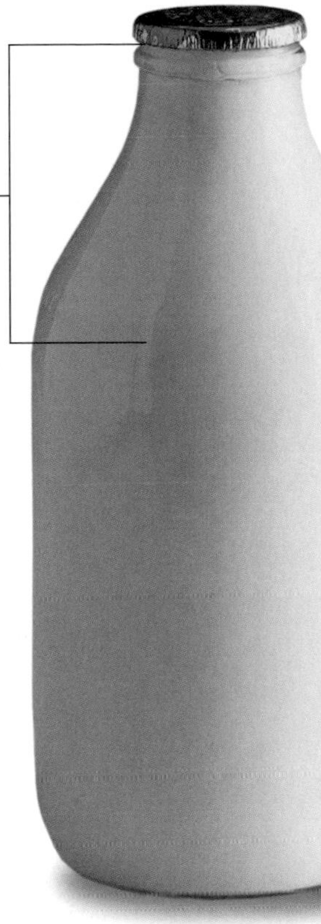

FIG. 2.15 Suspension.
À la longue, la crème se sépare du lait et monte à la surface (partie un peu jaunâtre dans le haut de la bouteille).

Exercices pour cette section, pages 96 et 97.

TABLEAU **2.6** Caractéristiques des mélanges homogènes et hétérogènes.

MÉLANGE HOMOGÈNE	MÉLANGE HÉTÉROGÈNE
Distribution uniforme des particules.	Distribution non uniforme des particules.
• Limpide : solution en phase liquide. • Opaque : alliage.	Non limpide.
Une seule partie distincte visible.	Au moins deux parties distinctes visibles.
Comporte une seule phase. *Exemples :* • alliage en phase solide ; • solution en phase liquide ; • mélange de gaz (air).	Peut comporter une ou plusieurs phases. *Exemples :* • roche composée de plusieurs minéraux en phase solide ; • boisson gazeuse composée d'une phase liquide et d'une phase gazeuse (bulles).

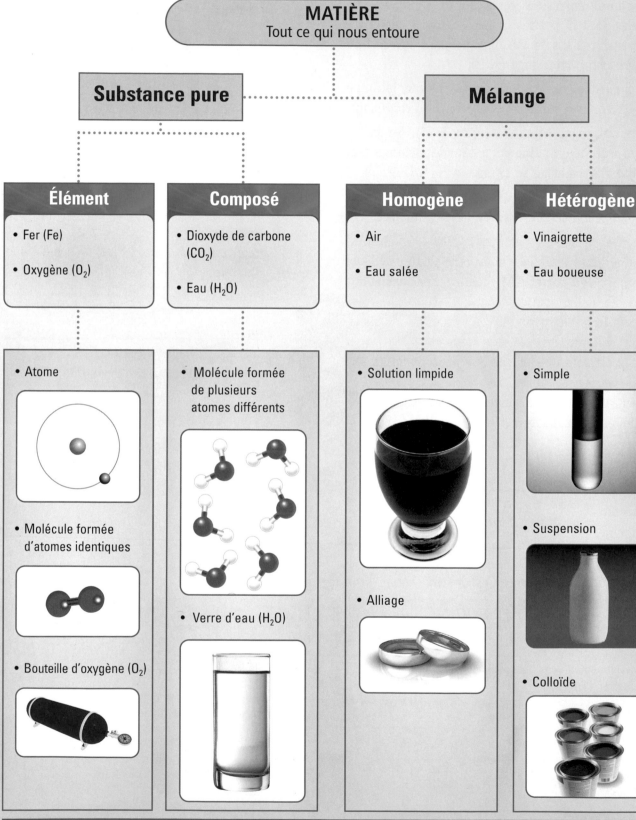

MATIÈRE
Tout ce qui nous entoure

Substance pure

Mélange

Élément
- Fer (Fe)
- Oxygène (O_2)

Composé
- Dioxyde de carbone (CO_2)
- Eau (H_2O)

Homogène
- Air
- Eau salée

Hétérogène
- Vinaigrette
- Eau boueuse

- Atome

- Molécule formée d'atomes identiques

- Bouteille d'oxygène (O_2)

- Molécule formée de plusieurs atomes différents

- Verre d'eau (H_2O)

- Solution limpide

- Alliage

- Simple

- Suspension

- Colloïde

FIG. 2.17 Classification récapitulative de l'organisation de la matière.

3 LES SOLUTIONS, DES MÉLANGES HOMOGÈNES

Pour son bon fonctionnement, le corps humain a besoin de multiples substances (nutriments) qui doivent être acheminées à toutes les cellules grâce au système circulatoire. Pour un transport et une action efficaces dans le corps, certaines substances doivent être dissoutes, ce qui crée des mélanges homogènes. Les notions étudiées dans cette section serviront à la bonne compréhension de divers phénomènes qui entrent en jeu dans l'alimentation et durant le transport des substances par le système circulatoire.

3.1 Les solutions et leur préparation

Il y a dissolution lorsqu'une substance appelée soluté se dissout dans un solvant. Le solvant le plus abondant du corps est l'eau, et les solutés qui s'y trouvent peuvent être de nature différente : sucres, sels, acides, bases, etc. Le mélange homogène formé par un solvant et un soluté se nomme une solution. Si le solvant est l'eau, la solution sera dite aqueuse.

Au cours d'une dissolution, les liens[1] unissant les particules du soluté sont brisés par le solvant jusqu'à ce que toutes les particules du soluté soient séparées. Même si le soluté devient invisible, sa nature n'est pas modifiée par l'action du solvant. Par exemple, du sucre dissous dans l'eau demeure toujours du sucre. La figure 2.18 illustre la préparation d'une solution en laboratoire (pour en savoir plus sur le matériel de laboratoire, consultez la section Boîte à outils à la page 218). Comme il est possible de le constater, le soluté réduit à l'échelle particulaire devient invisible. Ainsi, la solution produite est limpide, car la lumière peut la traverser sans rencontrer d'obstacles. Une substance est soluble dans un solvant lorsque ce dernier est capable de briser les liens unissant les particules de cette substance. Si le solvant ne peut briser ces liens, la substance est alors insoluble dans ce solvant, et le mélange est hétérogène.

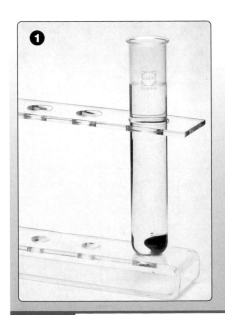
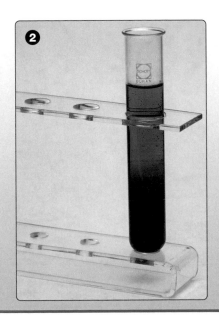
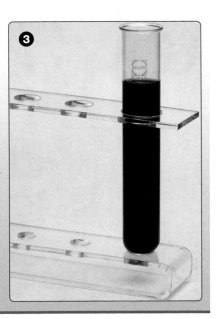

FIG. 2.18 **Solution limpide préparée grâce à la dissolution d'un soluté dans un solvant.**
1. Du permanganate de potassium (solide au fond de la première éprouvette) est ajouté à de l'eau. **2.** et **3.** Il prendra environ une journée à se dissoudre complètement.

1. Les liens peuvent être interatomiques (entre les atomes) ou intermoléculaires (entre les molécules).

3.2 Les solutions et leurs propriétés

La masse volumique

La masse volumique est une propriété caractéristique de la matière (voir la figure 2.19). Nous pouvons identifier une substance d'après sa masse volumique. La masse volumique d'une substance se définit comme la masse d'une unité de volume. La formule suivante permet de calculer la masse volumique.

**FORMULE POUR CALCULER
LA MASSE VOLUMIQUE**

$$\rho = \frac{m}{V}$$

ρ : masse volumique $\dfrac{g}{cm^3}$ ou $\dfrac{g}{mL}$

m : masse de la substance (g)

V : volume de la substance (cm^3 ou mL)

---

info +

La matière peut aussi être caractérisée par sa densité, c'est-à-dire le rapport de sa masse volumique à celle de l'eau pure à la température de 3,98 °C.

- Lorsque la masse volumique de la matière est supérieure à celle de l'eau (comme le plomb), sa densité est supérieure à 1, ce qui fait qu'un bloc constitué de cette matière coulera au fond de l'eau.
- Dans le cas contraire, lorsque la matière a une densité inférieure à 1, comme le liège, elle flottera sur l'eau.

Dans certaines conditions, il est possible de caractériser une solution en calculant sa masse volumique (voir le tableau 2.7). L'eau, par exemple, est une substance pure, et sa masse volumique est de 1,00 g/cm^3. L'eau de mer, par contre, est une solution, et sa masse volumique est donc légèrement supérieure, soit de 1,03 g/cm^3 à cause de la présence de sels. Il est ainsi possible de distinguer une eau pure d'une eau salée en calculant leur masse volumique respective.

TABLEAU 2.7 Masse volumique de différents liquides.

LIQUIDE (À 20 °C)	g/mL
Mercure	13,60
Solution saturée de nitrate d'argent	1,77
Tétrachlorure de carbone	1,60
Solution saturée de nitrate de sodium	1,39
Sirop de maïs	1,38
Glycérine	1,26
Solution saturée de chlorure de sodium	1,19
Eau de mer	1,03
Eau douce	1,00
Huile d'olive	0,92
Térébenthine	0,87
Alcool méthylique	0,79
Essence	0,69

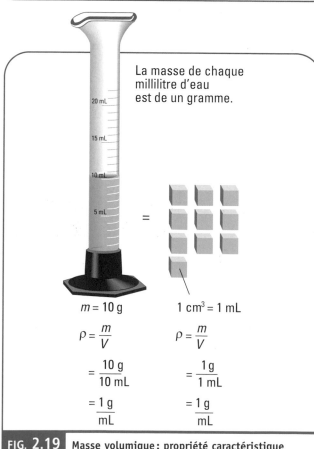

La masse de chaque millilitre d'eau est de un gramme.

20 mL

15 mL

10 mL

5 mL

$=$

$m = 10\ g$ $1\ cm^3 = 1\ mL$

$\rho = \dfrac{m}{V}$ $\rho = \dfrac{m}{V}$

$= \dfrac{10\ g}{10\ mL}$ $= \dfrac{1\ g}{1\ mL}$

$= \dfrac{1\ g}{mL}$ $= \dfrac{1\ g}{mL}$

FIG. 2.19 Masse volumique : propriété caractéristique de la matière.

La concentration

La concentration est une propriété non caractéristique d'une solution. La concentration d'une solution est une mesure de sa teneur en soluté par unité de volume de solution (habituellement 100 mL ou 1 L). La concentration d'une solution est calculée à l'aide de la formule suivante.

> ### FORMULE POUR CALCULER LA CONCENTRATION
>
> $$c = \frac{m_{soluté}}{V}$$
>
> c : concentration $\left(\dfrac{g}{100\,mL} \text{ ou } \dfrac{g}{L}\right)$
>
> $m_{soluté}$: masse de soluté (g)
>
> V : volume de solution (100 mL ou 1 L)

Il ne faut pas confondre la concentration d'une solution avec sa masse volumique, même si les formules se ressemblent. Dans le cas de la concentration, la masse à mesurer est celle du soluté, et non celle de la solution, comme c'est le cas pour la masse volumique (voir le tableau 2.8).

La solubilité

La solubilité est une propriété caractéristique d'un soluté dissous dans un solvant. À une température donnée, une solution peut contenir une quantité limitée de soluté. Lorsqu'une solution possède une concentration maximale pour un soluté donné, elle est dans un état de saturation. La concentration maximale que peut atteindre un soluté dans un solvant à une température donnée se nomme la solubilité. Lorsque la quantité de soluté est inférieure à la solubilité d'une substance, la solution est non saturée, et lorsqu'elle est égale, elle est saturée (voir le tableau 2.9 à la page 70).

Lorsqu'une solution est non saturée, nous sommes en présence d'un mélange homogène dont la phase liquide est la seule partie visible. Si la concentration en soluté devient trop élevée, il y a précipitation et le surplus de soluté se transforme en dépôt, le précipité. La solution devient alors un mélange hétérogène simple à deux parties visibles : une solution saturée en phase liquide et un dépôt en phase solide (voir le tableau 2.9 à la page 70).

TABLEAU **2.8** Exemples de calculs de concentrations et de masses volumiques.

SOLUTION D'EAU SALÉE (NaCl)	CONCENTRATION ($c = m_{soluté}\,/\,V$)	MASSE VOLUMIQUE ($\rho = m_{solution}\,/\,V$)
100 mL de solution contenant 2g de sel (à 25 °C)	2 g/100 mL	1,012 g/mL
100 mL de solution contenant 35g de sel (à 25 °C)	35 g/100 mL	1,19 g/mL

Dans le corps humain, le processus de formation des calculs rénaux, communément appelés pierres aux reins, illustre bien le phénomène de la formation d'un dépôt dans une solution saturée. L'oxalate de calcium est un déchet normalement dissous dans l'urine. Cependant, il arrive que l'organisme de certaines personnes en soit saturé. Lorsque la saturation est atteinte, l'oxalate de calcium commence alors à se cristalliser sous forme de dépôts dans l'urine.

La dilution est un procédé physique qui vise à diminuer la concentration d'une solution en y ajoutant du solvant. L'ajout de solvant ne change pas la quantité de soluté présente dans la solution, mais permet plutôt aux particules de soluté d'occuper un plus grand volume. Il y a alors moins de particules par une unité de volume de 100 mL (voir la figure 2.20). Une solution de 100 mL avec une concentration

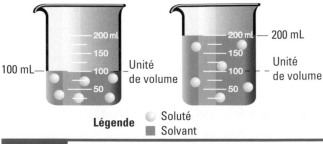

Légende ○ Soluté ■ Solvant

FIG. 2.20 La dilution est une transformation physique de la matière qui permet de diminuer la concentration d'une solution.

de 6 g/100 mL voit sa concentration diminuer de moitié, soit de 3 g/100 mL, si l'on ajoute 100 mL d'eau.

Ainsi, pour éviter la formation de dépôts d'oxalate de calcium, il est suggéré aux personnes sujettes aux calculs rénaux de boire beaucoup d'eau afin de diluer le soluté (oxalate de calcium) dans l'urine pour en diminuer la concentration, tout en réduisant la consommation d'aliments riches en calcium (soluté).

Exercices pour cette section, page 97.

TABLEAU **2.9** Concentration d'une solution et solubilité d'un soluté (sachant que la solubilité du soluté dans l'eau à 20 °C est de 200 g/100 mL.)

CONCENTRATION DE LA SOLUTION (LIMONADE) À 20 °C	TYPE DE SOLUTION	DESCRIPTION	ILLUSTRATION
100 g/100 mL	Solution non saturée.	Concentration de la solution inférieure à la solubilité du soluté.	
200 g/100 mL	Solution saturée (ou état de saturation).	Concentration de la solution égale à la solubilité du soluté.	
300 g/100 mL	Solution saturée en présence de précipité.	Concentration de la solution supérieure à la solubilité du soluté.	

4 LES ALIMENTS

La quête de nourriture a été la principale occupation des premiers habitants et habitantes de la Terre. De quoi était constituée principalement leur alimentation? Ces aliments étaient-ils toujours disponibles et facilement accessibles? Les gens d'autrefois se nourrissaient-ils différemment de nous? Tout comme nous, leur alimentation devait leur permettre de maintenir une bonne vitalité et leur fournir l'énergie

FIG. 2.21 **Principaux aliments consommés dans le monde.**
De haut en bas, le blé, le riz et le maïs.

nécessaire pour accomplir leurs travaux quotidiens (voir la figure 2.21). L'abondance de nourriture, mais surtout les famines, leur ont fait prendre conscience qu'une alimentation diversifiée est essentielle à une bonne santé (voir la figure 2.22).

info +

Le ou la nutritionniste est une personne qui détermine, avec ses patients, les meilleurs menus possibles en fonction de leur état de santé. Pour en connaître davantage sur cette profession, consultez la rubrique Carrières à la page 91.

4.1 Les types d'aliments

Différents types d'aliments sont nécessaires au bon fonctionnement de l'organisme (voir le tableau 2.10 à la page 72 présentant les principaux types d'aliments). Les glucides, les lipides et les protéines sont digérés pour être décomposés en nutriments, c'est-à-dire transformés en substances alimentaires assimilables par les cellules vivantes. Quant à l'eau, aux sels minéraux et aux vitamines, leurs structures moléculaires ne nécessitent pas de digestion préalable pour devenir assimilables par l'organisme.

FIG. 2.22 **Abondance des ressources alimentaires dans les pays riches et distribution de vivres dans les pays plus démunis.**

TABLEAU **2.10** Principaux types d'aliments.

ALIMENT		QUELQUES SOURCES	APPORT RECOMMANDÉ	RÔLE DANS L'ORGANISME	PROBLÈME ASSOCIÉ À UN EXCÈS	PROBLÈME ASSOCIÉ À UNE CARENCE
GLUCIDES			125 à 175 g, soit 55 à 60 % de l'apport énergétique quotidien total.	Principaux producteurs d'énergie.	• Obésité. • Déficit nutritionnel. • Carie dentaire. • Diarrhée.	• Diminution du volume des tissus du corps. • Concentration excessive d'acide dans le sang et les liquides biologiques.
Glucide complexe (goût non sucré)	Amidon contenu dans: pains, céréales, farines, pâtes, noix, riz, pommes de terre.					
Glucide simple (goût sucré)	Fruits, bonbons, crème glacée.					
LIPIDES			80 à 100 g, soit 30 % ou moins de l'apport énergétique quotidien total.	Énergie de réserve.	• Obésité. • Risque accru de maladie cardio-vasculaire.	• Perte de poids. • Lésions cutanées. • Trouble de croissance.
Source animale	Viandes, volailles, œufs.					
Source végétale	Huiles, arachides.					
Acide gras essentiel	Germes de blé, huile de soja.					
Cholestérol	Jaunes d'œufs, abats.					
PROTÉINES			0,8 g/kg de la masse corporelle, soit 15 % de l'apport énergétique quotidien total.	Constructeurs et réparateurs des tissus.	• Dysfonctionnement des reins. • Problèmes intestinaux.	• Amaigrissement. • Retard de la croissance. • Peau fragile et sèche. • Diminution de l'immunité.
Protéine complète	Oeufs, viandes.					
Protéine incomplète	Légumineuses, noix, céréales.					
EAU		Présente dans presque tout ce qui est consommé.	• 1,5 L par jour sous forme liquide. • 1 L par jour contenu dans les aliments consommés.	• Assure le maintien de la température corporelle. • Indispensable à la plupart des réactions chimiques. • Transporteur.	• Augmentation de la fréquence et du volume urinaire. • Ne comporte aucune conséquence néfaste.	• Déshydratation. • Étourdissement. • Faiblesse. • Déficience rénale. • Attaque cardiaque. • Mort.
VITAMINES ET SELS MINÉRAUX		Fruits et légumes, viandes et poissons, huiles, œufs, céréales.	Quantité variable selon leur nature.	• Contribuent au bon fonctionnement de l'organisme. • Régulateur du métabolisme.	Conséquences variant du simple inconfort à des problèmes de santé importants.	Conséquences variant du simple inconfort à des problèmes de santé importants. *Exemple:* scorbut (manque de vitamine C).

L'ensemble des transformations chimiques et des transferts d'énergie se déroulant dans le corps humain porte le nom de métabolisme. Plus particulièrement, le catabolisme correspond à la phase du métabolisme au cours de laquelle des molécules relativement grosses et complexes sont dégradées en molécules plus petites, plus simples et plus facilement assimilables par les cellules. De l'énergie est également libérée au cours de cette phase. Provenant de processus chimiques, cette énergie est de nature chimique. À l'inverse, l'anabolisme permet de construire des molécules complexes à partir de molécules simples et de l'énergie que le catabolisme a rendus disponibles. De l'énergie est donc consommée durant cette phase du métabolisme.

Les types d'aliments peuvent également être classés en trois grandes catégories :

- les aliments constructeurs servant de matériaux au développement de l'humain (protéines) ;

- les aliments énergétiques fournissant aux cellules du corps l'énergie nécessaire pour travailler (glucides et lipides) ;

- les aliments régulateurs, comme l'eau, les vitamines et les minéraux, qui agissent sur l'organisme afin de réguler l'ensemble des processus chimiques se produisant dans les cellules.

4.2 Les besoins alimentaires quotidiens

La quantité d'aliments qu'il convient de consommer dépend de l'âge, du sexe, de la taille et du niveau d'activité physique de chaque individu.

info+

Le technicien ou la technicienne en diététique veille à l'application des recommandations du ou de la nutritionniste en faisant en sorte que les aliments consommés par un groupe cible correspondent vraiment à ces recommandations. Pour en savoir plus sur ces professions, consultez la rubrique Carrières à la page 91.

Pour une alimentation équilibrée, les nutritionnistes recommandent de répartir de la façon suivante les aliments consommés quotidiennement :

- 55 % de glucides ;
- 30 % de lipides ;
- 15 % de protéines
  (voir la figure 2.23).

Il peut être difficile d'évaluer à chaque jour ces pourcentages, mais il est possible d'atteindre globalement ces proportions en appliquant les recommandations du guide *Bien manger avec le Guide alimentaire canadien*. (Pour en savoir plus, consultez la rubrique Espace science aux pages 84 et 85. Pour connaître le guide en détail, voir l'annexe aux pages 270 à 275.)

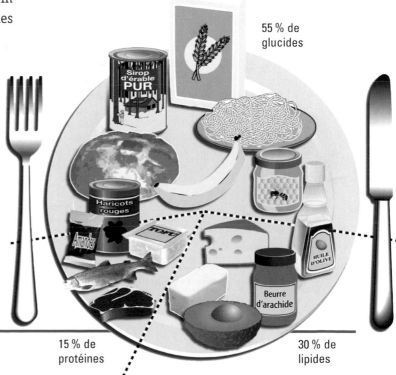

55 % de glucides

15 % de protéines

30 % de lipides

FIG. 2.23 Répartition des sources de nutriments pour une alimentation quotidienne équilibrée.

La valeur énergétique d'un aliment correspond à la quantité d'énergie[1] fournie par l'aliment et s'exprime en joules dans le Système international d'unités (SI). Le joule remplace la calorie qu'on utilisait anciennement (voir la rubrique Rond-point ci-dessus).

- Le joule (symbole J) représente la quantité d'énergie nécessaire pour soulever une masse de 102 g à une hauteur de 1 m.

- Le kilojoule (symbole kJ) sert à mesurer les grandes quantités d'énergie, puisque 1 kJ équivaut à 1000 J.

La valeur nutritive d'un aliment se traduit par la quantité de glucides, de lipides et de protéines qu'il contient (voir la figure 2.24).

Valeur énergétique :
338 kJ
Valeur nutritive :
Glucides   21,0 g
Lipides   0,5 g
Protéines   0,3 g

FIG. 2.24 Caractéristiques nutritionnelles d'une pomme.

4.3 Les aliments producteurs d'énergie

Les glucides

Pour être fonctionnel, l'organisme a besoin de l'énergie puisée dans l'alimentation, principalement sous la forme de glucides, appelés aussi sucres ou hydrates de carbone. Dans l'alimentation, les glucides sont classés en deux grandes catégories : les glucides simples et les glucides complexes. Ils représentent la première source d'énergie de l'organisme (voir la figure 2.25). Pendant la respiration cellulaire, le glucose (glucide simple) réagit chimiquement avec l'oxygène dans les cellules du corps et libèrent ainsi de l'énergie. Les déchets de cette réaction sont de l'eau et du dioxyde de carbone. Cette réaction libère 17 kJ d'énergie par gramme de glucose. L'équation chimique suivante représente la transformation du glucose :

$$C_6H_{12}O_6 + 6\ O_2 \rightarrow 6\ H_2O + 6\ CO_2 + \text{Énergie}$$

Le tableau 2.11 présente les différents types de glucides ainsi que leurs caractéristiques.

Identification des types d'aliments.

Détection du fer dans les céréales.

Détection de la vitamine C dans les aliments.

Ces laboratoires vous permettront de connaître et d'utiliser les techniques employées pour effectuer des tests sur la valeur nutritive des aliments.

---

1. Dans le sens commun, l'énergie désigne tout ce qui permet de produire un travail, de dégager de la chaleur, d'effectuer un mouvement, etc.

TABLEAU 2.11   Caractéristiques des glucides.

TYPE	CATÉGORIE	SOURCE	SIGNE DISTINCTIF	RÔLE
GLUCIDES SIMPLES[1] sous forme de monosaccharides ou de disaccharides	Glucose (voir la figure 2.26)	Tous les glucides complexes digérés	• Sucres à utilisation rapide. • Saveur sucrée. • Assimilable par l'organisme.	Source d'énergie.
	Fructose	• Fruits • Miel		
	Galactose	Lait maternel		
	Lactose	Lait et dérivés		
	Maltose	Orge fermenté		
	Saccharose (sucre traditionnel)	• Betterave • Canne à sucre		
GLUCIDES COMPLEXES[2] sous forme de polysaccharides	Amidon végétal (féculent)	FÉCULENTS • Pommes de terre • Pain • Riz et pâtes • Maïs • Légumineuses	• Sucres à utilisation lente. • Saveur non sucrée. • Assimilable par l'organisme (une fois digéré).	Source d'énergie.
	Glycogène animal	Foie animal	• Saveur non sucrée. • Non assimilable par l'organisme.	• Prolonge la sensation de satiété. • Prévient le cancer. • Facilite le parcours des selles dans l'intestin. • Diminue le taux de cholestérol sanguin.
	Cellulose (fibres)	• Fruits • Légumes • Céréales		

FIG. 2.25 Aliments qui sont de bonnes sources de glucides.

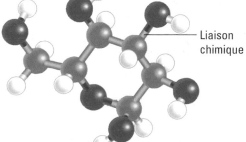
Liaison chimique

FIG. 2.26 Molécule de glucose ($C_6H_2O_6$).

Le glucose, comme tous les glucides, est une molécule constituée d'atomes de carbone, d'hydrogène et d'oxygène.

1. Monosaccharides : glucose, fructose, galactose.
   Disaccharides (groupement de deux monosaccharides) : lactose, maltose, saccharose.
2. Polysaccharides (groupement de trois monosaccharides ou plus).

Les lipides

En plus de leur fonction énergétique, les lipides jouent un rôle dans la fabrication de la membrane cellulaire, de la bile, ainsi que de certaines hormones et vitamines. Les lipides sont emmagasinés dans les cellules adipeuses et constituent une réserve d'énergie. Ils sont formés d'atomes de carbone, d'hydrogène, d'oxygène, d'azote et de phosphore. Les lipides, réserves énergétiques, fournissent 37 kJ/g d'énergie, soit une production équivalant à plus du double de celle des glucides, qui fournissent 17 kJ/g. Les lipides ne se mélangent pas à l'eau : ils sont insolubles dans l'eau, ou hydrophobes (voir la figure 2.27). Le sang, essentiellement composé d'eau, ne peut transporter de lipides sans l'aide de transporteurs spéciaux appelés lipoprotéines[1] (voir la rubrique Espace science ci-dessous).

FIG. 2.27 L'eau et les lipides (ici de l'huile) ne se mélangent pas. De plus, la masse volumique de l'huile est inférieure à celle de l'eau. C'est pourquoi l'huile flotte sur l'eau.

---

1. Les lipoprotéines HDL (*high density lipoprotein*) sont appelées bon cholestérol et les LDL (*low density lipoprotein*) sont appelées mauvais cholestérol.

ESPACE *SCIENCE*

Les quantités de HDL et de LDL (voir la figure 2.28) dépendent de la quantité et de la qualité des lipides consommés ainsi que de certaines habitudes de vie, maladies ou prédispositions génétiques. Les taux sanguins de HDL et de LDL sont donc des indices de l'état de santé des individus.

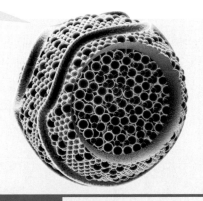

FIG. 2.28 Illustration par ordinateur qui représente les lipoprotéines enveloppant le cholestérol. HDL (à gauche) et LDL (à droite). Le cholestérol est constitué de carbone, d'hydrogène, d'oxygène, d'azote et de phosphore.

TABLEAU **2.12** **Propriétés des lipoprotéines.**

TRANSPORTEUR	RÔLE
LDL (*low density lipoprotein* : lipoprotéine de faible densité)	• Les LDL distribuent aux cellules le cholestérol (gras) dont elles ont besoin pour fonctionner ou qu'elles mettent en réserve pour un usage éventuel. • Elles collent souvent aux parois des artères, d'où les risques accrus de maladies cardiovasculaires. • Elles permettent la pénétration du cholestérol dans la cellule.
HDL (*high density lipoprotein* : lipoprotéine de haute densité)	• Les HDL nettoient les artères en acheminant le cholestérol vers le foie, où il servira de constituant pour fabriquer la bile. • Elles empêchent l'accumulation du cholestérol.

Le tableau 2.13 décrit différents types de lipides présents dans l'alimentation.

TABLEAU **2.13** Différents types de lipides présents dans l'alimentation.

TYPE	PROVENANCE	EXEMPLES	EFFET
Gras saturés	Huiles végétales	Huile de noix de coco, huile de palme	• Augmentation du taux de LDL • Conseil : minimiser la consommation
	Animaux	Bœuf et porc, charcuteries, produits laitiers, fromage, beurre	• Augmentation du taux de LDL • Conseil : minimiser la consommation
Gras monoinsaturés	Huiles végétales	Huile d'olive, huile de canola, avelines	• Augmentation du taux de HDL • Conseil : favoriser la consommation
Gras polyinsaturés	Huiles végétales	Huiles de maïs, de tournesol, de soya, de sésame, de lin	• Augmentation du taux de HDL • Source d'acides gras essentiels non synthétisés par l'organisme : oméga-3 et oméga-9 • Conseil : favoriser la consommation
Gras polyinsaturés hydrogénés (gras trans)	Huiles végétales traitées chimiquement	Graisse végétale, pâtisseries, croustilles, friture, margarine	• Augmentation du taux de LDL • Conseil : éviter la consommation

4.4 Les aliments constructeurs et réparateurs

Les protéines (ou protides) fournies par l'alimentation sont constituées de longues chaînes d'acides aminés (voir les figures 2.29 et 2.30). Pendant la digestion, ces chaînes se brisent et les acides aminés servent de matériau de base à la fabrication, par les cellules, de nombreuses autres protéines qui forment l'organisme et qui accomplissent des fonctions vitales.

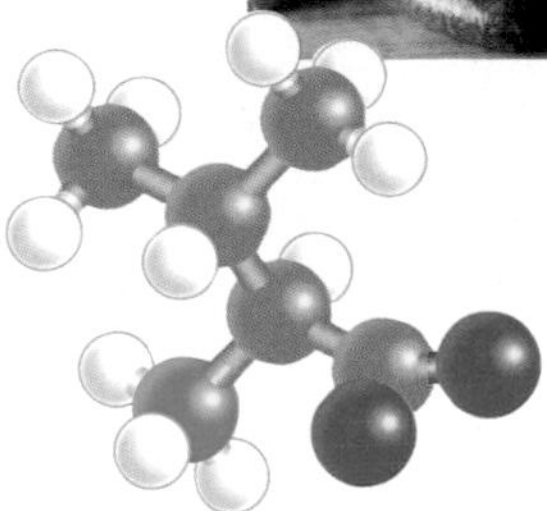

FIG. **2.30** **Aliments qui sont de bonnes sources de protéines.**

FIG. **2.29** **Molécule de valine ($C_5H_{11}NO_2$).**
La valine est un des 20 acides aminés.

La valeur énergétique des protéines est de 17 kJ/g. Elles peuvent servir de sources d'énergie, mais l'organisme est incapable de les garder en réserve, contrairement aux glucides et aux lipides. Elles se composent de carbone, d'oxygène, d'hydrogène et d'azote (voir la figure 2.31). Le tableau 2.14 présente les différents types de protéines.

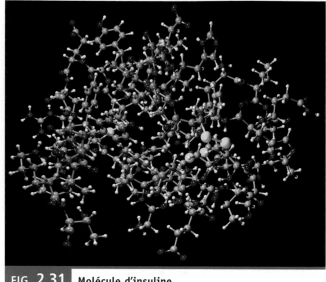

FIG. **2.31** **Molécule d'insuline.**
Les protéines sont de grandes molécules formées d'atomes de carbone, d'oxygène, d'hydrogène, d'azote et souvent de soufre. L'insuline est une hormone.

TABLEAU **2.14** Caractéristiques des protéines.

STRUCTURE GÉNÉRALE	FONCTION GÉNÉRALE	EXEMPLES DANS L'ORGANISME
PROTÉINES FIBREUSES **Fonction de structure**	Matériau de construction et support mécanique	• Collagène : tissu de soutien élastique. • Kératine : constituant des cheveux, des ongles et des poils ; imperméabilise la peau. • Élastine : durabilité et flexibilité des ligaments. • Actine et myosine : contractilité des muscles.
PROTÉINES GLOBULAIRES **Fonctions enzymatiques, hormonales, régulatrices de transport ou immunitaires**	Catalyseur	Enzymes : accélèrent la vitesse des réactions chimiques.
	Transport	• Hémoglobine : véhicule l'oxygène. • Lipoprotéines : acheminent le cholestérol.
	Régulation	Albumine : aide à maintenir constante la pression osmotique sanguine (rétention d'eau). • Insuline : hormone qui régule le taux de glucose sanguin. • Hormone de croissance : optimise la croissance.
	Défense de l'organisme	Anticorps : inactivent les bactéries, les toxines et certains virus.

4.5 Les aliments régulateurs

L'eau sert à transporter les gaz, les nutriments et les déchets, à maintenir la température corporelle et à rendre possibles de nombreuses réactions métaboliques. Le corps humain, constitué de 55 % d'eau, en perd continuellement, soit environ 2,5 L par jour, par l'entremise de la transpiration, des urines, des selles, etc.

Tout comme l'eau, les vitamines et les sels minéraux sont des aliments régulateurs. Pour se les procurer, il importe d'avoir une alimentation variée. Certains minéraux sont nécessaires en si petite quantité (fer, iode, etc.) dans le corps humain qu'ils portent un nom particulier : les oligo-éléments.

Les aliments de ces trois classes ne possèdent aucune valeur énergétique. Cependant, aucune énergie ne peut être produite sans leur contribution.

Le tableau 2.15 offre des informations relative aux vitamines et aux minéraux.

Exercices pour cette section, pages 98 à 100.

TABLEAU **2.15** Vitamines, sels minéraux et oligo-éléments.

	NOM	SOURCE	RÔLE	EFFET D'UNE CARENCE
Vitamines liposolubles : solubles dans les graisses	Rétinol (A)	Carottes	Santé de la vision	Troubles visuels
	Vitamine anti-rachitique (D)	Jaunes d'œufs	Minéralisation	Rachitisme : déminéralisation
	E	Huile de tournesol, céréales	Antioxydant	(Très rare)
	K	Brocoli, foie de porc	Coagulation	Trouble de coagulation
Vitamines hydrosolubles : solubles dans l'eau	Thiamine (B$_1$)	Céréales complètes, légumineuses	Métabolisme des glucides	Perte d'appétit
	Riboflavine (B$_2$)	Lait, œufs	Production d'énergie	Lésions cutanées
	Niacine (B$_3$)	Viandes, volailles, poissons	Production d'énergie	Troubles nerveux
	Pyridoxine (B$_6$)	Viandes, volailles, poissons	Système nerveux	Diminution des fonctions nerveuses
	Acide folique (B$_9$)	Légumineuses, grains entiers	Croissance cellulaire	• Dépression • Troubles de croissance
	Cyanocobalamine (B$_{12}$)	Foie de bœuf	Formation des globules rouges	Anémie
	Acide ascorbique (C)	Agrumes	• Qualité des tissus de soutien • Antioxydant	• Problèmes de cicatrisation • Scorbut (carence extrême)
Principaux sels minéraux	Calcium	Produits laitiers	Minéralisation	Déminéralisation
	Phosphore	Viandes	Santé des os et des dents	Déminéralisation
	Magnésium	Tofu, légumineuses	Production d'énergie	Troubles du système nerveux
	Potassium	Pommes de terre	Équilibre cellulaire en eau	Faiblesse
	Sodium	Sel de table	Contraction musculaire	Hypotension
	Chlore	Sel de table	Sécrétion gastrique	(Très rare)
Oligo-éléments : éléments nécessaires en très faible quantité	Fer, zinc, cuivre, manganèse, sélénium, chrome, cobalt	Fruits et légumes, œufs et lait, poissons, grains entiers, fruits de mer	• Fonctionnement des glandes et des hormones de croissance • Reproduction • Production d'énergie • Système nerveux	• Ostéoporose • Troubles nerveux • Infertilité • Anémie • Croissance insuffisante

5 LA TRANSFORMATION DES ALIMENTS

5.1 Les changements de phase et les aliments

La plupart des aliments se présentent sous la phase solide ou liquide (voir la figure 2.32).

FIG. 2.32 **Aliments sous différentes phases.**
Du beurre et du chocolat en train de fondre.

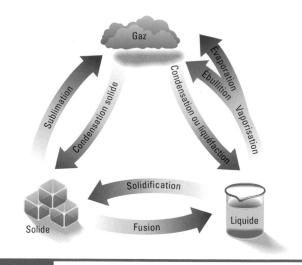

FIG. 2.33 | **Changements de phase de la matière.**

Lorsqu'une substance pure passe d'une phase à une autre, on dit qu'il y a changement de phase (voir la figure 2.33). Un changement de phase est une transformation physique qui ne modifie pas la nature des substances. La température à laquelle se produit un changement de phase est une propriété caractéristique de la matière. Le tableau 2.16 donne des exemples de changements de phase relatifs aux aliments.

TABLEAU **2.16** Quelques changements de phase relatifs aux aliments.

CHANGEMENT DE PHASE	DESCRIPTION	TEMPÉRATURE CORRESPONDANT AU PASSAGE D'UNE PHASE À UNE AUTRE
Fusion	Passage de la phase solide à la phase liquide. *Exemple :* la crème glacée qui fond.	Point de fusion.
Vaporisation	Passage de la phase liquide à la phase gazeuse. *Exemple :* l'eau qui bout et s'évapore.	Point d'ébullition.
Solidification	Passage de la phase liquide à la phase solide. *Exemple :* un jus mis au congélateur.	Point de solidification ou point de congélation[1].

1. La fusion ainsi que la solidification et la congélation se produisent habituellement à la même température. La façon de nommer le phénomène dépend seulement de la direction du changement de phase.

5.2 Les procédés de transformation des aliments

Avant de se trouver sur le bout de la fourchette, les aliments sont traités et manipulés de façon à préserver leurs propriétés gustatives et nutritives ainsi que leur comestibilité. Divers procédés de transformation des aliments, minutieusement réglementés, ont été mis au point pour conserver les aliments, les améliorer ou simplement les apprêter. La transformation et la conservation des aliments reposent sur trois objectifs simples :

- empêcher la multiplication des microorganismes et arrêter les activités cellulaires (par exemple : nous faisons bouillir l'eau pour la stériliser) ;

- maintenir la valeur nutritionnelle et le goût des aliments ;

- maintenir la phase dans laquelle l'aliment se trouve (par exemple, nous mettons la crème glacée au congélateur pour la garder solide et froide).

La transformation des aliments consiste dans une série de manipulations plus ou moins complexes faites à divers stades, de la cueillette à la consommation :

Exemple :

CAROTTES ACHETÉES DIRECTEMENT DE L'AGRICULTEUR OU AGRICULTRICE

1. Effeuillage.
2. Lavage.
3. Consommation immédiate.

1. Effeuillage.
2. Lavage.
3. Cuisson.
4. Broyage.
5. Assaisonnement.
6. Ajout d'additifs pour conserver la texture et la couleur.
7. Entreposage dans des pots stérilisés et scellés.
8. Transport vers les points de vente au détail. *Exemples :* épiceries, dépanneurs.

TABLEAU **2.17** Procédés courants de conservation des aliments.

PROCÉDÉ	PRINCIPE
Utilisation du froid	Arrêt ou ralentissement de l'activité cellulaire et de la prolifération bactérienne.
Utilisation du chaud	Arrêt de l'activité cellulaire et de la prolifération bactérienne.
Déshydratation	Élimination partielle ou totale de l'eau, empêchant les activités cellulaires et la prolifération bactérienne.
Ajout d'additifs	Retardement de la prolifération bactérienne, de l'oxydation[1], de la formation de mousse, de la dégradation du produit, etc.
Irradiation	Destruction des microorganismes par l'exposition à des rayons ultraviolets ou autres.
Fermentation	Destruction des microorganismes par d'autres microorganismes sélectionnés.
Emballage	• Protection contre la contamination, les dommages physiques, l'humidité extérieure, la lumière, etc. • Préservation de la forme, de la texture, du goût, de l'arôme, de l'humidité interne, etc.

---

1. Oxydation : formation de composés nocifs dans les aliments et rancissement des huiles et des graisses.

L'industrie agroalimentaire travaille à concevoir et à commercialiser de nouveaux produits afin d'offrir une diversité grandissante d'aliments de toutes sortes. En particulier, l'industrie de la transformation des aliments veille à fournir des produits alimentaires sains qui ne provoqueront pas d'intoxication alimentaire[1]. Pour ce faire, elle recourt à divers procédés. Les plus courants apparaissent dans le tableau 2.17 à la page 81.

Quels procédés du tableau 2.17 entrent en jeu dans la pasteurisation? Pour répondre à cette question, consultez la rubrique Espace science à la page 90.

La figure 2.34 illustre divers procédés de transformation des aliments.

Le consommateur ou la consommatrice doit également adopter des mesures d'hygiène dans la manipulation des aliments afin de préserver leur fraîcheur et de prolonger leur durée de vie. Il faut, par exemple, les nettoyer, les réfrigérer, les cuire, etc.

5.3 Les organismes génétiquement modifiés

Tout organisme vivant porte dans le noyau de ses cellules son génome, c'est-à-dire son identité génétique inscrite sur les chromosomes, eux-mêmes composés d'ADN et qui contiennent plusieurs gènes. La génétique offre aujourd'hui la possibilité de sélectionner des gènes dans une cellule d'un organisme et de les transférer dans les cellules d'un autre organisme dans le but de modifier ses caractéristiques fondamentales (goût, couleur, tolérance à un élément destructeur, etc.): c'est la transgénèse.

---

1. Intoxication alimentaire: infection digestive due à l'ingestion d'aliments contaminés par des microorganismes.

Les nouveaux organismes ainsi créés reçoivent de nouvelles propriétés qu'ils n'auraient pu acquérir de façon naturelle. Ils sont appelés OGM (organismes génétiquement modifiés).

Un OGM est un organisme vivant dans le génome duquel:

• un gène étranger a été introduit;

• l'expression d'un gène a été modifiée ou supprimée.

La transgénèse s'effectue d'une espèce à une autre. Par exemple, on modifiera génétiquement des tomates afin d'accroître leur durée de vie. Elles peuvent ainsi rester au soleil plus longtemps, ce qui améliore leur goût; de plus, elles peuvent se conserver plus longtemps et résister à des durées de transport plus longues (voir la figure 2.35).

De même, afin d'améliorer les récoltes, on modifiera du maïs commercial en le couplant à une variété de maïs possédant une meilleure résistance aux insectes (voir la figure 2.36).

Pour obtenir un OGM[1], on peut utiliser diverses techniques:

• Transfert direct: Le gène d'intérêt est directement introduit dans l'organisme à modifier.

• Transfert indirect: Le gène d'intérêt est introduit dans l'organisme par un intermédiaire.

Exemple: un virus.

• Fusion cellulaire (hybridation): Des cellules vivantes différentes sont unies artificiellement.

L'utilisation des OGM offre plusieurs avantages, par exemple la réduction de l'usage de pesticides et de meilleures productions agricoles. Toutefois, les opposants aux OGM redoutent une dissémination incontrôlée dans la nature, ce qui pourrait entraîner la transmission d'allergènes ou de toxines encore inconnues dans l'environnement.

Exercices pour cette section, page 100.

FIG. 2.35 À gauche, trois tomates normales; à droite, trois tomates modifiées génétiquement.

FIG. 2.36 Maïs génétiquement modifié pour une meilleure résistance aux insectes.

---

1. Ne pas confondre avec le clonage, qui est la création d'un être vivant génétiquement identique au parent qui lui donne naissance.

ESPACE science

BIEN MANGER AVEC LE GUIDE ALIMENTAIRE CANADIEN, UN MODÈLE PARMI D'AUTRES

Le modèle canadien

Bien manger avec le Guide alimentaire canadien, c'est l'œuvre de nutritionnistes qui collaborent avec le gouvernement en vue d'aider la population à faire des choix avisés en matière d'alimentation et de promouvoir la pratique quotidienne d'activités physiques. Il s'agit d'un arc-en-ciel de choix alimentaires qui répondent aux besoins de chacun et chacune en éléments nutritifs, qui favorisent le maintien d'une bonne santé et qui réduisent le risque de maladies chroniques liées à la malnutrition.

La quantité de portions à consommer chaque jour dans les quatre groupes varie selon plusieurs facteurs tels que le sexe et l'âge.

Bien manger avec le Guide alimentaire canadien se résume ainsi: variété, modération et équilibre. Variété dans le choix des aliments, modération dans les portions et dans les aliments moins bons pour la santé et équilibre entre l'apport alimentaire et l'exercice physique.

Ce guide établit quatre groupes alimentaires :

- légumes et fruits ;
- produits céréaliers ;
- lait et substituts ;
- viandes et substituts.

Nombre de **portions du Guide alimentaire** recommandé chaque jour

	Enfants			Adolescents		Adultes			
Âge (ans)	2-3	4-8	9-13	14-18		19-50		51+	
Sexe	Filles et garçons			Filles	Garçons	Femmes	Hommes	Femmes	Hommes
Légumes et fruits	4	5	6	7	8	7-8	8-10	7	7
Produits céréaliers	3	4	6	6	7	6-7	8	6	7
Lait et substituts	2	2	3-4	3-4	3-4	2	2	3	3
Viandes et substituts	1	1	1-2	2	3	2	3	2	3

Bien manger avec le Guide alimentaire canadien.

Ce guide recommande également de maintenir un mode de vie sain en conservant un poids santé, en faisant de l'exercice régulièrement et en limitant la consommation de sel, d'alcool et de caféine. Une version complète du guide est reproduite en annexe aux pages 270 à 275.

Le modèle crétois

Les directives alimentaires varient beaucoup selon les cultures. En Crète, une île grecque, on fournit à la population un guide alimentaire bien différent du nôtre. Il se présente sous la forme d'une pyramide. La base constitue l'activité physique, qui doit être régulière. Les éléments au bas de la pyramide doivent être consommés en quantité. Ceux du haut doivent être consommés exceptionnellement.

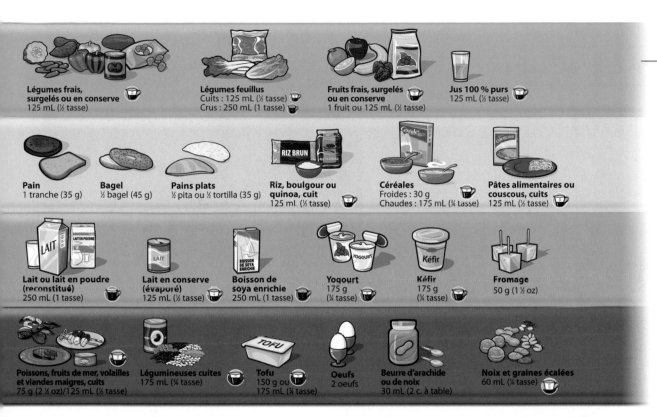

Légumes frais, surgelés ou en conserve
125 mL (½ tasse)

Légumes feuillus
Cuits : 125 mL (½ tasse)
Crus : 250 mL (1 tasse)

Fruits frais, surgelés ou en conserve
1 fruit ou 125 mL (½ tasse)

Jus 100 % purs
125 mL (½ tasse)

Pain
1 tranche (35 g)

Bagel
½ bagel (45 g)

Pains plats
½ pita ou ½ tortilla (35 g)

Riz, boulgour ou quinoa, cuit
125 mL (½ tasse)

Céréales
Froides : 30 g
Chaudes : 175 mL (¾ tasse)

Pâtes alimentaires ou couscous, cuits
125 mL (½ tasse)

Lait ou lait en poudre (reconstitué)
250 mL (1 tasse)

Lait en conserve (évaporé)
125 mL (½ tasse)

Boisson de soya enrichie
250 mL (1 tasse)

Yogourt
175 g
(¾ tasse)

Kéfir
175 g
(¾ tasse)

Fromage
50 g (1 ½ oz)

Poissons, fruits de mer, volailles et viandes maigres, cuits
75 g (2 ½ oz)/125 mL (½ tasse)

Légumineuses cuites
175 mL (¾ tasse)

Tofu
150 g ou
175 mL (¾ tasse)

Oeufs
2 oeufs

Beurre d'arachide ou de noix
30 mL (2 c. à table)

Noix et graines écalées
60 mL (¼ tasse)

Bien manger avec le Guide alimentaire canadien, Ottawa, Santé Canada, 2007, ©reproduit avec la permission du ministère des Travaux publics et Services gouvernementaux.

L'alimentation crétoise est donc riche en végétaux, en légumes, en fruits, en légumineuses, en céréales complètes et en huile d'olive. Le poisson, mais surtout la viande, sont relativement peu consommés.

Comme il est possible de le constater, *Bien manger avec le Guide alimentaire canadien* diverge du guide crétois. Par exemple, le guide canadien suggère aux adolescents et aux adultes de manger deux ou trois portions de viandes et substituts par jour selon le sexe, alors que le guide crétois limite la viande à une portion par mois seulement.

Toutefois, les légumineuses et les céréales complètes (sources d'acides aminés essentielles) compensent la consommation peu élevée de viande.

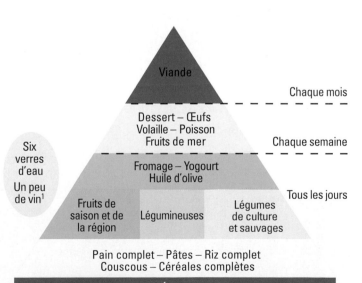

La pyramide du régime crétois.

Ce régime alimentaire diminue le risque de maladies cardiovasculaires et de cancers, en plus d'avoir un effet favorable sur la longévité.

---

1. Au Canada, la consommation d'alcool est déconseillée aux personnes de moins de 18 ans.

ESPACE *science*

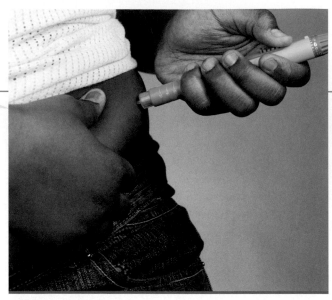

Injection d'insuline.

LE DIABÈTE, UNE MALADIE SUCRÉE

On estime que plus de 2 millions de Canadiens et Canadiennes sont atteints du diabète. L'Organisation mondiale de la Santé (OMS) prévoit que 300 millions de personnes deviendront diabétiques d'ici 2025. Mais en quoi consiste donc cette maladie qui prend des proportions pandémiques ?

L'absorption de nutriments entraîne une augmentation de la glycémie, c'est-à-dire la concentration de glucose dans le sang. Chez les personnes en bonne santé, le pancréas détecte l'augmentation de la glycémie et sécrète alors de l'insuline afin que le glucose puisse pénétrer dans les cellules et y être converti en énergie. La glycémie retourne donc à ce moment à un taux normal. Mais lorsqu'une personne souffre de diabète, l'assimilation, l'utilisation et le stockage des sucres apportés par l'alimentation ne se font pas correctement. Il s'ensuit que la glycémie augmente, ce qui cause des problèmes de santé variables selon le type de diabète. Il existe trois formes principales de diabète (voir les encadrés aux pages 86 et 87).

Le diabète juvénile (type 1)

- Se manifeste durant l'enfance ou l'adolescence.
- Correspond à 10 % des cas de diabète.
- Lié à des facteurs génétiques et environnementaux.
- **Cause :** l'organisme produit des anticorps qui détruisent les cellules productrices d'insuline. Le glucose reste donc dans la circulation sanguine par manque d'insuline.
- **Symptômes :** sucre dans les urines, émission d'urine excessive, soif intense, augmentation de l'appétit, amaigrissement.
- **Traitement :** injections d'insuline.

Le diabète de l'adulte (type 2)

- Se manifeste surtout vers l'âge de 40 ans, mais on observe une tendance à la hausse chez les plus jeunes.
- Correspond à 90 % des cas de diabète.
- Lié à une combinaison de facteurs : facteurs génétiques, surplus de poids, mode de vie sédentaire, alimentation riche en gras.
- **Cause :** les cellules de l'organisme deviennent moins sensibles à l'insuline, laquelle est sécrétée continuellement, indépendamment de la présence ou non de glucose dans le sang.
- **Symptômes :** émission d'urine excessive, soif intense, augmentation de l'appétit.
- **Traitement :** médicament oral, injections d'insuline, activité physique, alimentation équilibrée, bonne gestion du stress.

Afin de vérifier leur glycémie, les personnes souffrant de diabète utilisent un appareil nommé glucomètre. Le lecteur de glycémie détecte le taux de sucre à l'aide d'une seule goutte de sang, généralement prélevée sur le bout d'un doigt. L'analyse permet aux gens souffrant de diabète de savoir à quel moment s'injecter de l'insuline.

Cécité, infarctus, accidents vasculaires cérébraux et insuffisance rénale peuvent se produire si le diabète n'est pas traité. Les risques associés au diabète de grossesse sont différents. Pour la mère, les dangers sont la fatigue accrue, l'accouchement par césarienne et l'augmentation du risque d'infections. Le bébé peut, quant à lui, souffrir de jaunisse, de difficultés respiratoires et d'hypoglycémie à la naissance.

La diète des diabétiques est basée sur *Bien manger avec le Guide alimentaire canadien*. Les restrictions de leur alimentation concernent les sucres ajoutés, tels que le miel, le sirop, la confiture ou le sucre, ainsi que les matières grasses, surtout celles d'origine animale. Afin de stabiliser leur glycémie, il est conseillé aux diabétiques de prendre trois repas par jour à des heures régulières.

Le diabète de grossesse

- Se manifeste par une augmentation de la glycémie à la fin du 2ᵉ trimestre de la grossesse ou au début du 3ᵉ.
- De 2 à 4 % des femmes enceintes en sont touchées.
- Temporaire, disparaît habituellement après l'accouchement.
- **Traitement :** régime, injections d'insuline.

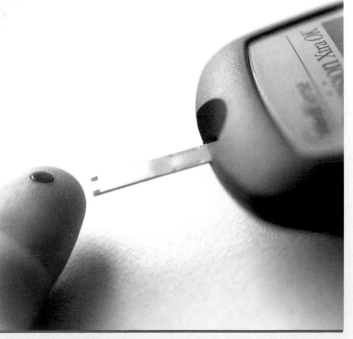

Vérification de la glycémie à l'aide d'un glucomètre.

L'ÉVOLUTION DES MODÈLES ATOMIQUES

Le modèle de Démocrite

Le premier modèle de l'atome est le fruit de réflexions faites au 5e siècle av. J.-C. par des philosophes grecs, principalement Démocrite. Ces philosophes croyaient que tous les atomes étaient composés du même matériau. Selon eux, les atomes étaient différenciés par leurs formes et leurs grosseurs, ce qui leur donnait des propriétés physiques différentes. Par exemple, les atomes des liquides étaient considérés comme étant lisses, ce qui leur permettait de glisser facilement les uns sur les autres.

Ce modèle très élémentaire, qui ne s'appuyait pas sur des résultats de recherches scientifiques avancées, a quand même influencé l'ensemble des scientifiques ayant vécu depuis. Ce sont d'ailleurs les philosophes grecs qui ont créé le mot *atome* que nous utilisons toujours. Le mot grec *atomos* signifie « ce qui ne peut pas être divisé en pièces plus petites ».

Le modèle de Dalton

Au début du 19e siècle, le chimiste et physicien anglais John Dalton (1766-1844) s'est inspiré des anciens philosophes grecs et a établi son propre modèle atomique. Dans celui-ci, les atomes étaient encore indivisibles, mais ils se composaient d'une substance qui différait d'un élément à l'autre. Ces atomes d'éléments différents pouvaient se combiner entre eux et former des structures chimiques plus complexes (par exemple, l'hydrogène et l'oxygène qui se combinent pour former de l'eau).

À cette époque, le modèle de Dalton a représenté une grande avancée scientifique. Le modèle grec de l'atome formé d'une substance unique et possédant différentes formes et grosseurs a donc évolué vers un modèle où chaque élément du tableau périodique possédait son propre atome.

La photographie ci-dessous présente les symboles que Dalton utilisait pour représenter les différents éléments.

Tableau des éléments de Dalton.

Les atomes de différents éléments sont représentés par des symboles et classés dans l'ordre croissant de masse atomique relative, la masse de l'hydrogène valant 1.

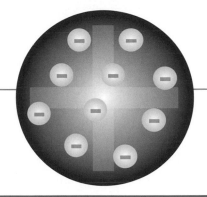

Modèle (*plum-pudding*) de Thomson.

La charge positive est répartie dans tout le volume de l'atome et les électrons (charge négative) sont dispersés à l'intérieur.

Le modèle de Thomson

La croyance dans l'indivisibilité des atomes s'est maintenue jusqu'en 1897, année où le physicien anglais Joseph John Thomson (1856-1940) découvrit l'électron. Il fit cette découverte en effectuant des recherches sur les tubes cathodiques. Présents dans les téléviseurs traditionnels, ces tubes bombardent leur écran d'électrons pour former une image.

Grâce à sa découverte, Thomson avait la preuve que les atomes sont en fait divisibles et il proposa donc son propre modèle atomique : l'atome se compose d'électrons baignant dans une pâte de charge positive qui neutralise leur charge négative (l'atome doit être électriquement neutre). Ce modèle est généralement connu sous le nom anglais *plum-pudding* (mets anglais typique, semblable à du pouding aux raisins), les électrons sont représentés par les raisins (-), le reste du pouding représentant la charge positive (+).

Le modèle planétaire de Rutherford

En 1909, un élève de Thomson, Ernest Rutherford (1871-1937) présenta un modèle plus exact. Grâce à une série d'expériences consistant à bombarder une mince plaque d'or avec des particules d'hélium, il découvrit d'abord que la majorité des particules d'hélium passaient à travers la plaque pratiquement sans changer de trajectoire. Par contre, quelques particules d'hélium étaient grandement déviées : elles semblaient avoir percuté quelque chose qui était chargé positivement.

Ces résultats permirent à Rutherford d'affirmer que la plus grande partie de la masse d'un atome est concentrée en son centre dans un volume très petit qu'il nomma noyau ; le reste de l'atome est vide, à l'exception des électrons qui orbitent autour du noyau comme les planètes autour du Soleil. Ce modèle est connu sous le nom de modèle planétaire.

Le modèle de Bohr

En 1913, le physicien danois Niels Bohr (1885-1962) ajouta un peu de symbolismes mathématiques (valeurs numériques) au modèle planétaire de Rutherford. Principalement, il établit que les électrons ne peuvent pas orbiter de n'importe quelle façon autour du noyau ; ils doivent tourner autour sur des orbites possédant des rayons précis. Cette quantification des orbites des électrons a été l'une des premières avancées de la mécanique quantique, branche de la physique qui sert aujourd'hui à expliquer le comportement de l'atome.

Découverte des composantes du noyau de l'atome

La charge positive du noyau a été attribuée au proton en 1919 après sa découverte par Rutherford. Quant au neutron, c'est en 1932, après sa découverte par James Chadwick (1891-1974), qu'il est apparu à l'intérieur des modèles du noyau de l'atome. Ces deux particules se trouvant dans le noyau (proton et neutron) sont souvent appelées nucléons.

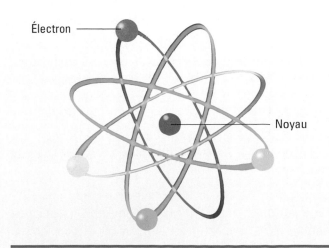

Modèle planétaire de Rutherford.

Électron — Noyau

Appareil de pasteurisation du lait.

- **Pasteurisation basse et lente :**
  62,8 °C, pendant 30 min.
- **Pasteurisation haute et rapide :**
  78,8 °C, pendant 16 s.

LA PASTEURISATION : UN COUP DE CHALEUR POUR LES BACTÉRIES

Nommée d'après son créateur, Louis Pasteur, la pasteurisation a été inventée en 1856 afin de détruire les bactéries du vin. Les bactéries contenues dans les aliments peuvent détériorer leur qualité et rendre malades les gens qui les consomment. La pasteurisation est un procédé de conservation des aliments qui consiste à chauffer un aliment à une température définie pendant un laps de temps déterminé, puis à le refroidir rapidement. Ce procédé permet d'améliorer la propreté, le goût et la sûreté des aliments, de prolonger leur durée de conservation et de préserver leur qualité. Plusieurs aliments sont pasteurisés, dont la bière, les jus de fruits, les œufs liquides, le miel, le cidre et le lait. La pasteurisation ne modifie pas la valeur nutritionnelle de l'aliment, ni sa saveur.

La première étape de la pasteurisation est le chauffage, qui peut durer quelques minutes ou quelques secondes. Elle s'effectue en absence d'air et les températures atteintes varient de 65 à 100 °C. Il existe deux types de chauffage : la pasteurisation basse et lente et la pasteurisation haute et rapide. La plupart des bactéries nuisibles sont alors détruites par la chaleur. Trouver la bonne température de pasteurisation pour un aliment peut être difficile : celle-ci doit être assez élevée pour tuer les pathogènes, mais également assez basse pour ne pas dénaturer les molécules de l'aliment. Par exemple, l'encadré ci-dessus indique les températures de pasteurisation du lait.

La deuxième étape consiste à refroidir rapidement l'aliment pasteurisé afin de conserver sa qualité. Le lait est refroidi jusqu'à une température inférieure à 10 °C.

Finalement, il est important de réfrigérer les aliments pasteurisés afin de prévenir la multiplication des bactéries qui n'y ont pas été détruites. En effet, certaines bactéries sont résistantes à la chaleur et même la pasteurisation ne parvient pas à les détruire.

NUTRITIONNISTE: FIN STRATÈGE DE L'ALIMENTATION

Vous êtes-vous déjà demandé en quoi consistait le menu d'une femme enceinte, d'un sportif de haut niveau ou d'une personne souffrant de diabète? Leur alimentation est bien souvent différente de la nôtre. Ce sont les nutritionnistes qui conçoivent les menus adaptés aux conditions physiques de chaque personne.

Les nutritionnistes évaluent d'abord les comportements alimentaires des individus, ainsi que leur état nutritionnel. Par cette dernière analyse, les nutritionnistes peuvent constater, par exemple, si une personne a une carence alimentaire ou si son taux de mauvais gras est trop élevé. Les nutritionnistes établissent alors un plan de soins alimentaires qui répond adéquatement aux besoins du patient en protéines, en glucides, en lipides, en vitamines et en minéraux.

Promouvoir la santé et prévenir les maladies par l'alimentation sont les principaux buts des nutritionnistes. Le schéma ci-dessous résume les activités liées à ce travail.

Après leur formation universitaire de trois ans, les nutritionnistes peuvent travailler dans des milieux variés: centres hospitaliers, centres sportifs, industries alimentaires, cliniques privées, etc. On trouve même des nutritionnistes à la base des orientations alimentaires suivies par la cafétéria de votre école.

TECHNICIEN OU TECHNICIENNE EN DIÉTÉTIQUE: EN ACTION SUR LE TERRAIN

Les techniciens ou techniciennes en diététique appliquent les recommandations des nutritionnistes. Leur travail consiste à s'assurer que la diète prescrite est bien suivie, à coordonner la production et la distribution des aliments selon les normes d'hygiène et de salubrité et selon les normes de santé et de sécurité au travail, mais également à participer au contrôle des propriétés chimiques, physiques, biochimiques et microbiologiques des aliments.

Leur technique collégiale leur permet de travailler dans la gestion de services alimentaires, dans l'industrie agroalimentaire, dans les services à la clientèle, dans l'inspection et dans la communication.

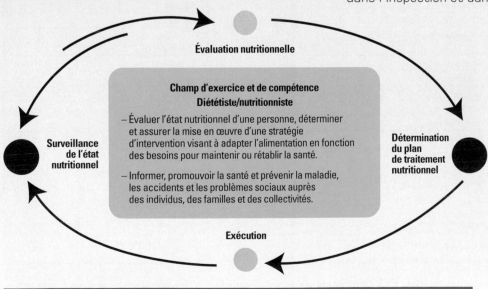

Principales étapes suivies par les nutritionnistes dans leurs interventions auprès d'un individu ou d'un groupe d'individus.

Une nutritionniste au travail.

SITUATIONS D'APPRENTISSAGE ET D'ÉVALUATION

Situation nᵒ ①

Santé et publicité : faut-il tout croire?

Mise en situation

À en croire la publicité, les nouveaux produits sans sucre, sans cholestérol, sans gras trans, riches en protéines, énergisants, etc., sont des choix santé parfaitement adaptés à notre rythme de vie. Mais est-ce réellement le cas? Ces produits sont-ils aussi bons pour nous qu'on le prétend? Et si la publicité nous manipulait parfois?

Afin d'éveiller votre sens critique, nous vous proposons ici d'évaluer la crédibilité de certaines publicités en appliquant des principes scientifiques relatifs à l'alimentation.

En équipe, vous préparerez une publicité mensongère portant sur un aliment et vous la soumettrez au sens critique des autres équipes de la classe.

Valeur nutritive	
Pour 1 c. à table (15 g)	
Teneur	% valeur quotidienne
Calories 90	
Lipides 8 g	12 %
Saturés 1,5 g	8 %
+ Trans 0 g	
Cholestérol 0 mg	0 %
Sodium 70 mg	3 %
Glucides 3 g	1 %
Fibres 1 g	4 %
Sucres 1 g	
Protéines 3 g	
Vitamine A	0 %
Vitamine C	0 %
Calcium	2 %
Fer	4 %
Vitamine E	8 %
Thiamine	6 %
Niacine	10 %
Folate	15 %
Magnésium	8 %

Valeur nutritive	
Pour 1 c. à table (15 g)	
Teneur	% valeur quotidienne
Calories 80	
Lipides 6 g	9 %
Saturés 1,0 g	5 %
+ Trans 0 g	
Cholestérol 0 mg	0 %
Sodium 75 mg	3 %
Glucides 5 g	2 %
Fibres 1 g	4 %
Sucres 1 g	
Protéines 3 g	
Vitamine A	0 %
Vitamine C	0 %
Calcium	2 %
Fer	4 %
Vitamine E	8 %
Thiamine	6 %
Niacine	10 %
Folate	15 %
Magnésium	8 %

Étiquettes donnant de l'information sur la valeur nutritive et les ingrédients de deux produits alimentaires.

Le beurre d'arachide léger (étiquette de droite) est-il meilleur pour la santé que le beurre d'arachide ordinaire (étiquette de gauche) ?

Plan d'action

Le plan d'action regroupe les tâches à effectuer pour évaluer la crédibilité de certaines publicités alimentaires en vue de préparer votre propre publicité.

Tâches:

- Analyser deux publicités relatives à un aliment et en évaluer la crédibilité.

- Dégager les stratégies utilisées en publicité pour promouvoir un produit alimentaire.

- Connaître et utiliser les techniques employées pour effectuer des tests sur la valeur nutritive des aliments.

- Dégager les principes scientifiques associés à ces techniques.

Scientifique testant la qualité de produits alimentaires. Ces tests fournissent les informations nutritionnelles qui seront inscrites sur les emballages.

Mission finale

Vous préparerez une publicité mensongère portant sur un aliment et la soumettrez au sens critique des autres équipes dans votre classe.

Selon la formule privilégiée par votre enseignant ou enseignante, la présentation de votre publicité mensongère pourrait avoir lieu aux moments suivants:

- au cours de la remise des fiches de l'élève liées à la situation d'apprentissage;

- dans le cadre d'une discussion en classe.

Les tâches qui vous permettront de préparer une publicité contribueront aussi au développement des compétences ci-dessous:

Compétence disciplinaire 2
Mettre à profit ses connaissances scientifiques et technologiques.

Compétence disciplinaire 3
Communiquer à l'aide des langages utilisés en science et technologie.

Compétence transversale 3
Exercer son jugement critique.

Test de Biuret, qui permet de détecter par une manipulation simple la présence de protéines dans un mélange. Le liquide bleu clair à gauche indique que le mélange ne contient pas de protéines. À droite, le liquide de couleur violette révèle la présence de protéines.

Situation n° ② Mon portait santé!

Mise en situation

Au cours des 10 dernières années, le gouvernement du Québec a conduit de nombreuses enquêtes visant à dresser le portrait santé de la population québécoise et, en particulier, celui des jeunes. Si certains résultats sont encourageants et révèlent une amélioration de l'état de bien-être général de la population, d'autres sont beaucoup plus inquiétants. Comment interpréter ces résultats? Ce profil de santé correspond-il à celui des jeunes qui vous entourent? Qu'en est-il de votre propre état de santé?

> ### info +
> Il est estimé que 22 % des jeunes de 14 et 15 ans consomment des croustilles, des boissons gazeuses, du chocolat ou des bonbons plus de trois fois par jour! Êtes-vous de ce nombre?

Dans cette activité, une invitation vous est lancée à observer de près l'état de santé des jeunes de votre âge, notamment ceux de votre classe et vous-même, puis à communiquer vos conclusions à ce sujet.

Situation n° ③ Le diabète : d'une génération à l'autre?

Mise en situation

Marianne est inquiète, car sa mère vient d'apprendre qu'elle souffre du diabète de type 2. Celle-ci s'affole à l'idée d'avoir à changer complètement son alimentation et son style de vie. Marianne se souvient que sa grand-mère maternelle a eu la même réaction que sa mère il y a quelques années, lorsqu'elle a été diagnostiquée diabétique. Marianne décide de soutenir sa mère dans cette épreuve en essayant d'en apprendre le plus possible sur le diabète. Et si cette maladie qui a touché sa mère et sa grand-mère la touchait un jour elle aussi?

Afin d'aider Marianne et sa mère, vous serez tous et toutes invités, dans cette activité, à vous interroger sur la nature du diabète ainsi que sur les moyens de le traiter et de le prévenir.

Une bonne alimentation aujourd'hui pour aider à notre vie future.

Autrefois diagnostiqué chez les personnes de plus de 40 ans, le diabète de type 2 fait aujourd'hui des ravages chez les adolescents, les adolescentes et même les enfants! Il est même question d'une situation épidémique à l'échelle de la planète!

Situation nº ④
En bonne santé dans 100 ans?

Mise en situation

Certains prétendent que les divers procédés utilisés pour produire, conserver ou transformer les aliments peuvent être dangereux et même causer certaines maladies. D'autres, au contraire, soutiennent que ces procédés sont sans danger et qu'ils contribuent à l'amélioration de la santé des habitants et habitantes de la planète. Il y a de quoi être perplexe. Qu'en est-il réellement?

La présente activité vous invite à explorer les méthodes de production, de conservation et de transformation des aliments, en plus d'examiner leurs effets sur la santé des consommateurs et consommatrices.

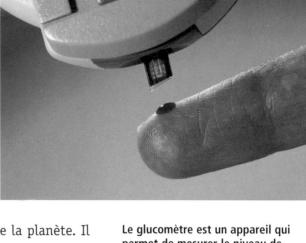

Le glucomètre est un appareil qui permet de mesurer le niveau de glucose dans le sang. Il est utilisé quotidiennement par les personnes diabétiques, qui doivent régir elles-mêmes le niveau de glucose dans leur organisme.

Santé Canada possède un portail informatique complet qui offre une quantité d'informations justes et de qualité sur les allergies alimentaires, l'étiquetage des produits, la salubrité des aliments, la nutrition, les saines habitudes de vie, etc.

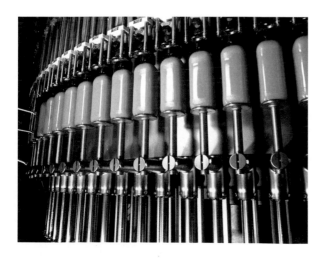

Le jus d'orange reconstitué est ensuite embouteillé sur une chaîne de production industrielle dans une usine. Cette production en gros permet d'économiser du temps et de l'argent.

1 La matière (rappel)

1. Définissez les termes suivants:

  a) Masse

  b) Volume

2. De quoi la matière est-elle formée?

3. Combien existe-t-il d'éléments chimiques?

2 L'organisation de la matière

4. Reproduisez et remplissez le tableau ci-dessous en y ajoutant les informations manquantes.

PHASE	MODÈLE CORPUSCULAIRE (À DESSINER)	CARACTÉRISTIQUE
	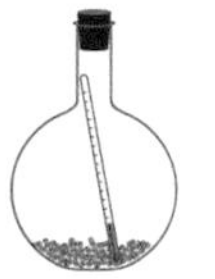	
Phase liquide		
		Les particules sont libres et très mobiles.

5. À quelle particule élémentaire chacune des descriptions suivantes correspond-elle?

  a) Particule ayant une charge électrique négative qui tourne autour du noyau à une grande vitesse.

  b) Particule du noyau ayant une charge électrique positive.

  c) Particule du noyau n'ayant aucune charge électrique.

6. Classez les substances de la liste de mots encadrée ci-dessous en les groupant dans les catégories appropriées. Une même substance peut se retrouver dans plus d'une catégorie.

- Gaz carbonique (CO_2)
- eau sucrée
- crayon
- cuivre (Cu)
- hélium (He)
- carbone (C)
- glucose ($C_6H_{12}O_6$)
- air
- vinaigrette
- sang
- alliage en bronze

a) Mélanges homogènes   **c)** Substances pures   **e)** Composés

b) Mélanges hétérogènes   **d)** Éléments

7. Complétez les phrases suivantes.

a) Les éléments sont formés de ▭ identiques.

b) Les composés sont formés de ▭ identiques.

3 Les solutions, des mélanges homogènes

8. Complétez les énoncés suivants qui décrivent les solutions et les mélanges hétérogènes.

a) La substance capable de dissoudre une autre substance est un ▭.

b) Le phénomène par lequel un solvant est dispersé uniformément dans un soluté est la ▭.

c) Le constituant présent en plus grande quantité dans une solution est le ▭.

d) Si l'eau est le solvant de la solution, on dit qu'il s'agit d'une solution ▭.

e) Au cours de la dissolution, les liens qui unissent les atomes ou les molécules sont brisés par le ▭.

9. Vrai ou faux?

a) La concentration dépend uniquement de la quantité de soluté.

b) L'ajout de solvant diminue la concentration d'une solution.

c) La concentration se mesure en grammes.

d) La concentration d'une solution est différente de sa masse volumique.

10. Complétez les phrases suivantes.

a) La ▭ est la quantité maximale de soluté qu'il est possible de dissoudre dans un volume donné de solvant à une température donnée.

b) La ▭ est la masse par unité de volume d'une substance.

11. Qui suis-je?

Procédé physique consistant à ajouter du solvant à une solution afin d'en diminuer la concentration.

4 Les aliments

12. **a)** Quel terme désigne les molécules transformées par la digestion ?

    b) Pourquoi, au cours de la digestion, la taille des molécules doit-elle être réduite ?

13. Associez chacun des cinq types d'aliments avec son rôle dans le corps humain. Un aliment peut avoir plus d'un rôle.

TYPES D'ALIMENTS	RÔLE
Glucide	**a)** Bon fonctionnement de l'organisme
Lipide	**b)** Producteur d'énergie
Protéine	**c)** Réserve d'énergie
Eau	**d)** Constructeur et réparateur des tissus
Sels minéraux et vitamines	**e)** Transporteur

14. Complétez la phrase suivante.

    Pour une alimentation équilibrée, on suggère un apport énergétique dont la répartition est la suivante :   % de glucides,   % de lipides et   % de protéines.

15. Déterminez la valeur énergétique des quantités de substances suivantes.

    a) 1 g de glucides   **b)** 15 g de lipides   **c)** 3,5 g de protéines

16. Complétez les phrases suivantes se rapportant aux besoins énergétiques.

    Auparavant, l'unité de mesure énergétique des aliments était la   dont le symbole est   . Cette mesure correspond à la   pour élever de   la température de   .

    Aujourd'hui, l'unité utilisée est le   , dont le symbole est   . Une calorie équivaut à   joules.

    Le symbole du kilojoule, qui équivaut à   joules, est   .

17. Qui suis-je ?

    Je suis l'ensemble des processus chimiques grâce auxquels les cellules de l'organisme transforment et utilisent l'énergie.

18. **a)** Déterminez si la réaction suivante est un exemple de catabolisme ou d'anabolisme.

$$C_6H_{12}O_6 + 6\ O_2 \quad \rightarrow \quad 6\ H_2O + 6\ CO_2 + \text{énergie}$$

b) Comment pouvez-vous justifier la réponse donnée en **a)** ?

19. Qui suis-je ?

a) Glucide complexe non assimilable par l'organisme, qui facilite la progression des selles dans l'intestin et qui joue un rôle anticancérigène à cause de sa haute teneur en fibres.

b) Glucide complexe présent dans les légumineuses, le maïs, les pommes de terre et le riz.

c) Glucide simple présent dans le lait maternel.

d) Glucide complexe présent dans le foie animal.

e) Glucide simple présent dans les fruits et le miel.

20. Nommez la propriété des lipides dans les situations suivantes.

a) Les lipides flottent sur l'eau.

b) Les lipides ne se dissolvent pas dans l'eau.

21. Inscrivez les lettres HDL ou LDL après chaque énoncé selon qu'il se rapporte aux lipides à haute densité ou aux lipides à faible densité.

a) Évite l'accumulation du cholestérol.

b) Colle aux parois des artères.

c) Nettoie les artères.

d) Permet la pénétration du cholestérol dans la cellule.

e) Risques accrus de maladies cardiovasculaires.

f) Achemine le cholestérol vers le foie.

g) Distribue le cholestérol nécessaire aux cellules.

22. Pourquoi dit-on que les carottes sont des aliments qui favorisent une bonne vision ?

23. À quel type de protéines chacune des fonctions suivantes est-elle attribuable (fibreuse ou globulaire) ?

a) Support mécanique   **e)** Régulation du métabolisme

b) Régulation du pH   **f)** Matériaux de construction

c) Défense de l'organisme   **g)** Transport

d) Catalyseur

4 Les aliments (*suite*)

24. Associez les nutriments avec leur caractéristique.

NUTRIMENT	CARACTÉRISTIQUE
Sels minéraux	Métabolisme des glucides
Oligo-éléments	Santé de la vision
Eau	Fonctionnement des glandes
Vitamines A	Minéralisation
Vitamines B₁	Maintien de la température corporelle

25. Vrai ou faux?

a) L'eau possède une valeur nutritive.

b) Toutes les vitamines sont solubles dans l'eau.

c) Les protéines sont formées d'acides aminés.

d) Pour des quantités égales, les lipides sont plus énergétiques que les glucides.

5 La transformation des aliments

26. À votre avis, qu'ont en commun le beurre et l'huile? Sur le plan de leurs propriétés physiques, qu'est-ce qui les distingue?

27. Qui suis-je?

a) Température à laquelle une substance passe de la phase solide à la phase liquide.

b) Température à laquelle une substance passe de la phase liquide à la phase gazeuse.

c) Passage de la phase liquide à la phase solide.

28. Quels procédés de conservation des aliments empêchent ou ralentissent la prolifération bactérienne?

29. En quoi consiste le procédé de pasteurisation?

30. a) Qu'est-ce que la transgénèse?

b) Discutez des bienfaits et des dangers possibles de la transgénèse.

Synthèse

1. Qui suis-je ?

   a) Je suis composée d'au moins deux atomes semblables ou différents.

   b) Je suis constituée d'atomes ou de molécules identiques.

   c) Substance pure faite d'atomes identiques.

   d) Je suis constitué d'au moins deux substances pures.

   e) Substance pure constituée d'atomes différents.

   f) Mélange ayant au moins deux parties visibles.

2. Dans la liste suivante de mots encadrés, relevez ceux qui désignent des propriétés caractéristiques de la matière.

   - Masse volumique
   - Point de fusion
   - Limpidité
   - Concentration
   - Masse
   - Dilution
   - Volume
   - Saturation
   - Dissolution

3. Les larmes sont formées d'eau à 99 %. Le reste se compose de substances dissoutes telles que le chlorure de sodium (sel), l'oxygène, certaines protéines et des agents bactéricides.

   a) Nommez le solvant des larmes.   **b)** Nommez les solutés des larmes.

4. **a)** Calculez la masse volumique d'un liquide inconnu sachant que sa masse est de 24,84 g et que son volume est de 18 mL.

   b) À l'aide de la capsule Info+ ci-contre sur les valeurs des masses volumiques, identifiez ce liquide.

5. Calculez la masse d'eau de mer que contiendrait un aquarium de 8000 cm³.

6. Calculez la masse volumique de la solution versée dans le cylindre gradué illustré. Écrivez la formule et laissez des traces de vos calculs.

info +

Masse volumique (g/mL)

Sirop de maïs	1,38
Glycérine	1,26
Eau de mer	1,03
Eau douce	1,00
Huile d'olive	0,92
Térébenthine	0,87
Alcool méthylique	0,79
Essence	0,69

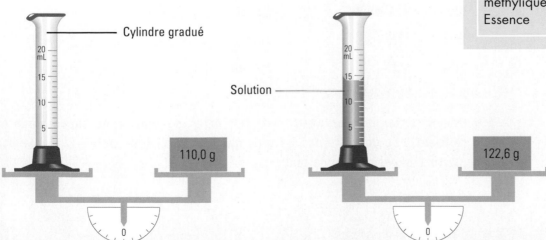

Cylindre gradué

Solution

110,0 g

122,6 g

7. Vous préparez 1 L de limonade dans un contenant à partir d'une solution ayant une concentration de 40 g/L. Vous doublez le volume de la solution en y ajoutant de l'eau.

    a) Quelle sera la concentration de la solution après cette dilution?

    b) Quelle sera la concentration de la limonade si vous augmentez encore le volume avec de l'eau pour obtenir 3 L?

8. Associez les descriptions de gauche aux substances auxquelles elles se rapportent (à droite).

    a) Bonbon.

    b) Cette substance représente 30 % ou moins de l'apport énergétique quotidien total.

    c) Sucre ou hydrates de carbone.

    d) Hydrophobes ou insolubles dans l'eau.

    e) Il faut en consommer au moins 1,5 L par jour.

    f) Cette substance doit représenter 15 % de l'apport énergétique quotidien total.

    g) Le scorbut est une conséquence possible lorsqu'on en manque.

    h) Longue chaîne d'acides aminés.

    i) Collagène, enzymes, hémoglobine.

    1) Glucides

    2) Lipides

    3) Protéines

    4) Eau

    5) Vitamines et sels minéraux

9. Écrivez avec la lettre appropriée si les aliments suivants sont des aliments constructeurs (C), des aliments énergétiques (E) ou des aliments régulateurs (R).

Bœuf

Œuf

Noix

Beurre

Carotte

Thon

Brocoli

10. Une assiette de spaghettis avec boulettes de viande et sauce tomate contient 20 g de protéines, 41 g de glucides et 12 g de lipides. Calculez la valeur énergétique de ce plat.

RÉSUMÉ DES CONCEPTS

1 La matière (rappel) .... (*pages 56 et 57*)

- Toute substance ayant une masse et un volume s'appelle matière.

- La matière possède des propriétés et se présente sous les phases solide, liquide et gazeuse.

- Une substance impossible à décomposer chimiquement en d'autres substances plus simples s'appelle un élément.

- Le tableau périodique est une classification des éléments qui contient de nombreux détails sur chacun d'eux. L'élément est formé d'atomes identiques.

- Chaque atome se compose de trois types de particules de base : les protons, les neutrons et les électrons.

2 L'organisation de la matière .... (*pages 57 à 66*)

- Le modèle corpusculaire permet d'expliquer les différentes phases de la matière (substance pure ou mélange). Il illustre l'espace entre les corpuscules, le type de lien et le degré d'agitation des corpuscules.

- Le modèle atomique de Dalton modélise un élément macroscopique par un assemblage d'atomes identiques de cet élément.

- Le modèle planétaire modélise l'atome comme étant composé d'un noyau central (proton et neutron) et d'un électron tournant autour.

- La matière est constituée d'atomes ou de molécules.

- Une molécule est composée d'au moins deux atomes semblables ou différents.

- Une substance pure est constituée de particules identiques (atomes ou molécules).

- Une substance pure faite d'atomes identiques se nomme élément.

- Une substance pure constituée d'atomes différents se nomme un composé.

- Une substance est dite organique si elle contient des atomes de carbone (exceptions : CO et CO_2). Toutes les autres substances sont inorganiques.

- Une substance pure possède des propriétés caractéristiques qui permettent de la distinguer de toutes les autres.

- Un mélange se compose d'au moins deux substances pures.

- Dans un mélange homogène, il est impossible de distinguer les deux substances l'une de l'autre une fois le mélange effectué. Il peut s'agir d'une solution limpide ou d'un mélange opaque (alliage).

RÉSUMÉ DES CONCEPTS (suite)

2 L'organisation de la matière (*suite*) .... (*pages 57 à 66*)

- Dans un mélange hétérogène, on peut distinguer visuellement les constituants.
- Il existe trois types de mélanges hétérogènes: simple, suspension ou colloïde.

3 Les solutions, des mélanges homogènes .... (*pages 67 à 70*)

- Un soluté est une substance dissoute dans un solvant. Le processus qui permet au soluté de se dissoudre dans un solvant se nomme dissolution.
- Une substance est dite soluble dans un solvant si elle peut s'y dissoudre. Autrement, elle est insoluble.
- Un solvant est un liquide capable de dissoudre un soluté sans que la nature chimique des deux parties en soit modifiée.
- Un mélange homogène formé par un solvant et un soluté se nomme solution.
- La masse volumique est une propriété caractéristique de la matière. Elle représente la masse d'une unité de volume.
- La concentration d'une solution est une mesure de sa teneur en soluté par unité de volume de solution.
- La solubilité est une propriété caractéristique de la matière. La solubilité est la mesure de la quantité maximale de soluté pouvant être dissoute dans 100 mL de solution à une température donnée.
- La dilution est un procédé physique qui vise à diminuer la concentration d'une solution par l'ajout d'un solvant. Une solution peut être saturée ou non saturée.
- Au-delà de l'état de saturation, il y a précipitation du soluté et formation d'un dépôt.

4 Les aliments .... *(pages 71 à 79)*

- Il existe six types d'aliments : les glucides, les lipides, les protéines, l'eau, les vitamines et les sels minéraux.

- Les aliments sont classées selon leur fonction : les aliments constructeurs (protéines), énergétiques (glucides, lipides) et régulateurs (eau, vitamines et sels).

- Le métabolisme est l'ensemble des transformations chimiques et des transferts d'énergie qui se produisent dans le corps humain.

- La quantité d'aliments à consommer varie d'un individu à l'autre.

- La valeur énergétique d'un aliment correspond à la quantité d'énergie qu'il contient, laquelle s'exprime en joules.

- La valeur nutritive d'un aliment quantifie son contenu en glucides, en lipides, en protéines, en vitamines et en minéraux.

- Les glucides sont la principale source d'énergie de l'organisme.

- Les lipides (ou graisses) sont une source d'énergie de réserve. Ils sont essentiels à la fabrication de la membrane cellulaire, de la bile et de certaines hormones et vitamines.

- Le gras et le cholestérol sont véhiculés dans le sang grâce à des transporteurs (lipoprotéines).

- Le bon cholestérol est transporté par les HDL et le mauvais cholestérol est transporté par les LDL.

- Les protéines construisent et réparent l'organisme.

- L'eau, les vitamines et les sels minéraux ne possèdent aucune valeur énergétique. Cependant, aucune énergie ne peut être produite sans leur présence.

5 La transformation des aliments .... *(pages 80 à 83)*

- La plupart des aliments se présentent sous la phase solide ou liquide.

- Un changement de phase est le passage d'une substance pure d'une phase à une autre à une température donnée.

- La transformation des aliments vise à augmenter la durée de conservation des aliments grâce à une série de manipulations plus ou moins complexes.

- Il existe différents procédés de conservation des aliments : l'utilisation du froid et de la chaleur, la déshydratation, l'ajout d'additifs, l'irradiation, la fermentation et l'emballage.

- L'hygiène joue également un rôle dans la conservation des aliments.

- La transformation génétique consiste à apporter des modifications au génome d'un organisme par diverses techniques plus ou moins acceptées de nos jours.

MODULE 3

Le système digestif

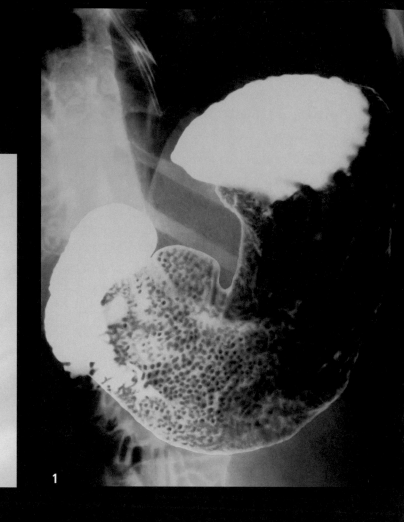

1

Qu'arrive-t-il aux aliments une fois qu'ils sont ingérés par le corps humain? Est-il vrai que le sandwich mangé ce midi prendra plusieurs jours avant d'être complètement digéré? Comment le morceau de poulet avalé hier soir arrivera-t-il à construire ou à réparer les cellules de votre corps? Peut-on prévenir les maladies associées au système digestif? Comment détecter ces maladies avant qu'il ne soit trop tard?

Le présent module est une invitation à explorer le système digestif et les organes qui le composent. Vous comprendrez comment ce système s'y prend pour transformer les aliments en petites molécules assimilables par les cellules de l'organisme. Vous découvrirez également l'utilité de l'imagerie médicale pour traiter certaines anomalies de l'appareil digestif. Il se peut donc que ce module vous donne le goût d'entreprendre une carrière en radiologie!

DOMAINE GÉNÉRAL DE FORMATION

Orientation et entrepreneuriat

COMPÉTENCES

2 Mettre à profit ses connaissances scientifiques ou technologiques.

3 Communiquer à l'aide des langages utilisés en science et technologie.

I 4 Mettre en œuvre sa pensée créatrice.

PS 8 Coopérer.

1. Radiographie colorée de l'estomac (bleu) obtenue par l'ingestion d'un repas baryté (le baryum est opaque aux rayons X). **2.** Villosités (vert) tapissant l'intérieur du duodénum, la première partie de l'intestin grêle. Le mucus (rose) protège la surface de l'intestin et facilite le passage des aliments. (Photographie obtenue avec un microscope électronique à balayage.) **3.** Pas plus grosse qu'une pilule, cette caméra miniature est conçue pour être ingérée par un patient et pour transmettre, tout le long de son trajet dans le système digestif, des images vidéo à un récepteur externe.

SOMMAIRE

1 LA FONCTION DU SYSTÈME DIGESTIF 108

2 L'ORGANISATION DU SYSTÈME DIGESTIF 109

3 LES TRANSFORMATIONS PHYSIQUES ET CHIMIQUES
DES ALIMENTS 111

4 L'IMAGERIE MÉDICALE 133

SITUATION N° ① : UNE AFFICHE POUR COMPRENDRE 142

SITUATION N° ② : SECOURISME 101 144

SITUATION N° ③ : UN SYSTÈME DIGESTIF EN 3D 145

EXERCICES 146

RÉSUMÉ DES CONCEPTS 153

1 LA FONCTION DU SYSTÈME DIGESTIF

Le module 2 portait sur l'alimentation, c'est-à-dire sur la nourriture et les besoins qu'elle comble (nutriments, énergie) dans le corps humain. Mais il n'y était aucunement question de la digestion de cette nourriture. Comment, en fait, le corps s'y prend-il pour rendre utilisable la nourriture que nous ingérons? Comment un aliment complexe se transforme-t-il en nutriments simples et en énergie exploitable? C'est le système digestif, objet du présent module, qui a pour rôle de transformer les aliments. Ce système se compose de plusieurs organes remplissant chacun une fonction particulière. Nous les examinerons tour à tour dans les prochaines sections.

Dans l'organisme, le système digestif assure les fonctions nutritionnelles: la digestion, l'absorption et l'excrétion (voir la figure 3.1). La digestion est l'action par laquelle les aliments sont brisés en particules plus petites facilement utilisables par le corps. Au stade de l'absorption, ces particules font leur entrée dans le sang. Finalement, les déchets solides sont évacués à l'étape de l'excrétion.

L'étude de ce système comporte deux volets: l'étude des structures qui le composent, c'est-à-dire son anatomie, et l'étude du fonctionnement de ces structures, c'est-à-dire sa physiologie.

Maintenir une température corporelle constante (soit environ 37 °C), faire fonctionner les organes vitaux et réparer les tissus endommagés, être actif et s'adapter aux stress de l'environnement, tout cela demande beaucoup d'énergie et de nutriments aux cellules de l'organisme. C'est par une saine alimentation que leur sont fournis ces nutriments et l'énergie qui leur est nécessaire. Toutefois, avant que l'énergie contenue dans les aliments ne leur parvienne, les molécules constituant les aliments devront faire un long voyage et subir de multiples transformations!

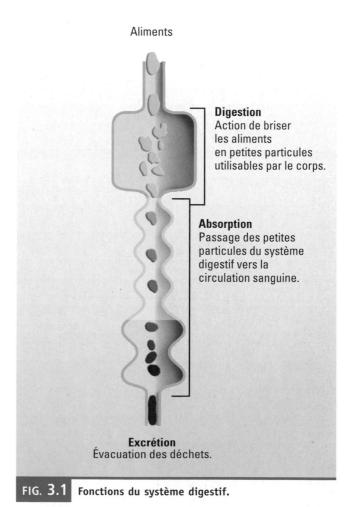

Aliments

Digestion
Action de briser les aliments en petites particules utilisables par le corps.

Absorption
Passage des petites particules du système digestif vers la circulation sanguine.

Excrétion
Évacuation des déchets.

FIG. 3.1 Fonctions du système digestif.

2 L'ORGANISATION DU SYSTÈME DIGESTIF

Le système digestif se distingue par deux parties anatomiques (voir la figure 3.2): le tube digestif et les glandes digestives.

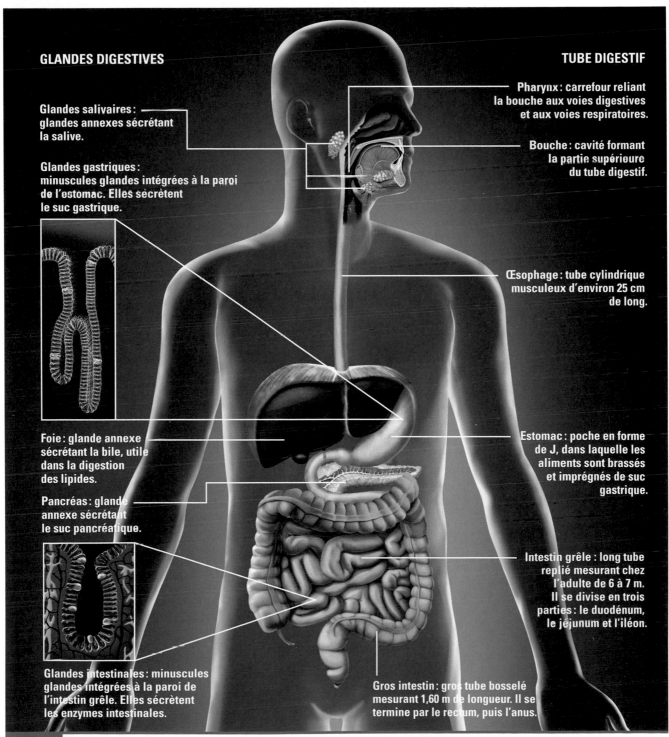

GLANDES DIGESTIVES

Glandes salivaires: glandes annexes sécrétant la salive.

Glandes gastriques: minuscules glandes intégrées à la paroi de l'estomac. Elles sécrètent le suc gastrique.

Foie: glande annexe sécrétant la bile, utile dans la digestion des lipides.

Pancréas: glande annexe sécrétant le suc pancréatique.

Glandes intestinales: minuscules glandes intégrées à la paroi de l'intestin grêle. Elles sécrètent les enzymes intestinales.

TUBE DIGESTIF

Pharynx: carrefour reliant la bouche aux voies digestives et aux voies respiratoires.

Bouche: cavité formant la partie supérieure du tube digestif.

Œsophage: tube cylindrique musculeux d'environ 25 cm de long.

Estomac: poche en forme de J, dans laquelle les aliments sont brassés et imprégnés de suc gastrique.

Intestin grêle: long tube replié mesurant chez l'adulte de 6 à 7 m. Il se divise en trois parties: le duodénum, le jéjunum et l'iléon.

Gros intestin: gros tube bosselé mesurant 1,60 m de longueur. Il se termine par le rectum, puis l'anus.

FIG. 3.2 Le système digestif se compose de deux parties anatomiques: les glandes digestives et le tube digestif.

2.1 Le tube digestif

Le tube digestif est un long canal dans lequel les aliments circulent et se transforment. S'étendant de la bouche à l'anus, il mesure environ 9 m de long. Le tube digestif comprend la bouche, le pharynx, l'œsophage, l'estomac, l'intestin grêle et le gros intestin.

Bien sûr, les aliments que nous ingérons commencent leur voyage en entrant par la bouche, qui est une cavité formant la partie supérieure du tube digestif. Le pharynx est le carrefour reliant la bouche aux voies digestives et aux voies respiratoires. Après son passage dans le pharynx, la nourriture passe par un tube cylindrique musculeux, l'œsophage, avant d'atteindre l'estomac, une poche dans laquelle les aliments sont brassés et imprégnés de suc gastrique. Finalement, les aliments, ou ce qui en reste, termineront leur voyage en circulant dans les intestins. D'abord, l'intestin grêle, qui est un long tube replié sur lui-même et dans lequel se fait l'absorption des aliments; puis le gros intestin, qui est un gros tube bosselé se terminant par le rectum, puis par l'anus.

2.2 Les glandes digestives

Les glandes digestives sont des organes inaccessibles pour les aliments. Elles sécrètent toutes des substances chimiques, dont des enzymes qui, mêlées à l'eau, forment les sucs digestifs.

Il existe deux catégories de glandes digestives : celles annexées au tube digestif et celles intégrées à celui-ci.

- Les glandes digestives annexes sont reliées au tube digestif par des canaux (les glandes salivaires, le foie et le pancréas). Les glandes salivaires, qui sécrètent la salive, se présentent sous la forme de grappes de raisins. Le foie, la glande la plus volumineuse du corps humain, sécrète la bile. Le pancréas sécrète le suc pancréatique.

- Les glandes digestives intégrées sont présentes dans les parois des organes du tube digestif (les glandes gastriques et les glandes intestinales). Les glandes gastriques sont des glandes minuscules qui sécrètent le suc gastrique. Les glandes intestinales sont également très petites et sécrètent les enzymes composant le suc intestinal.

Exercices pour cette section, page 146.

info +

Le gastro-entérologue est le médecin qui se spécialise dans l'étude et le traitement du tube digestif et de ses glandes annexes. Pour en connaître davantage sur cette profession, consultez la rubrique Carrières à la page 141.

3 LES TRANSFORMATIONS PHYSIQUES ET CHIMIQUES DES ALIMENTS

Avant d'examiner en détail les organes du système digestif et les fonctions de ces organes, il est essentiel de définir les deux grands types de transformations que subiront les aliments : les transformations physiques et les transformations chimiques.

En effet, les organes du tube digestif et les glandes digestives assurent la digestion, c'est-à-dire l'ensemble des transformations physiques et chimiques qui réduiront les aliments en nutriments simples et assez petits pour pouvoir traverser les parois des cellules.

3.1 Les transformations physiques des aliments

Qu'est-ce qu'une transformation physique ? C'est une transformation qui ne change pas la nature de la matière ; seul la forme ou l'état de la matière s'en trouve modifié. Donc, les molécules elles-mêmes ne subissent aucun changement. La matière qui subit une transformation physique conserve sa masse et ses propriétés caractéristiques. Prenons comme exemple les pommes de terre : lorsqu'elles sont coupées, brassées, broyées ou écrasées (pour en faire de la purée), le résultat final demeure toujours des pommes de terre ; seule la forme a changé. Les

pommes de terre ont ainsi subi des transformations purement physiques.

Vous avez déjà pu vous familiariser avec différents types de transformations physiques dans le module 2 (voir la page 80) ; parmi ces types de transformations, le phénomène de la digestion met en œuvre le changement de phase (de la crème glacée deviendra liquide au début de la digestion) et la dissolution (plusieurs aliments vont se dissoudre dans l'eau, facilitant du même coup le transport et la digestion).

Le long du tube digestif, les aliments sont soumis à des actions mécaniques. L'action coupante ou déchirante des dents, les contractions musculaires répétées du tube digestif ou le brassage dans l'estomac donnent lieu à des transformations physiques des aliments qui n'altèrent pas leur nature. Ces transformations physiques permettent d'amorcer le travail de la digestion en facilitant le travail des enzymes et en augmentant la surface de contact des aliments avec les liquides environnants.

Le tableau 3.1 vous présente quelques transformations physiques observables.

TABLEAU **3.1** Exemples de transformations physiques.

TRANSFORMATION PHYSIQUE	EXEMPLE
Brassage	Brasser un yogourt permet seulement de mélanger les divers constituants, mais ces derniers ne changent pas de nature.
Changement de phase	Qu'il y ait fusion, congélation ou vaporisation de l'eau, au niveau moléculaire, la nature de l'eau reste la même : H_2O.
Découpage	Couper des légumes ne modifie pas leur nature.
Déformation	Plier un fil de fer ou un trombone ne modifie en rien la nature du matériau.
Dilution	Peu importe la quantité d'eau ajoutée à du jus concentré, ces deux substances conserveront leur nature.
Dissolution	Dissous dans l'eau, le sucre conserve la même nature moléculaire.

TABLEAU **3.2** Exemples de transformations chimiques.

TRANSFORMATION CHIMIQUE	NATURE DE LA TRANSFORMATION	RÉSULTATS OBSERVABLES	
Oxydation	Réaction au cours de laquelle une substance se combine à de l'oxygène ou à une autre substance dite oxydante.	Changement de couleur du réactif. *Exemple :* la corrosion du fer ou la formation de « vert de gris » sur du cuivre, comme sur le dôme du planétarium de Londres.	
		Dégagement d'énergie (chaleur, lumière). *Exemple :* le bois qui brûle dans un foyer ou une allumette qui s'enflamme.	
Précipitation	Dans un liquide, réaction de deux substances donnant au moins une substance solide insoluble.	Formation d'un précipité (solide). *Exemple :* sel de nickel résultant d'une réaction chimique.	

3.2 Les transformations chimiques des aliments

Au cours d'une transformation chimique, contrairement à une transformation physique, les substances initiales, nommées réactifs, sont transformées en une ou plusieurs autres substances, nommées produits. Ainsi, la matière qui subit un changement chimique perd ses propriétés initiales et en acquiert d'autres. Toutefois, comme dans le cas des transformations physiques, la masse totale avant et après la transformation reste la même.

Le tableau 3.2 décrit quelques transformations chimiques.

Dans la digestion, les molécules complexes qui composent les aliments sont graduellement fragmentées en molécules simples si petites qu'elles pourront traverser la paroi du tube digestif. Pour ce faire, les liens qui unissent les molécules complexes sont graduellement brisés sous l'effet des enzymes, ce qui donne lieu à de nouvelles molécules (voir la figure 3.3). Les aliments changent alors de nature, c'est la transformation chimique.

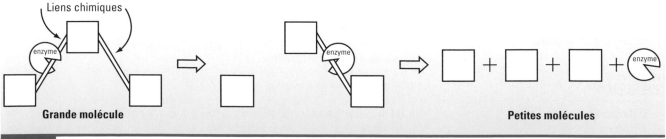

FIG. 3.3 **Les enzymes digestives s'attaquent aux liens chimiques des grandes molécules composant les aliments.**

Ainsi, ces enzymes font d'une grande molécule plusieurs petites molécules. Voilà un exemple de réaction de décomposition.

Les équations chimiques permettent de représenter la réorganisation de la matière lors de transformations chimiques. Dans ces équations, les substances qui réagissent ensemble sont appelées réactifs, alors que les nouvelles substances formées se nomment produits. Les réactifs sont positionnés à gauche dans l'équation et les produits sont placés à droite.

$$\text{Réactifs} \longmapsto \text{Produits}$$

Par exemple, l'équation exprimant la formation de rouille à partir de fer et d'oxygène s'écrit sous la forme suivante :

$$4\,Fe + 3\,O_2 \longmapsto 2\,Fe_2O_3$$
$$\text{fer} \quad \text{oxygène} \quad \text{rouille (fer oxydé)}$$

Lorsqu'une grande molécule est fragmentée en molécules simples, comme les nutriments, il se produit une réaction de décomposition (voir la figure 3.4).

La réaction de décomposition peut être représentée par l'équation suivante[1] :

$$AB \longmapsto A + B$$

Elle se lit comme suit : le réactif AB se décompose en produits A et B.

À l'inverse, des molécules simples peuvent s'assembler en une molécule plus grande. Il s'agit alors d'une réaction de synthèse (voir la figure 3.4).

$$A + B \longmapsto AB$$

La réaction ci-dessus se lit : les réactifs A et B forment le nouveau produit AB.

Pour en savoir plus sur les conventions d'écriture des équations chimiques ainsi que sur les différents types de transformations chimiques, consultez la section Boîte à outils à la page 226.

❶ Décomposition : dissociation de l'amidon en unités de glucose.

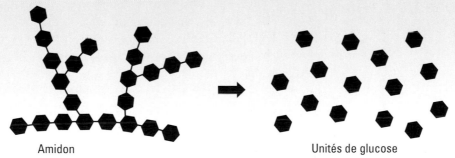

Amidon → Unités de glucose

❷ Synthèse : formation d'une protéine par assemblage d'acides aminés.

Acides aminés → Protéine

FIG. 3.4 **Réactions qui se produisent couramment dans l'organisme.**
Dans le corps humain, ces réactions nécessitent toujours la participation d'enzymes (non illustrées).

---

1. Le choix des lettres A et B est totalement arbitraire.

3.3 La bouche

La bouche est le lieu d'accès des aliments vers le tube digestif, où ils seront transformés. La bouche (voir la figure 3.5) comprend les lèvres, les dents, les gencives, la langue, le palais, les joues et la luette (appelée aussi uvule palatine).

Les dents

Les dents sont logées dans les alvéoles des bords du maxillaire (os de la mâchoire supérieure) et de la mandibule (os de la mâchoire inférieure), qui sont recouverts par les gencives. La fonction des dents dépend beaucoup de leur forme. D'abord, les incisives, à l'avant de la bouche, ont une forme mince qui leur donne l'aspect d'un ciseau. Elles servent à couper ou à pincer des morceaux de nourriture. Les canines, de forme conique et semblables à des crocs, se trouvent juste à côté des incisives. Elles déchirent et transpercent la nourriture. Finalement, les prémolaires et les molaires, beaucoup plus larges et présentant des surfaces arrondies, sont situées de part et d'autre de la bouche. Elles écrasent et broient la nourriture. En comptant les dents de sagesse (3e molaire sur chaque moitié de mâchoire), une bouche compte au total 16 dents sur chaque mâchoire (4 incisives, 2 canines, 4 prémolaires et 6 molaires), pour un total de 32 dents.

La première denture (dents temporaires ou de lait) compte 20 dents, soit 4 incisives, 2 canines et 4 molaires par mâchoire. La figure 3.6 illustre la structure interne d'une molaire. Une dent compte deux parties: la couronne et la racine. Le collet, un rétrécissement de la dent, se trouve entre les deux. La couronne, partie visible de la dent au-dessus de la gencive, est recouverte d'émail. L'émail, qui contient des sels de calcium, est la substance la plus dure du corps humain. La racine est la partie de la dent qui s'enfonce dans la gencive et s'insère dans l'os de la mâchoire. Elle est recouverte d'une substance jaunâtre, le cément. Il y a entre une et trois racines par dent.

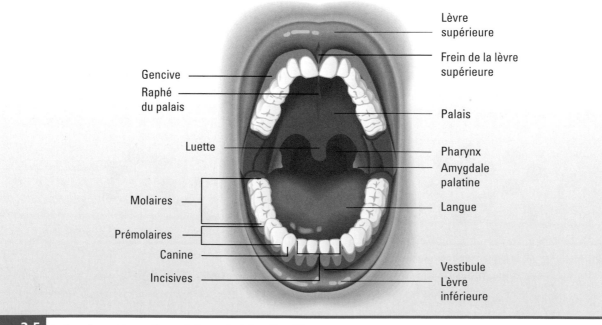

FIG. 3.5 **La bouche est la partie supérieure du tube digestif.**

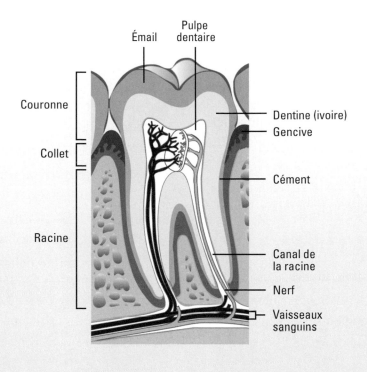

Émail Pulpe dentaire

Couronne

Collet

Racine

Dentine (ivoire)
Gencive

Cément

Canal de la racine

Nerf

Vaisseaux sanguins

FIG. 3.6 Structure interne d'une molaire (coupe longitudinale).

Cette coupe longitudinale de la dent montre également l'ivoire, un tissu calcifié mais plus jaunâtre et plus mou que l'émail. La pulpe dentaire, au centre de la dent, est constituée de tissu mou, de vaisseaux sanguins et de nerfs sensitifs.

Nous négligeons parfois la santé des dents de lait (les dents de bébé), en prétextant qu'elles seront plus tard remplacées. C'est là une erreur, car la préservation des dents de lait favorise la bonne mise en place des dents permanentes, ce qui assurera l'efficacité de la mastication et l'aspect esthétique de la bouche à l'âge adulte.

Pour en savoir plus sur les dents et leur hygiène, consultez la rubrique Espace science aux pages 139 et 140.

Les transformations physiques des aliments dans la bouche

Les structures qui composent la bouche sont les acteurs de la première transformation physique des aliments : la mastication.

- Les lèvres s'ouvrent pour permettre à la nourriture d'entrer et se referment pour l'empêcher d'en sortir.

- Les dents coupent, déchirent et broient les aliments pour en réduire la taille.

- La langue, appuyée sur le palais, contribue au mélange des aliments mastiqués, pendant que les joues se gonflent pour contenir ce qui n'est pas encore prêt pour la déglutition.

Les transformations chimiques des aliments dans la bouche

Les petits morceaux d'aliments transformés par l'action mécanique des dents sont aussi imbibés par la salive, produite par les glandes salivaires et sécrétée dans la bouche. Mais en quoi consiste cette salive?

Chaque jour, les glandes salivaires produisent entre 1 et 1,5 L de salive. Au nombre de six, ces glandes digestives annexées à la bouche et semblables à de petites grappes de raisins (voir la figure 3.7) prennent les noms suivants:

- les 2 glandes parotides, au voisinage des oreilles;
- les 2 glandes sublinguales, situées sous la langue;
- les 2 glandes submandibulaires, localisées dans la portion interne du mandibule.

Les glandes salivaires sécrètent un liquide riche en enzymes, l'amylase salivaire. L'insalivation se produit lorsque les aliments entrent en contact avec la salive. Celle-ci joue plusieurs rôles:

- Elle nettoie la bouche en la désinfectant.
- Elle dissout les aliments afin qu'il soit possible d'en percevoir le goût.
- Elle participe à la création d'une boule d'aliments facile à avaler, appelée bol alimentaire.
- Elle transforme chimiquement les aliments grâce à l'action des enzymes qu'elle contient.

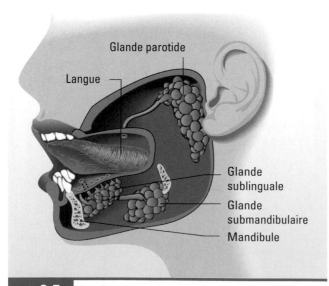

FIG. 3.7 Les glandes salivaires communiquent avec la bouche par un petit canal qui achemine l'amylase salivaire, une enzyme contenue dans la salive. Les glandes salivaires comprennent les glandes parotides, les glandes sublinguales et les glandes submandibulaires.

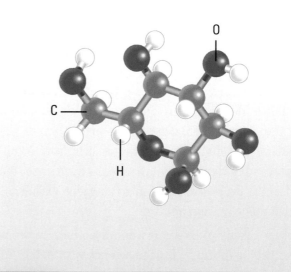

FIG. 3.8 **La molécule de glucose est un glucide simple, composé d'atomes de carbone (C), d'hydrogène (H) et d'oxygène (O).**

Sa formule est $C_6H_{12}O_6$.

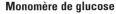
Monomère de glucose

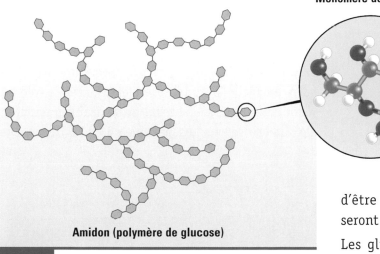

Amidon (polymère de glucose)

Molécule d'amidon.

Un polymère est une grande molécule formée de plusieurs unités semblables, liées chimiquement. L'amidon est donc un polymère de glucose.

info +

Si vous mâchez du pain suffisamment long-temps (disons une minute), vous remarquerez qu'il prendra graduellement un goût sucré. Voilà une manifestation concrète de l'action de l'amylase salivaire. En effet, l'amidon contenu dans le pain n'a pratiquement aucun goût sur la langue. Cependant, à mesure que le pain est imprégné de salive, l'amylase salivaire décompose l'amidon en glucides plus simples (principalement du maltose) dont le goût sucré est détecté par la langue.

La chimie de la digestion dans la bouche

L'amylase salivaire amorce le travail de digestion en s'atta-quant aux glucides complexes. Les glucides dits simples, comme le glucose (voir la figure 3.8), sont de petites molécules qui n'ont pas besoin d'être décomposées par le système digestif; elles seront absorbées telles quelles.

Les glucides complexes, par contre, doivent être décomposés par des enzymes pour être absorbés. Seuls l'amidon (voir la figure 3.9) et le glycogène peuvent être digérés par l'organisme. Les autres, comme la cellulose et la pectine, seront évacués avec les excréments.

Sous l'action de l'amylase salivaire, les liens qui unissent les molécules de glucose dans les glucides complexes sont graduellement brisés (voir la fi-gure 3.10). Il en résulte des molécules formées de deux unités de glucose (maltose). La digestion des glucides se parachèvera un peu plus loin dans le tube digestif grâce à l'action d'autres enzymes.

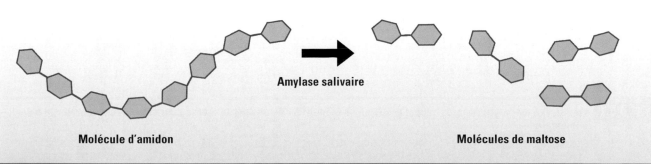

Molécule d'amidon   **Amylase salivaire**   **Molécules de maltose**

La digestion de l'amidon débute dans la bouche grâce à l'action de l'amylase salivaire, l'enzyme contenue dans la salive.

Les liens entre les molécules de glucose sont alors graduellement brisés. Il en résulte des molécules de maltose, beaucoup plus petites.

3.4 Le pharynx

Lorsque survient le moment d'avaler un aliment, des mécanismes involontaires entrent en jeu pour assurer l'acheminement des aliments dans la voie digestive plutôt que dans la voie respiratoire. Sans ces mécanismes, nous risquerions l'étouffement à chaque fois que nous avalons un aliment, c'est-à-dire à chaque déglutition !

Bien que le système digestif et le système respiratoire possèdent des structures anatomiques qui leur sont propres, ces deux systèmes se rejoignent à un carrefour appelé pharynx (voir la figure 3.11).

Au moment d'avaler, le muscle de la langue pousse le bol alimentaire vers le pharynx. Pendant ce temps, la luette, prolongement du palais au fond de la gorge, remonte et bloque ainsi l'accès aux fosses nasales.

L'arrivée du bol alimentaire dans le pharynx entraîne la fermeture d'une petite valve à l'entrée des voies respiratoires : l'épiglotte. La fermeture de cette valve empêche la nourriture d'emprunter la voie qui mène aux poumons. Le bol alimentaire poursuivra alors sa course vers la seule voie possible : l'œsophage.

info +

Dans l'espace, les aliments ingérés par les astronautes sont toujours poussés de la bouche vers l'estomac, peu importe la position de l'astronaute. N'oubliez pas que dans l'espace, les concepts de haut et de bas n'existent pas !

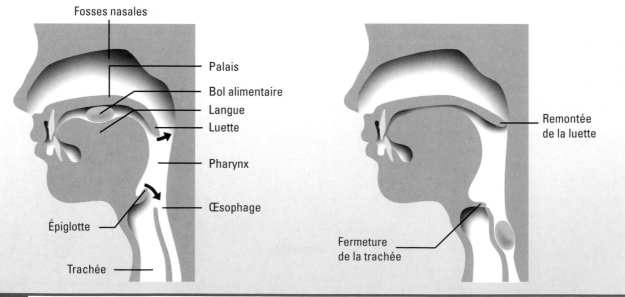

FIG. 3.11 **Le pharynx est la structure du tube digestif où se produit la déglutition, le mécanisme qui consiste à avaler le bol alimentaire.**

Au cours de la déglutition, l'épiglotte ferme l'entrée des voies respiratoires, et la luette bloque le passage vers les fosses nasales. Néanmoins, il arrive parfois que le bol alimentaire pénètre dans les voies respiratoires ; il en résulte alors un étouffement.

3.5 L'œsophage

Le bol alimentaire, une fois dégluti, est poussé par les fibres musculaires qui entourent l'œsophage. La paroi musclée de l'œsophage est également tapissée de cellules productrices de mucus, un liquide visqueux et épais qui permet aux aliments de mieux glisser.

L'œsophage achemine le bol alimentaire de la bouche vers l'estomac grâce à un mouvement appelé le péristaltisme (voir la figure 3.12). Ainsi, les muscles au-dessus du bol alimentaire se contractent et ceux au-dessous se relâchent, ce qui force le bol alimentaire à descendre vers l'estomac.

La frontière entre l'œsophage et l'estomac se nomme cardia (voir la figure 3.13). Dans cette région se trouve un muscle circulaire qui entoure l'œsophage. Au moment du brassage, ce muscle se resserre afin d'éviter que les aliments remontent dans l'œsophage.

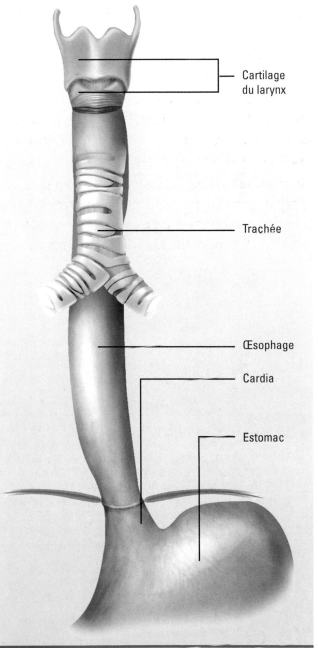

FIG. 3.13 **Œsophage.**

L'œsophage se trouve derrière la trachée et communique avec l'estomac par une région appelée cardia.

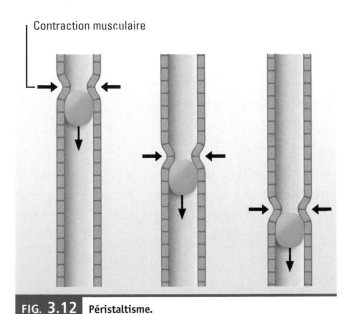

FIG. 3.12 **Péristaltisme.**

Les contractions des muscles de l'œsophage se produisent juste au-dessus du bol alimentaire, poussant graduellement celui-ci jusqu'à l'estomac. Ainsi, même si nous nous étendons dans l'herbe pour manger une pomme, les bouchées chemineront vers l'estomac. Cette série de contractions involontaires, appelée péristaltisme, s'exerce aussi ailleurs dans le système digestif, notamment dans les intestins.

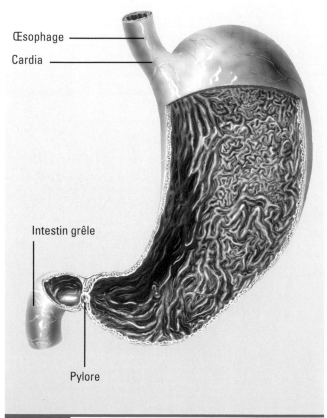

Œsophage

Cardia

Intestin grêle

Pylore

FIG. 3.14 **Estomac.**

L'estomac est un organe en forme de J. Au cours du brassage des aliments, des muscles circulaires au niveau du cardia et du pylore se resserrent et ferment l'estomac, lui permettant ainsi de garder son contenu.

info +

L'absorption des nutriments s'effectue principalement dans l'intestin grêle et, plus faiblement, dans le gros intestin. Toutefois, c'est au niveau de l'estomac que sont absorbées des substances chimiques simples telles que l'alcool, l'aspirine et certains médicaments.

3.6 L'estomac

Depuis la bouche, les bols alimentaires prennent environ 8 s selon la nature de l'aliment pour se rendre à l'estomac, où ils seront accumulés. L'estomac (voir la figure 3.14) est un sac en forme de J, situé sous le poumon gauche. Sa partie supérieure – appelée cardia – communique avec l'œsophage, et sa partie inférieure – appelée pylore –, avec l'intestin grêle. Le volume de l'estomac peut varier beaucoup : 50 mL lorsqu'il est vide, et près de 4 L lorsqu'il est très plein.

Les transformations physiques des aliments dans l'estomac

La durée de séjour des aliments dans l'estomac est habituellement de 2 à 4 h. Toutefois, les repas copieux, riches en protéines et en lipides, peuvent y séjourner jusqu'à 7 ou 8 h.

L'estomac se compose de trois couches de tissus musculaires élastiques superposées (voir la figure 3.15). Les contractions de ces muscles transforment les bols alimentaires en une bouillie crémeuse et acide : le chyme. Les actions mécaniques de l'estomac sont parfois audibles. Des gargouillements sont alors entendus, ce sont les borborygmes. Il s'agit de bruits produits par la circulation des fluides (des liquides ou des gaz) dans le tube digestif.

Les transformations chimiques des aliments dans l'estomac

L'estomac est le lieu où s'amorce la digestion des protéines. La paroi de l'estomac comporte de petits orifices dont le fond est tapissé de 6 à 7 millions de glandes microscopiques : les glandes gastriques (voir la figure 3.16).

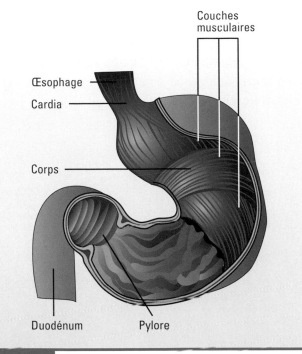

Couches
musculaires

Œsophage

Cardia

Corps

Duodénum   Pylore

FIG. 3.15 L'estomac possède trois couches de muscles
assurant le brassage des aliments.

info +

L'indigestion peut être due à un excès de
nourriture, mais aussi à une intoxication par
des aliments avariés, des bactéries, des médicaments, des drogues ou de l'alcool. Le gon-
flement anormal de l'estomac ou la présence
de substances irritantes peut alors provoquer
l'expulsion forcée de son contenu par la
bouche : c'est le vomissement. Ce mécanisme
de défense, quoique peu agréable, évite souvent à l'organisme de subir des dommages
importants.

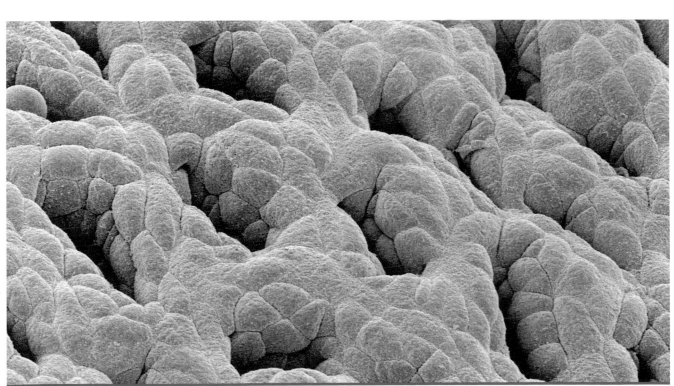

FIG. 3.16 La paroi interne de l'estomac présente plusieurs invaginations au fond desquelles se trouvent des glandes gastriques
sécrétant des enzymes digestives. (Microscope électronique à balayage, grossissement X 1392.)

Ces glandes sécrètent le suc gastrique (voir la figure 3.17), composé notamment de pepsine, une enzyme qui s'attaque aux protéines, et d'acide chlorhydrique (HCl). La présence d'acide chlorhydrique (HCl) dans le suc gastrique fait de l'estomac un milieu très acide, ce qui augmente l'efficacité de la pepsine. Des cellules productrices de mucus, disséminées dans la paroi interne de l'estomac, le protègent de cette acidité, sans quoi il se détériorerait rapidement. Toutefois, malgré la présence de mucus, les cellules de la muqueuse sont remplacées au bout de quelques jours.

La chimie de la digestion dans l'estomac

Les protéines sont des polymères constitués de petites unités d'acides aminés, elles-mêmes formées d'atomes d'azote (N), de carbone (C), d'hydrogène (H) et d'oxygène (O).

La pepsine favorise la digestion des protéines en brisant plusieurs liens qui unissent les acides aminés entre eux. Il en résulte de courtes chaînes d'acides aminés appelées peptides (voir la figure 3.18). Les liens qui unissent les acides aminés

dans un peptide seront brisés un peu plus loin dans le tube digestif grâce à d'autres enzymes.

À la fin de son séjour dans l'estomac, le chyme contient notamment des sucres simples, des peptides et des lipides. La digestion se poursuivra dans l'intestin grêle.

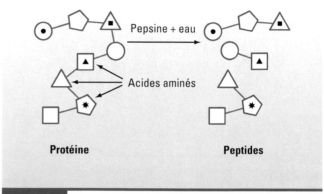

FIG. 3.18 Les protéines sont formées d'unités d'acides aminés qui, sous l'action de l'eau et de la pepsine, deviennent de plus petits polymères: les peptides.

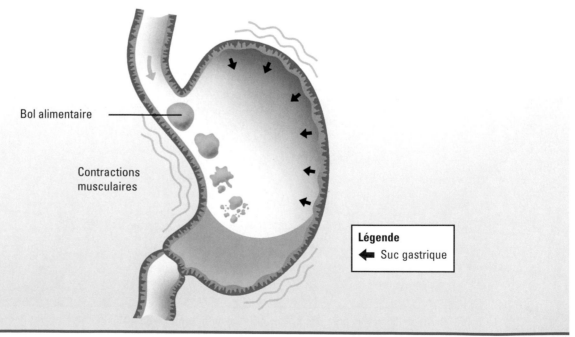

FIG. 3.17 Les bols alimentaires sont accumulés dans l'estomac, où ils seront brassés et mélangés au suc gastrique afin qu'ils se transforment en chyme, une bouillie crémeuse et acide.

3.7 L'intestin grêle

Après s'être engagé dans l'intestin grêle par le pylore, le chyme passera de 3 à 6 h dans celui-ci.

> L'intestin grêle se divise en trois sections (voir la figure 3.19):
>
> - le duodénum: D'une longueur d'environ 25 cm, cette section communique avec le pylore de l'estomac, le pancréas et la vésicule biliaire.
>
> - le jéjunum: D'environ 2,5 m de long, cette section est la partie médiane de l'intestin.
>
> - l'iléon: Cette section inférieure mesurant 3,6 m de long est celle où s'effectue la plus grande partie de l'absorption des nutriments vers le sang. Elle communique avec le gros intestin.

ond-point *culture*

En 1822, par suite d'un coup de fusil au ventre, un soldat canadien, Alexis Saint-Martin, est devenu bien malgré lui un sujet de curiosité et d'étude pour les scientifiques. En effet, sa blessure s'était cicatrisée en soudant la paroi de l'estomac à la couche externe de l'épiderme. Il s'était ainsi formé un petit canal, appelé fistule, qui permettait au médecin de prélever directement de l'extérieur le contenu de l'estomac. Une série d'expériences sur les mécanismes de la digestion furent entreprises sur ce curieux cobaye.

L'intestin grêle est formé de fibres musculaires longitudinales et circulaires. Il est parfaitement adapté à sa fonction d'absorption des nutriments. Sa surface interne est tapissée de valvules conniventes, grands replis de la paroi interne de l'intestin. Chaque valvule connivente compte d'innombrables petits replis, les villosités intestinales. La surface de ces villosités est elle-même subdivisée en microvillosités, c'est-à-dire en replis tapissant la membrane des cellules absorbantes. L'ensemble de ces replis fait en sorte que la surface interne totale de l'intestin est très grande, environ 200 m², ce qui augmente grandement son pouvoir d'absorption des nutriments.

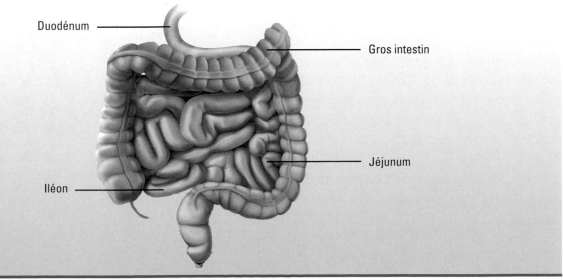

FIG. 3.19 **L'intestin grêle est un long tube d'environ 6 à 7 m divisé en trois sections: le duodénum, le jéjunum et l'iléon.** Sur cette figure, il est représenté de face entouré du gros intestin.

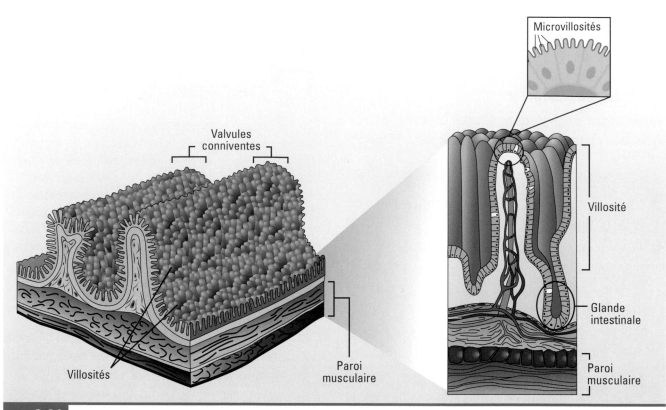

Microvillosités

Valvules conniventes

Villosité

Glande intestinale

Paroi musculaire

Villosités

Paroi musculaire

FIG. 3.20 **La muqueuse de l'intestin grêle possède la particularité d'avoir de nombreux replis.**
Cette configuration contribue à augmenter la surface de contact avec le chyme, favorisant ainsi l'absorption des nutriments.

Les transformations physiques des aliments dans l'intestin grêle

Maintenant bien intégrés dans le chyme, les aliments, y compris ceux pour lesquels la digestion a débuté, passent par jets successifs dans le duodénum. Les mouvements péristaltiques, dus aux contractions des muscles de la paroi de l'intestin grêle, assurent la progression des aliments dans ce long tube.

Dans l'intestin grêle, le mouvement le plus important se nomme la segmentation. La segmentation est une contraction localisée des régions de l'intestin contenant du chyme. Ce mouvement assure le mélange du chyme aux sucs digestifs tout en favorisant le contact des nutriments avec la muqueuse de l'intestin pour qu'ils soient absorbés (voir la figure 3.21). Contrairement au péristaltisme, la segmentation ne fait pas avancer les aliments dans le tube digestif.

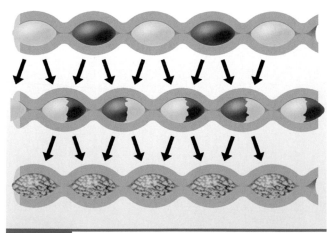

FIG. 3.21 **La segmentation est le processus par lequel le contenu de l'intestin grêle est fortement mélangé.**

La digestion dans l'intestin grêle

C'est véritablement dans l'intestin grêle que s'achève la digestion des aliments. À cette fin, trois acteurs entrent en scène : le foie, le pancréas et les glandes intestinales.

Le foie

Le foie, une glande annexe du système digestif, est l'organe interne le plus lourd du corps humain, avec une masse moyenne de 1,4 kg chez l'adulte (voir la figure 3.22). Il sécrète quotidiennement entre 500 et 1000 mL d'un liquide jaune verdâtre alcalin : la bile. Ce liquide est entreposé dans un petit réservoir en forme de poire, la vésicule biliaire. L'arrivée du chyme dans le duodénum provoque l'éjection dans le canal cholédoque de la bile emmagasinée dans la vésicule biliaire.

Le foie est plus qu'une usine à bile. C'est aussi un important centre de transformation, de stockage et d'élimination de plusieurs substances présentes dans le sang. En fait, tout ce qui est absorbé dans le tube digestif doit d'abord passer par le foie avant de gagner le reste de la circulation sanguine. De plus, une fois que ces substances sont entrées dans la circulation sanguine, le foie stocke le glucose absorbé et les vitamines.

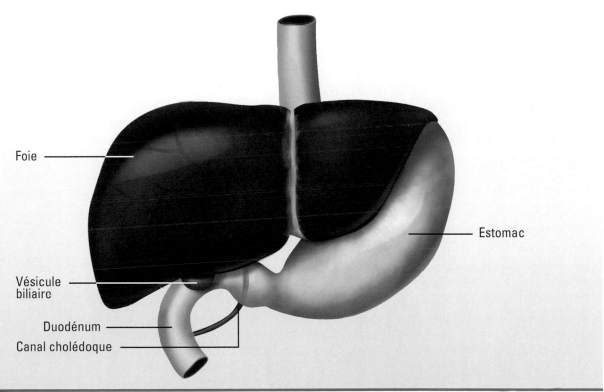

Foie

Vésicule biliaire

Duodénum

Canal cholédoque

Estomac

FIG. 3.22 **Foie.**
La vésicule biliaire est reliée au foie, qui lui envoie la bile qu'il a fabriquée. Après avoir entreposé cette bile, la vésicule la déverse dans l'intestin grêle au moment des repas, grâce à un petit canal, le canal cholédoque.

L'abus d'alcool est dangereux pour le système digestif. Il empoisonne les cellules du foie, qui se durcissent alors, ce qui entraîne la cirrhose, une maladie mortelle. Sur les photographies suivantes, on peut voir un foie en bonne santé et un foie atteint de cirrhose. Il est facile de les distinguer.

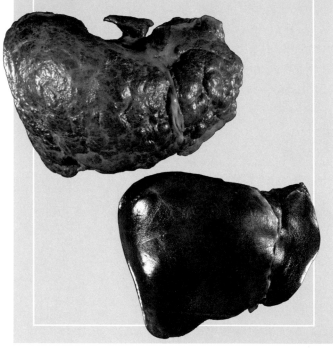

Le pancréas

Le pancréas, une autre glande digestive annexe, possède un canal sécréteur qui la rattache au duodénum (voir la figure 3.23). Cette glande sécrète le suc pancréatique, qui intervient dans la digestion de tous les types d'aliments en achevant la transformation des glucides, des protéines et des lipides. La production quotidienne de suc pancréatique est de 1,2 à 1,5 L. Il se compose de différentes enzymes (la trypsine, la chymotrypsine, la carboxypeptidase) et de bicarbonate de sodium, une substance alcaline qui annule l'acidité du chyme, afin de le ramener à un pH neutre.

Les glandes intestinales

Les glandes intestinales sont des glandes digestives intégrées à l'intestin grêle. L'arrivée du chyme acide dans l'intestin grêle stimule la sécrétion des glandes intestinales (voir la figure 3.20, à la page 124), qui produisent entre 1 et 2 L de suc intestinal par jour. Ce suc intestinal se compose principalement d'eau, mais aussi de mucus et de différentes enzymes. Le rôle du suc intestinal est de transformer ce qui reste des aliments dans le chyme en vue de leur absorption.

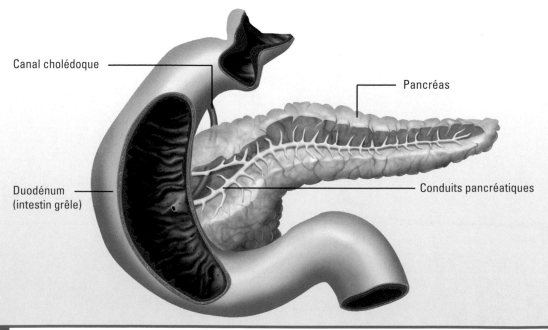

Canal cholédoque

Pancréas

Duodénum (intestin grêle)

Conduits pancréatiques

FIG. 3.23 Situé derrière l'estomac, le pancréas communique avec l'intestin grêle par le canal cholédoque.

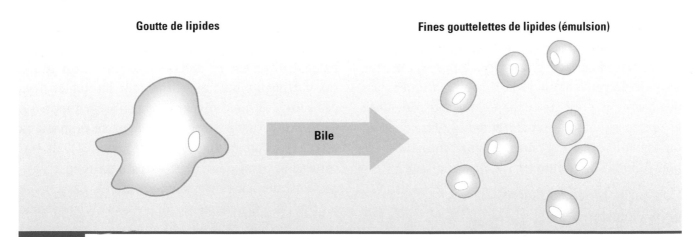

Goutte de lipides

Fines gouttelettes de lipides (émulsion)

Bile

FIG. 3.24 Les lipides, qui se mélangent très difficilement à l'eau, forment de grosses gouttes dans le chyme.
Sous l'action de la bile, elles sont réduites en fines gouttelettes (émulsion) et deviennent, de ce fait, plus facilement attaquables par les enzymes pancréatiques.

La chimie de la digestion dans l'intestin grêle

Au moment où le chyme arrive à l'intestin grêle, il reste plusieurs liens à rompre dans les molécules pour que les nutriments soient absorbés.

Les lipides se mélangent très difficilement à l'eau. Ils ont tendance à se grouper en grosses gouttes que les enzymes digestives ont de la difficulté à défaire. Soumis à l'action de la bile, les gouttes de lipides se fractionnent en petites gouttelettes. Elles subissent ainsi une transformation physique qui s'appelle l'émulsion (voir la figure 3.24).

Au niveau du duodénum, le chyme est soumis à un mélange de suc intestinal, de suc pancréatique (voir la figure 3.25) et de bile qui assurera la digestion finale. Le chyme se transforme graduellement en un liquide blanc au fur et à mesure que s'effectue la digestion dans le jéjunum.

Au niveau de l'iléon, les matières nutritives résultant de l'action des enzymes et de la bile sont absorbées. Ces molécules simples entrent en contact avec les villosités intestinales et traversent leur paroi afin d'être acheminées aux cellules de l'organisme.

Les enzymes des sucs intestinal et pancréatique assurent la transformation des peptides (morceaux de protéines) en acides aminés et celle des glucides complexes en glucose.

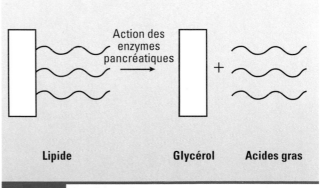

Action des enzymes pancréatiques

Lipide

Glycérol **Acides gras**

FIG. 3.25 Après l'émulsion, les lipides complexes (triglycérides) sont décomposés en glycérol et en acides gras sous l'action des enzymes sécrétées par le pancréas.

Près de 95 % de l'eau contenue dans le chyme qui arrive de l'estomac est absorbée par l'intestin grêle. La plupart des vitamines sont aussi absorbées à ce niveau. Fait à noter, les vitamines du groupe B et la plupart de celles du groupe K sont fabriquées par des bactéries présentes dans le gros intestin. L'eau et toutes les substances qui n'auront pu être digérées ou assimilées par l'organisme dans l'intestin grêle poursuivront leur route vers le gros intestin.

L'absorption des nutriments dans l'intestin grêle

L'absorption des substances digérées est facilitée par la grande surface interne de l'intestin grêle (voir la figure 3.26). Les nutriments solubles dans l'eau, comme les sucres simples, les acides aminés, la plupart des vitamines et certains sels minéraux, traversent la paroi des villosités intestinales et entrent directement dans la circulation sanguine. Les nutriments lipidiques, qui sont insolubles dans l'eau (acides gras, glycérol, certaines vitamines), empruntent un autre chemin pour se rendre aux cellules de l'organisme (voir la figure 3.27). Ils traversent la paroi des villosités pour se rendre dans des conduits appelés canaux chylifères. Ces canaux sont reliés à des vaisseaux du système lymphatique (voir le module 4, pages 190 et 191) qui rejoindront plus loin la circulation sanguine.

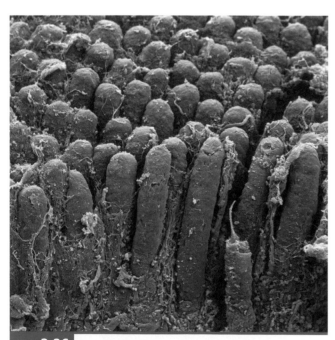

FIG. 3.26 Les villosités sur la paroi intestinale font en sorte que la surface totale consacrée à l'absorption des nutriments est considérable. (Microscope électronique à balayage, grossissement X 140.)

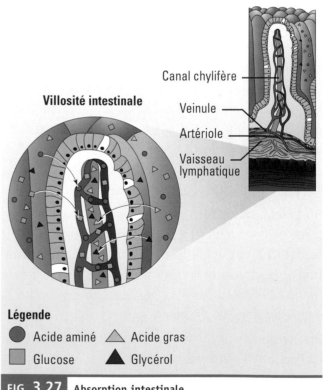

FIG. 3.27 Absorption intestinale.

Lorsque les nutriments sont absorbés, les acides aminés et les sucres simples (ici, le glucose), solubles dans l'eau, gagnent directement la circulation sanguine. Les acides gras et le glycérol, des lipides, se retrouvent plutôt dans les canaux chylifères.

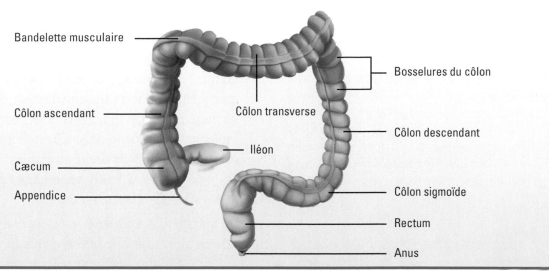

Bandelette musculaire

Bosselures du côlon

Côlon ascendant

Côlon transverse

Côlon descendant

Iléon

Cæcum

Côlon sigmoïde

Appendice

Rectum

Anus

FIG. 3.28 Le gros intestin est un gros tube divisé en quatre sections : le cæcum, l'appendice, le côlon et le rectum.

3.8 Le gros intestin

Tout ce qui n'aura pu être absorbé par l'intestin grêle poursuivra sa route vers la partie terminale du tube digestif : le gros intestin, un tube bosselé dont la longueur approche 1,5 m. Son diamètre, d'environ 7 cm, est beaucoup plus grand que celui de l'intestin grêle, évalué à 2,5 cm.

Le gros intestin se divise en quatre sections (voir la figure 3.28) :

- le cæcum, une poche qui communique avec l'iléon par la valve iléo-cæcale ;

- l'appendice, reconnaissable par son petit tube en forme de ver ;

- le côlon, la partie principale du gros intestin, divisée en quatre parties : le côlon ascendant, le côlon transverse, le côlon descendant et le côlon sigmoïde ;

- le rectum, la partie inférieure et verticale du gros intestin, qui comprend le canal anal se terminant par un muscle en forme d'anneau : l'anus.

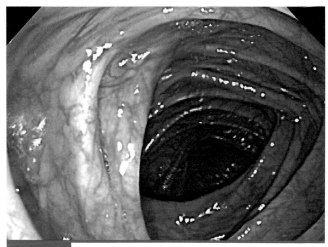

FIG. 3.29 **Endoscopie du gros intestin.**
Les muscles et le mucus sécrété par la paroi interne facilitent la progression des résidus et façonnent les matières résiduelles en excréments.

Les transformations physiques dans le gros intestin

Des mouvements péristaltiques acheminent les résidus digestifs le long des intestins afin de les expulser (voir la figure 3.29). Le bon fonctionnement de l'intestin grêle et du gros intestin est facilité par l'exercice physique et la consommation d'aliments riches en fibres, qui stimulent les mouvements péristaltiques.

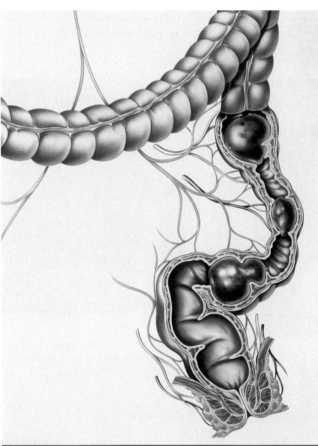

FIG. 3.30 Constipation.

Lorsque les résidus alimentaires séjournent trop longtemps dans les intestins (ici, la fin du gros intestin), ils deviennent secs et durs, ce qui nuit à leur transit vers l'anus. Une alimentation riche en fibres et en eau prévient généralement la constipation.

Si les résidus alimentaires séjournent trop longtemps dans les intestins, une plus grande quantité d'eau est réabsorbée et les excréments se durcissent, entraînant la constipation (voir la figure 3.30). Les fibres (essentiellement de la cellulose) ne sont pas digérées, mais leur passage dans les intestins agit comme des milliers de petits coups de balais qui stimulent les contractions des parois, ce qui a pour effet d'accélérer le transit des résidus et de favoriser leur évacuation.

La diarrhée, à l'inverse, peut survenir quand les résidus alimentaires contiennent trop de fibres. Elle se produit également lorsque les parois des intestins sont attaquées par des substances ou des microorganismes nocifs, qui nuisent à l'absorption de l'eau.

Les transformations chimiques dans le gros intestin

Il n'y a à peu près pas d'activité digestive dans le gros intestin, le rôle principal de cet organe étant plutôt de faire avancer les matières fécales et de les évacuer.

Toutefois, bien que la digestion des aliments soit presque terminée avant l'arrivée des résidus alimentaires indigestibles dans le gros intestin, quelques vitamines (groupe B, vitamine K) sont synthétisées grâce à des bactéries bien utiles qui forment la flore bactérienne. La flore bactérienne est constituée de milliards de bactéries vivant dans le gros intestin. C'est en grande partie à ces dernières que nous devons la couleur et l'odeur caractéristiques des excréments. D'autres bactéries contribuent à la fermentation[1] de certains glucides complexes.

---

1. Fermentation : décomposition, en absence d'oxygène, d'une substance organique sous l'effet d'enzymes produits par des microorganismes.

La fin du voyage des aliments

L'eau résiduelle (moins de 5 %) et quelques vitamines seront absorbées vers le sang par l'entremise des parois du gros intestin. Toutes les matières qu'il aura été impossible de digérer et d'absorber constitueront, quant à elles, les matières fécales, lesquelles seront évacuées (voir la figure 3.31).

Des 500 mL de résidus alimentaires indigestibles qui entrent dans le cæcum chaque jour, environ 150 mL seront transformés en excréments et évacués. Les excréments se composent de ces résidus, de mucus, de cellules mortes, de bactéries et d'un peu d'eau. C'est leur accumulation dans le rectum qui stimule le réflexe de défécation.

3.9 Le système digestif en résumé

Le système digestif, qui comprend le tube digestif et les glandes digestives, occupe trois fonctions dont l'accomplissement exige une bonne dose d'énergie.

La digestion

Avec la participation des glandes digestives, la digestion des aliments se produit principalement à trois niveaux du tube digestif: la bouche, l'estomac et l'intestin grêle (voir la figure 3.32). La digestion consiste en une série de transformations physiques et chimiques qui ont pour but de rompre les liens entre les molécules composant les aliments.

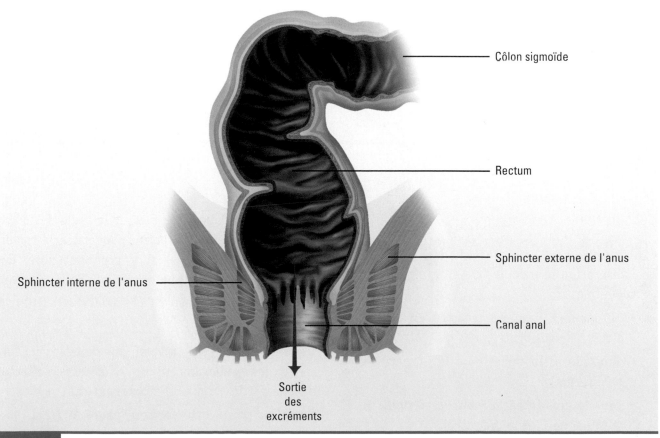

Côlon sigmoïde

Rectum

Sphincter externe de l'anus

Sphincter interne de l'anus

Canal anal

Sortie des excréments

FIG. 3.31 La sortie des excréments est possible grâce à un contrôle volontaire des muscles sphincters de l'anus.

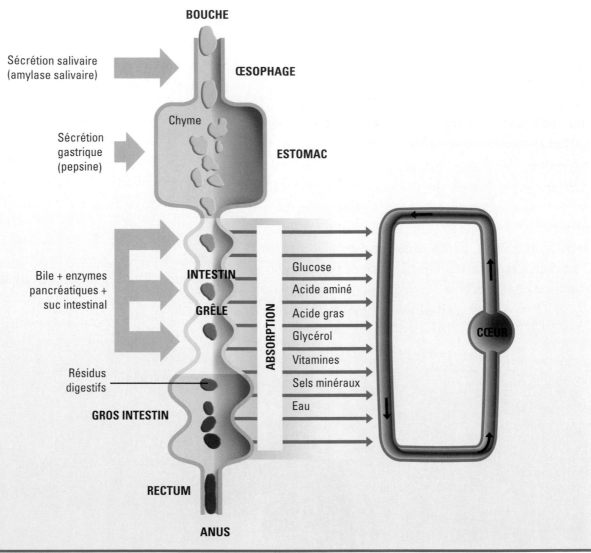

BOUCHE

Sécrétion salivaire
(amylase salivaire)

ŒSOPHAGE

Chyme

Sécrétion
gastrique
(pepsine)

ESTOMAC

Bile + enzymes
pancréatiques +
suc intestinal

INTESTIN

GRÊLE

ABSORPTION

Glucose

Acide aminé

Acide gras

Glycérol

Vitamines

Sels minéraux

Eau

CŒUR

Résidus
digestifs

GROS INTESTIN

RECTUM

ANUS

FIG. 3.32 Résumé des processus digestifs.

L'absorption

L'absorption se produit dans trois organes du tube digestif:

- un peu dans l'estomac (substances simples, alcool, médicaments);
- dans l'intestin grêle (pour la plupart des nutriments);
- dans le gros intestin (pour la vitamine B, la vitamine K et un peu d'eau).

L'absorption est possible lorsque la taille des molécules est suffisamment petite pour passer à travers la paroi des organes qui y prennent part. Ces petites molécules, appelées nutriments, peuvent alors passer dans le sang et se rendre aux cellules.

L'excrétion

L'excrétion, cette action volontaire de rejet vers l'extérieur des résidus alimentaires et digestifs, s'effectue dans la partie terminale du gros intestin: l'anus.

Exercices pour cette section, pages 147 à 149.

4 L'IMAGERIE MÉDICALE

Il est aujourd'hui possible, grâce aux nombreuses avancées technologiques des dernières décennies, de visualiser les différentes parties du corps de façon remarquablement claire et précise. Il est intéressant, à ce stade-ci de notre étude du corps humain, de prendre quelques pages pour se familiariser avec les différentes techniques d'imagerie médicale. Des images obtenues grâce à ces technologies seront employées à l'occasion dans le reste de ce manuel, afin de bien illustrer les différents systèmes étudiés.

En plus des micro-caméras à avaler (voir la figure 3.33), d'autres techniques d'imagerie médicale, telles que la radiographie, l'échographie, le scanner, la résonance magnétique et l'endoscopie, permettent de produire des images du corps humain sans avoir à procéder à des interventions chirurgicales.

Grâce à ces techniques, les chercheurs et chercheuses, radiologistes et technologues en radiologie médicale peuvent :

- visualiser l'anatomie d'un organe sous tous ses angles dans le but de dépister une maladie ;

- étudier la physiologie du corps humain en observant comment un ou des organes fonctionnent, afin de mieux les connaître pour mieux savoir comment les guérir.

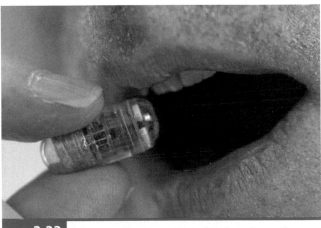

FIG. 3.33 Micro-caméra permettant d'explorer le système digestif.

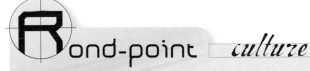

Rond-point *culture*

En 1895, le physicien allemand Wilhelm Röntgen découvre, par hasard, qu'une plaque photographique exposée à une substance inconnue avait laissé la trace du squelette de la main de sa femme.

À l'annonce de la découverte des effets de cette nouvelle substance émettrice de rayons alors inconnus, aujourd'hui appelés rayons X, les hôpitaux s'emparèrent de cette nouvelle technologie pour dépister la tuberculose, une maladie des poumons contagieuse et souvent mortelle, qui faisait des ravages à cette époque. Aujourd'hui encore, les rayons X permettent de dépister la tuberculose, mais ils servent surtout à visualiser les fractures.

4.1 La radiographie

La radiographie exploite les propriétés spéciales des rayons X. Ces rayons traversent librement la plupart des organes du corps, sauf certaines structures comme les dents et les os. Toutes les structures dites opaques aux rayons X peuvent être examinées par radiographie.

Pour obtenir une radiographie dentaire, par exemple, il faut placer les dents à examiner entre un appareil émetteur de rayons X et une pellicule photographique (ou un capteur électronique) sensible à ces rayons. Les dents étant opaques aux rayons X, la pellicule comportera des régions blanches qui décrivent leur forme (voir la figure 3.34).

On recourt fréquemment aux rayons X en médecine dentaire pour prévenir la carie (voir la figure 3.36).

Pour voir les structures du système digestif au moyen de la radiographie, les médecins doivent user d'astuces. En effet, contrairement aux os et aux dents, les organes mous laissent passer les rayons X. Toutefois, si le patient ou la patiente boit une solution de baryum, substance opaque aux rayons X, l'intérieur du tube digestif apparaît alors clairement (voir la figure 3.35). Cet examen est appelé repas baryté.

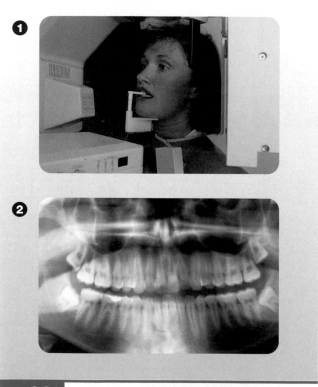

FIG. 3.34 **Radiographie dentaire panoramique.**

1. L'émetteur de rayons X décrit un demi-cercle autour du visage de la patiente immobile, produisant sur une seule pellicule l'image de toutes ses dents.
2. Sur cette radiographie dentaire panoramique, on peut voir aux extrémités les dents de sagesse en train de pousser.

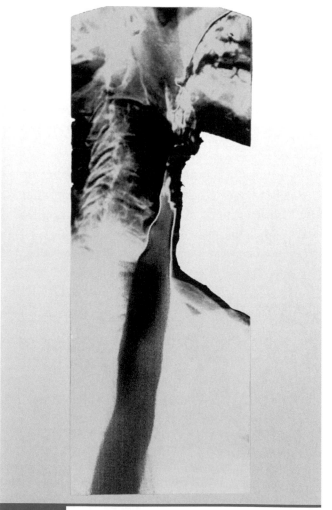

FIG. 3.35 **Repas baryté.**

Radiographie colorée d'un patient buvant une solution de baryum (vu de côté). On peut voir le crâne (en haut), les vertèbres du cou (un peu plus bas) et l'œsophage (tube rouge).

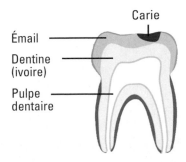

Carie

Émail

Dentine
(ivoire)

Pulpe
dentaire

1er degré

2e degré

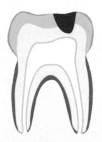

3e degré

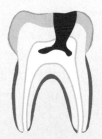

Abcès

4e degré

FIG. **3.36** La carie dentaire peut être évitée par le brossage
des dents, l'utilisation régulière de la soie
dentaire et une alimentation riche en calcium
et en phosphore, deux éléments qui assurent
la minéralisation de l'émail des dents.

4.2 L'échographie

Pour localiser les obstacles, les dauphins et les chauves-souris se servent des ultrasons, ondes sonores de hautes fréquences qui sont imperceptibles par l'oreille humaine. C'est sur l'exploitation de ces ondes que repose la technique de l'échographie.

L'échographie consiste à émettre avec une sonde des ultrasons qui sont réfléchis par l'organe visé puis analysés par un ordinateur qui conçoit une image sur un écran. L'application la plus connue de cette technique demeure l'examen du fœtus pendant la grossesse. Les échographies sont généralement des représentations à deux dimensions (voir la figure 3.37), mais les hôpitaux disposent de plus en plus d'appareils d'échographie en trois dimensions (voir la figure 3.38).

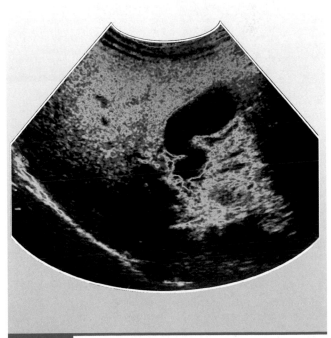

FIG. **3.37** Échographie à deux dimensions montrant la
vésicule biliaire (masse sombre en forme de S).

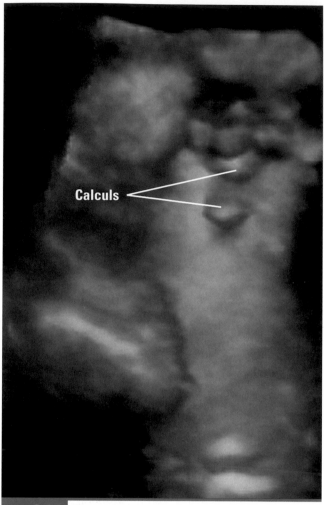

FIG. 3.38 Échographie à trois dimensions, qui permet de détecter certaines anomalies.

Ci-dessus, des calculs biliaires sur la vésicule biliaire (dépôts de cholestérol) ont pu être détectés.

info +

Le ou la technologue en radiologie se charge de produire des images du corps humain en utilisant les différents types d'imagerie médicale. Pour en connaître davantage sur cette profession, consultez la rubrique Carrières à la page 141.

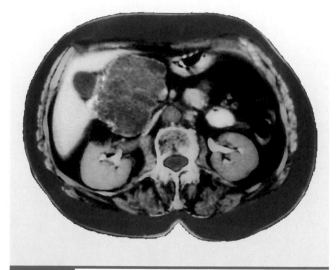

FIG. 3.39 Image tomographique, en coupe transversale, qui révèle une tumeur bénigne (en rouge) au pancréas.

4.3 Le scanner

Le scanner ou la tomographie est un procédé qui utilise les rayons X (voir la figure 3.39). Il permet de représenter le volume d'un organe grâce à une série d'images. Les images obtenues, entre 150 et 2000, sont formées de fines coupes superposées, comme si le corps humain était sectionné en milliers de fines tranches. Les données ainsi obtenues permettent de reconstruire en trois dimensions les structures internes à examiner.

Au cours de l'examen, on attache le patient ou la patiente sur une table horizontale qui avance lentement dans un tunnel en rotation. Les parois internes du tunnel émettent des rayons X. Dans plus de 70 % des examens, une solution iodée est injectée au patient ou à la patiente, ce qui a pour conséquence d'obtenir des images plus précises grâce à des effets de contraste.

4.4 L'imagerie par résonance magnétique (IRM)

L'imagerie par résonance magnétique (IRM) permet d'analyser les organes du corps humain de manière très précise en révélant des détails qui échappent à la radiographie standard, à l'échographie et au scanner. À l'aide d'un aimant puissant, cette technique analyse la réaction des différents tissus du corps soumis à son champ magnétique. Les données recueillies sont ensuite traitées par un ordinateur puis visualisées sur un écran. L'organe examiné peut être vu en coupe (deux dimensions, voir la figure 3.40) ou en 3D.

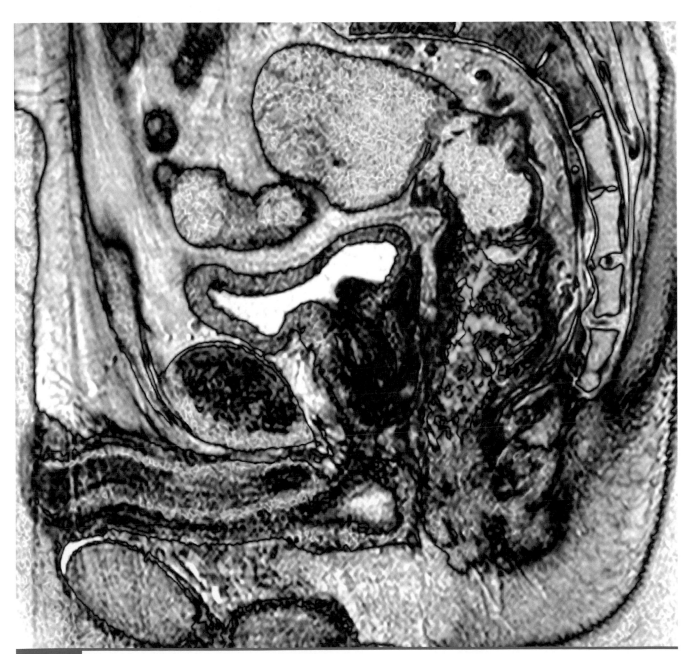

FIG. 3.40 **Image en coupe sagittale (vue de côté) obtenue par résonance magnétique (IRM) de la région du rectum (vert) d'un homme atteint du cancer.**

La maladie a atteint la région avoisinante (métastase rouge).

4.5 L'endoscopie

L'endoscopie est une technique qui permet de visualiser l'intérieur du corps humain à l'aide d'un tube flexible appelé endoscope (voir la figure 3.29, à la page 129, et la figure 3.41). Ce tube est inséré dans le patient ou la patiente par les voies naturelles ou par incision et comprend une caméra, une source lumineuse permettant d'éclairer et de filmer, mais aussi parfois des instruments chirurgicaux (voir la figure 3.42). Un système de guidage permet à l'endoscope de progresser en épousant les courbes du tube digestif.

Ce type d'examen permet de détecter et de traiter des saignements ou des anomalies importantes telles que le cancer, la diverticulose ou les ulcères. Parfois, on joint à l'endoscope des accessoires pour effectuer des chirurgies ou des prélèvements : pinces pour saisir et retirer un corps étranger ou des échantillons de tissus, ciseaux pour couper les tissus, brosses pour prélever des cellules, lacet pour attraper des polypes.

Exercices pour cette section, page 150.

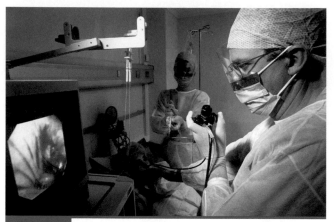

FIG. 3.41 L'examen endoscopique exige de la part des spécialistes en radiologie une grande dextérité manuelle, une excellente coordination de l'œil et de la main, mais aussi beaucoup de patience et de compassion envers les patientes et patients.

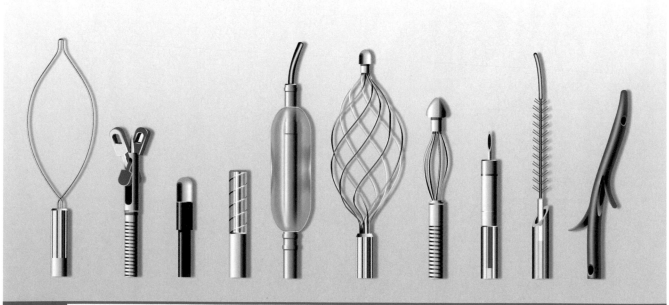

FIG. 3.42 Accessoires souvent associés à l'endoscope pour pratiquer des chirurgies ou des prélèvements.

Utiliser de la soie dentaire permet d'éliminer la plaque entre les dents.

L'HYGIÈNE DENTAIRE : SOURIRE ÉCLATANT ET DENTS SAINES

Les dents jouent un rôle important dans la digestion. Il faut donc prendre soin de la cavité buccale au même titre que le reste du système digestif. Les caries, les maladies des gencives et les pertes de dents peuvent être évitées à l'aide d'une bonne hygiène dentaire à la maison. Les dentistes peuvent non seulement prévenir les complications dentaires, mais aussi les traiter.

Les règles d'or de l'hygiène dentaire à la maison

Il est important de se brosser les dents après chaque repas et d'utiliser la soie dentaire quotidiennement. La plaque dentaire est un dépôt blanchâtre où prolifèrent les bactéries. Elle provient de l'accumulation de résidus alimentaires, particulièrement de sucres, qui activent la multiplication des microorganismes. Or, ces derniers produisent de l'acide en dégradant les sucres. L'acide abîme donc la dent et la gencive et provoque des caries et des inflammations de la gencive. Comme la plaque se reconstitue en quelques heures, il est indispensable de l'éliminer par des brossages réguliers. Si elle n'est pas enlevée fréquemment, la plaque se calcifie et forme du tartre, lequel, en s'accumulant, détériore la gencive. L'utilisation d'un fil de soie dentaire permet d'éliminer la plaque dentaire sur les faces latérales des dents.

La brosse à dents doit être à poils souples et il faut la remplacer tous les trois mois. Une brosse à dents trop dure ou trop usée risque de blesser les gencives et d'abîmer l'émail des dents, favorisant ainsi la formation de caries dentaires et l'inflammation de la gencive.

La dent est formée en grande partie d'osséine, comme les os. C'est pourquoi l'hygiène des dents exige une alimentation riche en calcium et en phosphore. De plus, la vitamine C est indispensable à la santé des gencives.

Un nettoyage en profondeur chez les dentistes

Une visite annuelle chez un ou une dentiste permet de prévenir bien des complications associées aux dents et aux gencives. Les dentistes peuvent détecter à temps les caries débutantes et les réparer avant qu'un abcès ne se forme. La méthode utilisée pour réparer une dent cariée est l'obturation. Les dentistes restaurent la dent en enlevant la portion cariée et en bouchant le trou à l'aide de métal ou de verre ionomère. Si la carie atteint la pulpe dentaire, au cœur de la dent, les dentistes doivent procéder à un traitement de canal. Ce traitement consiste à enlever de la dent la pulpe qui est infectée, accidentée ou sans vie.

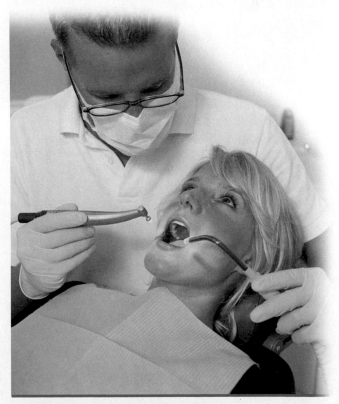

Dentiste effectuant un nettoyage de dents.

À l'adolescence, le risque de caries dentaires est particulièrement élevé, surtout dans les sillons des molaires. En coulant un film de résine synthétique fluide sur les sillons, il est possible de prévenir ces caries.

Les dentistes peuvent aussi pratiquer un détartrage afin d'éliminer la plaque dentaire. Ce nettoyage en profondeur est la seule façon d'enlever les dépôts de tartre durci qui résistent à la brosse à dents et de prévenir la maladie des gencives.

Lorsqu'une dent est abîmée, une couronne peut servir à couvrir la partie endommagée de la dent et à protéger cette dernière contre d'autres dommages.

Constitués de dents artificielles, les ponts et les prothèses servent à remplacer les dents manquantes ou trop endommagées. Il existe même des implants dentaires qui remplacent de façon permanente les dents manquantes.

Le blanchiment des dents et les traitements orthodontistes sont des moyens d'améliorer l'aspect de la dentition et de procurer un sourire éclatant.

Bien que les dentistes disposent de plusieurs moyens de traiter les dents, il demeure préférable de pratiquer une bonne hygiène dentaire. En effet, il vaut toujours mieux prévenir que guérir.

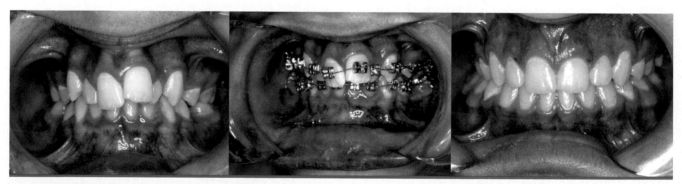

Traitement d'orthodontie.

À gauche, les dents du patient avant l'intervention. Au centre, le traitement, qui consiste à coller des petits boîtiers sur les dents et à les relier par un fil métallique réglable. Le fil exercera sur les dents des pressions douces et constantes qui auront pour effet de les aligner. À droite, les dents du patient après le traitement.

Gastro-entérologue auscultant le ventre d'un patient.

GASTRO-ENTÉROLOGUE : POUR UN SYSTÈME DIGESTIF FONCTIONNEL

Les gastro-entérologues sont des médecins spécialisés dans le tube digestif et ses maladies. Il existe plus de 800 maladies liées à l'appareil digestif, des ballonnements aux brûlures d'estomac, en passant par le cancer du côlon et les hépatites. Les gastro-entérologues voient donc au diagnostic et au traitement de ces maladies.

Les organes du système digestif, tels l'œsophage, l'estomac, les intestins et le rectum, ainsi que les glandes annexes, comme le foie et le pancréas, sont examinés par les gastro-entérologues à l'aide de différents tests. Les analyses les plus communes sont la palpation du foie et de la rate, l'auscultation du ventre, les échographies abdominales et les endoscopies.

Par la suite, les gastro-entérologues prescrivent le traitement approprié. Celui-ci peut prendre la forme d'un régime alimentaire, de la prise de médicaments ou d'une intervention chirurgicale.

TECHNOLOGUE EN RADIOLOGIE : POUR VOIR CE QUI SE CACHE À L'INTÉRIEUR DU CORPS

Les os cassés, les tumeurs au cerveau et les fœtus en développement sont tous des phénomènes dont l'observation nécessite le recours à l'imagerie médicale. Les technologues en radiologie utilisent l'imagerie par résonance magnétique, le scanner, la radiographie et l'échographie afin de produire des images de l'état ou du fonctionnement de différentes parties du corps. Ils fournissent par la suite ces images aux radiologistes, qui posent un diagnostic sur l'état du patient ou de la patiente.

Les rôles des technologues en radiologie sont donc de préparer les patients et patientes aux examens, de faire fonctionner l'équipement de production des images et de développer ces dernières afin qu'elles soient le plus claires et précises possible.

Les technologues en radiologie ne travaillent pas seulement dans le domaine du diagnostic. En effet, certains traitements sont administrés au moyen d'un équipement semblable à celui de l'imagerie médicale, par exemple la radio-oncologie. Ainsi, à l'aide d'appareils à rayons ionisants, les technologues en radiologie peuvent réduire ou éliminer des tumeurs cancéreuses.

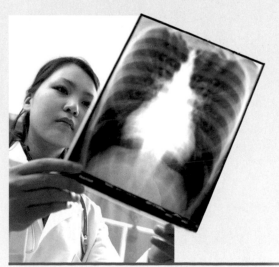

Technologue en radiologie inspectant la radiographie qu'elle vient de produire.

SITUATIONS D'APPRENTISSAGE ET D'ÉVALUATION

Situation n° ①

Une affiche pour comprendre

Mise en situation

Votre tante préférée, enseignante en 3ᵉ année du primaire, vous demande de lui préparer un document spécial qui lui permettra d'expliquer à ses élèves les rudiments de la digestion. Ses attentes sont grandes. Le document demandé devra permettre d'exprimer de nombreux concepts, à la fois simples et complexes, d'une manière parfaitement compréhensible pour les élèves.

Disons qu'il s'agit d'un défi de taille, car même si vous maîtrisez bien les notions de biologie, vous n'avez pas nécessairement l'habitude de les expliquer à d'autres personnes et surtout pas à des jeunes de huit ou neuf ans.

Voilà, c'est décidé! Vous allez préparer une affiche amusante et instructive que votre chère tante pourra utiliser dans sa classe. Vous emploierez un langage adapté à votre public cible et vos schémas seront, bien entendu, à l'échelle.

Plan d'action

Vous devez effectuer les tâches pour la production de votre affiche.

Tâches :

- Préparer des fiches résumant les informations pertinentes associées au système digestif.
- Concevoir et réaliser un mécanisme qui comporte une liaison démontable pour identifier les organes du système digestif apparaissant sur l'affiche.

Mission finale

La conception de votre affiche vous permettera de développer les compétences suivantes :

Compétence disciplinaire 3

Communiquer à l'aide des langages utilisés en science et technologie.

Compétence transversale 4

Mettre en œuvre sa pensée créatrice.

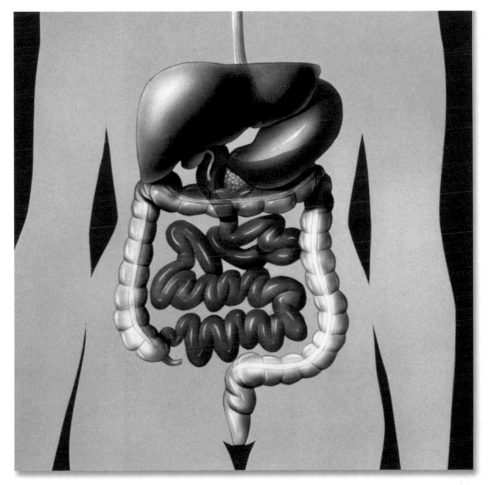

Système digestif.

Sac de premiers soins utilisé par les secouristes, avec stéthoscope et sphygmomanomètre.

Mise en situation

Il vous est peut-être déjà arrivé de vous mettre à tousser violemment ou d'avoir la sensation d'étouffer après avoir ingéré un aliment. Quelle est donc la cause de cette désagréable sensation? Les aliments ont-ils emprunté le mauvais chemin ou sont-ils plutôt restés coincés quelque part dans le fond de votre gorge en raison de leur forme ou de leur taille?

Imaginez que vous êtes au restaurant en compagnie de vos camarades et que, soudainement, l'un d'entre eux se lève brusquement de table en portant ses mains à son cou. Tout le monde comprend alors qu'il est en train de s'étouffer. Malheureusement, aucun d'entre vous ne sait comment intervenir. Comment réagiriez-vous en pareille situation? Auriez-vous les compétences nécessaires pour donner les premiers soins? Afin de vous préparer à ce genre de situation, vous devrez déterminer et expliquer les causes de l'étouffement, ainsi que décrire les techniques de secourisme à pratiquer dans ces circonstances.

Tomographie (*scan*) montrant la tête et le cou en coupe longitudinale, ce qui permet de voir les structures contribuant à la déglutition.

Situation n° ③

Un système digestif en 3D 📄

Mise en situation

À l'occasion de la semaine « Orientation et entrepreneuriat » organisée par votre école, un concours est lancé à l'intention des élèves : participer à un stage rémunéré l'été prochain en compagnie de spécialistes en imagerie médicale. Pour prendre part au concours, les équipes doivent construire un modèle de représentation du système digestif en exploitant le dessin technique. L'équipe gagnante sera celle qui proposera le modèle le plus original tout en se conformant aux exigences. Une occasion de découvrir une perspective de carrière !

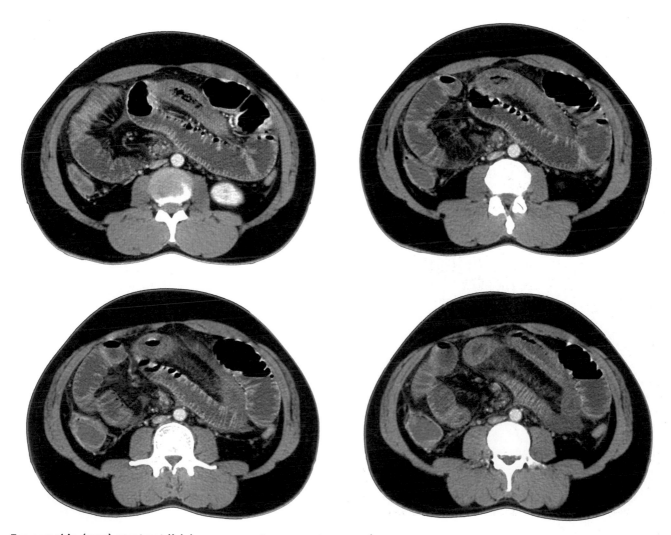

Tomographie (*scan*) montrant l'abdomen en quatre coupes transversales.

1 La fonction du système digestif

1. Quelles sont les fonctions du système digestif ? Définissez ces fonctions.

2 L'organisation du système digestif

2. **a)** Nommez chacun des éléments numérotés apparaissant sur le schéma simplifié du système digestif ci-dessous.

   b) Indiquez les numéros appartenant au tube digestif et ceux montrant les glandes digestives.

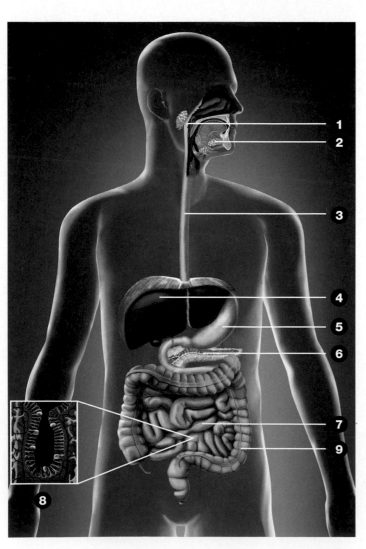

3. De quelle longueur est le tube digestif ?

4. Comment distingue-t-on les glandes digestives annexées des glandes digestives intégrées ?

5. Dites si les glandes digestives suivantes sont annexées ou intégrées.

   a) Pancréas.

   b) Glandes gastriques.

   c) Glandes salivaires.

   d) Foie.

   e) Glandes intestinales.

6. **a)** Quel nom donne-t-on aux liquides sécrétés par les glandes digestives ?

   b) Quel est le nom de la substance chimique présente dans les liquides sécrétés par les glandes digestives, qui accélère les réactions de transformations au cours de la digestion des aliments ?

3 Les transformations physiques et chimiques des aliments

7. Expliquez en quoi consiste une transformation physique.

8. Expliquez en quoi consiste une transformation chimique.

9. Dix atomes d'une substance X réagissent avec quatre atomes d'une substance Y pour former une seule grande molécule, $X_{10}Y_4$.

   a) Écrivez l'équation chimique de cette réaction.

   b) De quel type de transformation chimique s'agit-il? Justifiez votre réponse.

10. $Mg + 2\,HCl \rightarrow MgCl_2 + H_2$

    a) Comment s'appellent les termes placés à gauche de l'équation?

    b) Comment s'appellent les termes placés à droite de l'équation?

    c) Que représente le coefficient numérique 2 dans l'expression 2 HCl?

    d) Décrivez en mots ce que veut dire cette équation chimique.

11. Qu'est-ce qu'une enzyme? Détaillez votre réponse.

12. Quel est le rôle de l'eau dans la digestion des aliments?

13. Identifiez les éléments du schéma de la dent apparaissant dans la marge.

14. Associez les formes de dents ci-dessous à leur description respective.

a)

c)

b)

d)

1) Grosse dent ronde garnie de quatre tubercules qui sert à écraser les aliments.

2) Dent plate et tranchante qui sert à couper.

3) Dent ronde garnie de deux tubercules.

4) Longue dent ronde et pointue servant à saisir les aliments.

15. Nommez les trois paires de glandes salivaires.

16. Quelle quantité de salive les glandes salivaires produisent-elles quotidiennement?

17. Quels sont les quatre rôles de la salive?

18. Quelles molécules sont digérées par l'amylase salivaire? De quelle façon?

19. Expliquez pourquoi le pharynx est appelé un carrefour.

20. Définissez ce qu'est le mucus.

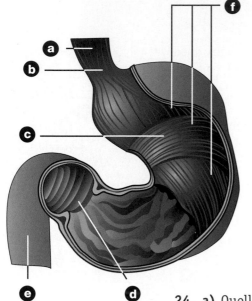

21. Identifiez les structures qui composent le système gastrique ci-contre.

22. Habituellement, quelle est la durée de séjour des aliments dans l'estomac ?

23. La paroi stomacale contient des cellules qui sécrètent trois substances utiles à la digestion. Reproduisez et remplissez le tableau suivant en précisant le nom des substances et leur fonction.

NOM DES SUBSTANCES			
FONCTION			

24. a) Quelles molécules sont digérées par la pepsine ? De quelle façon ?

b) Illustrez votre réponse à l'aide d'un schéma.

25. Quel est le nom de la bouillie formée dans l'estomac sous l'action des sécrétions gastriques ?

26. Remplissez un tableau semblable à celui ci-dessous.

CARACTÉRISTIQUE	INTESTIN GRÊLE	GROS INTESTIN
Quelle est sa longueur ?	m	m
Quel est son diamètre ?	cm	cm
Y trouve-t-on des glandes digestives ?		
Y trouve-t-on des glandes à mucus ?		
Y trouve-t-on des valvules conniventes ?		

27. Nommez les trois sections de l'intestin grêle.

28. a) Qu'est-ce que la bile ?

b) Où est-elle entreposée ?

c) Quel est son rôle ?

29. Quel est le rôle du bicarbonate de sodium sécrété par le pancréas ?

30. De quoi le suc intestinal est-il composé ?

31. Identifiez les éléments sur le schéma ci-contre.

32. a) Quel est le rôle principal du gros intestin?

  b) Quelles sont les quatre sections du gros intestin?

33. À partir du tableau ci-dessous, associez les descriptions de la colonne de gauche aux termes correspondants de la colonne de droite.

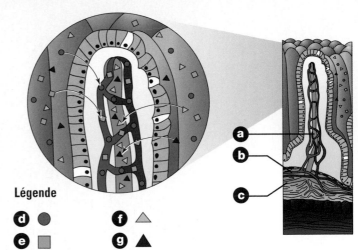

Légende

d) ●   **f)** △

e) ▨   **g)** ▲

a) 6 à 7 millions de petites glandes qui sécrètent de l'acide chlorhydrique et du mucus.	**1)** Gros intestin
b) Organe en forme de J.	**2)** Glandes salivaires
c) Glande la plus volumineuse du corps humain.	**3)** Pharynx
d) Glande ayant la forme d'une langue.	**4)** Glandes gastriques
e) Glandes groupées en petites grappes, situées dans la bouche.	**5)** Foie
f) Tube musculeux de 25 cm de long.	**6)** Pancréas
g) Tube triangulaire de 1,5 m de long.	**7)** Bouche
h) Carrefour des voies respiratoires et digestives.	**8)** Œsophage
	9) Estomac

34. À l'aide de deux schémas et d'une courte explication, décrivez la différence entre le péristaltisme et les mouvements de segmentation.

35. Associez les mécanismes digestifs de la liste de gauche aux types de transformations correspondants.

  a) Mastication.   **1)** Transformation physique.

  b) Action de la salive sur l'amidon.   **2)** Transformation chimique.

  c) Péristaltisme.

  d) Brassage de l'estomac.

36. Quelles molécules simples résulteront de la digestion des molécules complexes suivantes?

  a) Protéines.   **b)** Glucides.   **c)** Lipides.

37. À l'aide d'un schéma, résumez les transformations des aliments jusqu'à leur absorption dans le sang ou dans la lymphe.

4 L'imagerie médicale

38. À quoi peut servir l'imagerie médicale?

39. Comment peut-on procéder pour prendre une photographie d'un os fracturé? Expliquez comment les médecins s'y prennent.

40. Associez chaque technique d'imagerie au terme de droite qui lui correspond.

a) Échographie.

b) Radiographie.

c) Résonance magnétique.

d) Scanner.

1) Champ magnétique.

2) Rayons X.

3) Ultrasons.

41. Quelles techniques d'imagerie permettent d'obtenir une vision en trois dimensions d'un organe?

42. Identifiez le nom de la technique d'imagerie médicale représentée par chacune des photographies ci-dessous.

a)
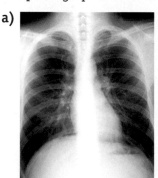

c)
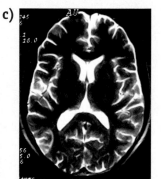

b)
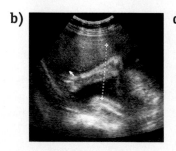

d)
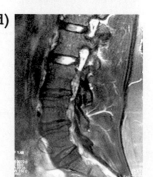

Synthèse

1. Déterminez si les réactions chimiques suivantes décrivent une réaction de synthèse ou une réaction de décomposition.

   a) $H_2CO_3 \rightarrow CO_2 + H_2O$

   b) $6 CO_2 + 6 H_2O \rightarrow C_6H_{12}O_6 + 6 O_2$

   c) $4 Fe + 3 O_2 \rightarrow 2 Fe_2O_3$

   d) $2 NO + O_2 \rightarrow 2 NO_2$

2. a) Quelles sont les dents les plus efficaces pour manger une carotte ou un bâton de céleri?

   b) Quelles dents sont les plus utiles pour mastiquer des noix?

   c) À votre avis, quelles sont les dents les plus longues chez les espèces carnivores (chez le tigre, par exemple)? En quoi cette longueur leur est-elle utile, selon vous?

3. Qui suis-je?

   a) Nom donné aux produits (nutriments) de la digestion des sucres.

   b) Nom donné aux produits (nutriments) de la digestion des protéines.

   c) Nom donné aux deux produits (nutriments) de la digestion des lipides.

4. Associez chaque glande digestive aux substances sécrétées par celles-ci.

   a) Bicarbonate de sodium   1) Glandes intestinales

   b) HCl   2) Glandes gastriques

   c) Amylase salivaire   3) Pancréas

   d) Trypsine   4) Glande salivaire

   e) Carboxypeptidase   5) Foie

   f) Pepsine

   g) Suc intestinal

   h) Chymotrypsine

   i) Bile

5. Associez les énoncés de gauche aux éléments de l'absorption intestinale énumérés à droite.

   a) Fabrique certaines vitamines.   1) Lymphe

   b) Aliments non digérés, cellulose.   2) Flore intestinale

   c) Absorbe les acides aminés et le glucose. 3) Excréments

   d) Absorbe les acides gras et le glycérol. 4) Sang

   e) Fermentation de certains glucides.

6. Reproduisez et complétez le tableau suivant qui résume le rôle de chacun des organes du système digestif au cours de la digestion.

	ORGANE				
	Bouche	**Œsophage**	**Estomac**	**Intestin grêle (pancréas, foie)**	
Suc digestif					Aucun
Transformation mécanique			Brassage		
Transformation chimique		Aucune			
Lieu de la digestion des molécules complexes : glucides, protéines ou lipides					
Lieu de l'absorption des nutriments	Non	Bouche			

RÉSUMÉ DES CONCEPTS

1 La fonction du système digestif .... (*page 108*)

Le système digestif assure des fonctions de digestion, d'absorption et d'excrétion.

2 L'organisation du système digestif .... (*pages 109 et 110*)

- Le système digestif se compose du tube digestif et des glandes digestives.
- Le tube digestif est un tube accessible par les voies naturelles.
- Le tube digestif comprend la bouche, le pharynx, l'œsophage, l'estomac, l'intestin grêle et le gros intestin.
- Les glandes digestives sont des organes qui sécrètent des substances destinées à faciliter la digestion des aliments complexes.
- Les glandes digestives intégrées dans la paroi des organes du tube digestif sont les glandes gastriques et les glandes intestinales.
- Les glandes digestives annexes sont les glandes salivaires, le foie et le pancréas.

3 Les transformations physiques et chimiques des aliments .... (*pages 111 à 132*)

- Une transformation physique est une modification qui ne change pas la composition chimique d'une substance.
- La mastication, la déglutition, le péristaltisme et l'émulsion entraînent des transformations physiques des aliments.
- Une transformation chimique est une modification qui change les propriétés caractéristiques d'une substance.
- Un polymère se compose d'un assemblage de petites unités chimiquement liées appelées monomères.
- Une réaction de décomposition est une transformation chimique au cours de laquelle les liens chimiques qui unissent une molécule sont brisés.
- Une réaction de synthèse est une transformation chimique au cours de laquelle des molécules simples se lient chimiquement pour former une molécule plus grande.

3 **Les transformations physiques
et chimiques des aliments (*suite*)** .... (*pages 111 à 132*)

- La bouche est une cavité limitée par les dents, les lèvres, la langue, le palais, la luette et les joues.

- Les glandes salivaires sont des glandes digestives annexées à la bouche qui ressemblent à de petites grappes de raisin et qui sécrètent une enzyme : l'amylase salivaire. Ces glandes sont au nombre de trois : les glandes parotides, les glandes sublinguales et les glandes submandibulaires.

- Dans la bouche, les aliments subissent des transformations mécaniques sous l'effet de la mastication.

- Dans la bouche, les aliments subissent des transformations chimiques sous l'effet de la salive, qui contient une enzyme, l'amylase salivaire.

- C'est dans la bouche que débute la digestion des polymères de glucides.

- Le pharynx est le carrefour des voies digestives et respiratoires.

- La déglutition est un mécanisme physique qui pousse le bol alimentaire vers le pharynx.

- L'œsophage est un tube cylindrique qui achemine les aliments broyés de la bouche vers l'estomac par des mouvements péristaltiques.

- L'estomac est une poche musculeuse en forme de J dont la paroi est faite de milliers de petits replis permettant à l'estomac de multiplier son volume.

- Le brassage vigoureux des aliments dans l'estomac assure leur transformation physique.

- Les glandes gastriques sont intégrées à la paroi de l'estomac. Ces glandes microscopiques sécrètent le suc gastrique, qui renferme de l'acide chlorhydrique et de la pepsine.

- L'estomac est l'organe où s'amorce la digestion des protéines sous l'action de la pepsine.

- Dans l'estomac, les bols alimentaires sont accumulés et dégradés en chyme.

- L'intestin grêle est un long tube replié mesurant de 6 à 7 m chez l'adulte.

- Le péristaltisme de l'intestin grêle contribue à la transformation physique des aliments en assurant leur progression.

- La segmentation, assurant le mélange du chyme et des sucs digestifs, se produit également dans l'intestin grêle.

- L'intestin grêle est le lieu de l'absorption des molécules simples, ou nutriments.

- L'absorption consiste dans le transport, à travers la paroi cellulaire, des nutriments, des sels minéraux et des vitamines vers le sang ou la lymphe.

- Le chyle se compose, entre autres, d'aliments complexes dégradés en molécules simples : glucose, acides aminées, acides gras et glycérol.

- Le foie, une glande annexe, sécrète un liquide jaune verdâtre, la bile, qui est entreposée dans un petit réservoir en forme de poire, la vésicule biliaire. La bile assure l'émulsion des lipides.

- Le pancréas, une glande annexée à l'intestin grêle, produit le suc pancréatique, qui contribue à la transformation chimique du chyme.

- Les glandes intestinales, enfouies dans la paroi de l'intestin grêle, produisent le suc intestinal.

- Le gros intestin est un gros tube bosselé qui se termine par l'anus.

- Les résidus non digérés transitent par le gros intestin, où l'eau et certains sels minéraux sont réabsorbés.

- La présence de fibres stimule le péristaltisme du gros intestin.

- Les fèces, formées des résidus non digérés, sont évacuées par le rectum, que contrôle un muscle en anneau, l'anus.

4 L'imagerie médicale .... (*pages 133 à 138*)

Les techniques les plus utilisées en imagerie médicale sont l'endoscopie, l'échographie, les rayons X, la tomographie et la résonance magnétique.

MODULE 4

Les systèmes respiratoire, circulatoire et lymphatique

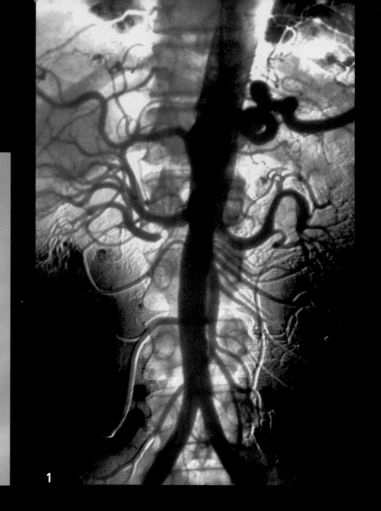

1

Que trouvez-vous sur une carte routière du Québec? De grandes autoroutes, des routes secondaires ainsi que des rues et ruelles menant pratiquement partout. Quel est le but de ce réseau routier? Permettre à chaque individu d'avoir un lien avec le reste du monde. Dans le corps humain, chaque cellule doit aussi posséder un lien avec le reste du corps afin de recevoir les nutriments et l'oxygène nécessaires à sa survie, et aussi de se débarrasser de ses déchets. Notre corps possède donc également ses réseaux routiers, qu'on peut appeler aussi systèmes de transport.

Dans ce module, nous étudierons l'anatomie et la physiologie des systèmes de transport du corps humain. Dans le corps, trois fluides fondamentaux, ainsi que les éléments qui les composent, ont besoin d'être transportés: l'air, le sang et la lymphe. C'est pourquoi nous nous intéresserons également aux systèmes respiratoire (air), circulatoire (sang) et lymphatique (lymphe). Nous nous pencherons ensuite sur le concept de pression. Finalement, nous aborderons des notions liées au domaine médical: la vaccination, les groupes sanguins et les transfusions de sang.

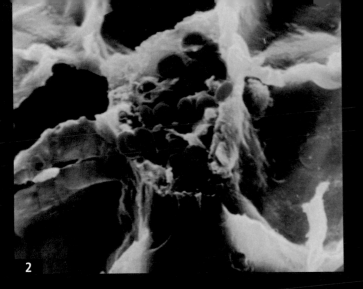

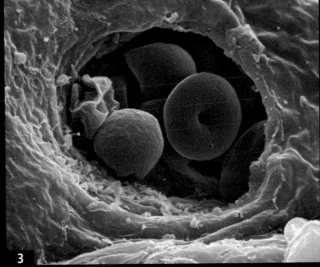

1. Radiographie du réseau artériel abdominal après injection dans le sang d'un liquide opaque aux rayons X. 2. Un vaisseau sanguin (au centre) avec des globules rouges, entouré d'un réseau d'alvéoles pulmonaires. (Microscope électronique à balayage : X 830.) 3. Capillaire sanguin au niveau du foie ; les globules rouges ont pour fonction de transporter l'oxygène. (Photographie prise avec un microscope électronique à balayage.) 4. Moulage en résine des voies aériennes (translucide et blanc) et du réseau artériel pulmonaire (en rouge). 5. Radiographie du thorax montrant un stimulateur cardiaque implanté par chirurgie à une personne souffrant d'arythmie cardiaque. 6. Deux globules blancs dans les voies aériennes ; celui du bas s'étire pour ingérer une particule indésirable colorée en vert. (Microscope électronique à balayage : X 1457).

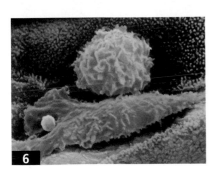

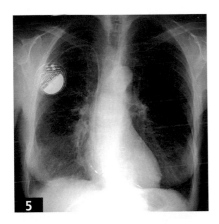

SOMMAIRE

1 LES RÉSEAUX DE TRANSPORT 158

2 L'ANATOMIE ET LA PHYSIOLOGIE DU SYSTÈME RESPIRATOIRE 160

3 L'ANATOMIE ET LA PHYSIOLOGIE DU SYSTÈME CIRCULATOIRE 173

4 L'ANATOMIE ET LA PHYSIOLOGIE DU SYSTÈME LYMPHATIQUE 190

SITUATION N° ① : TOUR CYCLISTE 198

SITUATION N° ② : DÉLIT DE FUITE ? 199

SITUATION N° ③ : CARAMBOLAGE SUR LA ROUTE ! 200

SITUATION N° ④ : À BOUT DE SOUFFLE ! 200

SITUATION N° ⑤ : LE SYSTÈME LYMPHATIQUE 201

EXERCICES 202

RÉSUMÉ DES CONCEPTS 210

1 LES RÉSEAUX DE TRANSPORT

Au cours de leur évolution, les plantes ont élaboré des mécanismes efficaces pour assurer le transport, jusqu'à leurs extrémités, de l'eau et des nutriments puisés dans le sol. Le corps humain, plus complexe, est aussi doté de systèmes assurant le transport des nutriments, de l'oxygène et de l'eau vers les cellules. Toutes les substances nécessaires au bon fonctionnement de la cellule arrivent à destination grâce au travail combiné du système circulatoire, du système respiratoire et du système lymphatique (voir les figures 4.1 et 4.2).

Voici comment chacun contribue au transport des éléments essentiels à la fonction cellulaire :

- Le système respiratoire assure l'absorption de l'oxygène nécessaire aux cellules ainsi que l'élimination du dioxyde de carbone résultant de la combustion cellulaire.

- Le système circulatoire assure, comme son nom l'indique, la circulation du sang, qui apporte aux cellules les nutriments et l'oxygène nécessaires à la combustion cellulaire. Il participe également à l'élimination du produit de cette combustion : le dioxyde de carbone et les autres déchets.

- Le système lymphatique est formé d'un liquide, la lymphe, et d'un réseau de vaisseaux chargés de le transporter afin d'assurer la défense de l'organisme contre les envahisseurs.

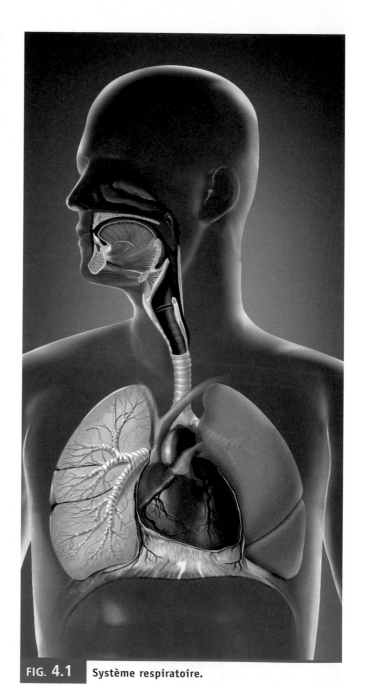

FIG. **4.1** **Système respiratoire.**

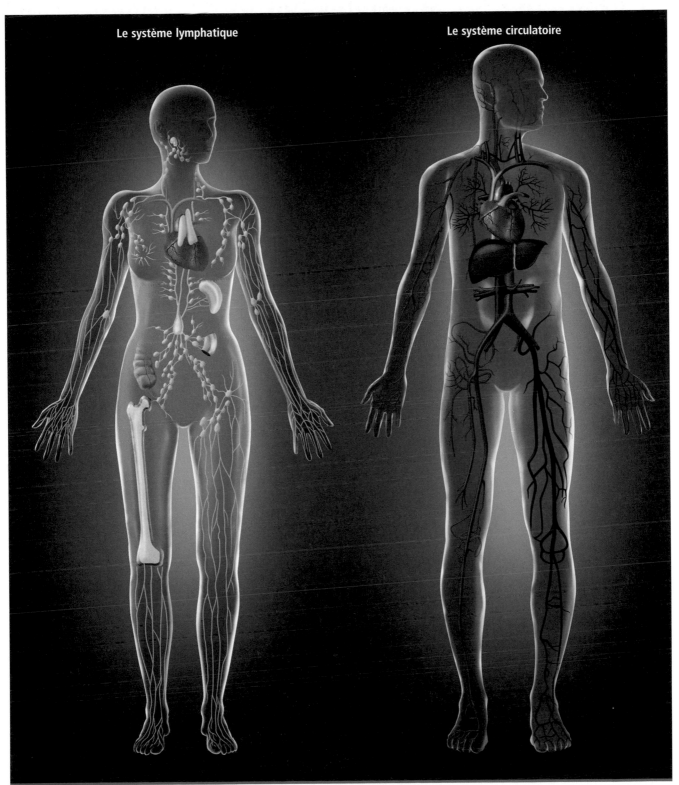

Le système lymphatique

Le système circulatoire

FIG. 4.2 Systèmes lymphatique et circulatoire.

Les systèmes respiratoire, circulatoire et lymphatique

2 L'ANATOMIE ET LA PHYSIOLOGIE DU SYSTÈME RESPIRATOIRE

L'énergie nécessaire au bon fonctionnement de la cellule est libérée au cours d'une réaction chimique qui nécessite de l'oxygène. Le corps humain a ainsi besoin d'une quantité considérable d'oxygène qui lui sera fournie par le système respiratoire.

C'est au cours de la respiration que des échanges gazeux entre l'atmosphère, le sang et les poumons se produisent et que l'oxygène est absorbé.

Les voies respiratoires sont des voies conductrices qui acheminent l'air vers les poumons, alors que les poumons sont le lieu des échanges gazeux. La figure 4.3 illustre la position des organes du système respiratoire. Les poumons sont protégés par les côtes et sont séparés de l'abdomen par un muscle, le diaphragme.

LE SYSTÈME RESPIRATOIRE COMPREND :

Les voies respiratoires :
les fosses nasales,
le pharynx, le larynx,
la trachée et les bronches.

Les poumons :
les bronchioles,
les sacs alvéolaires
et les alvéoles.

info +

Les principaux constituants de l'air pur et sec mesurés au niveau de la mer sont l'azote, l'oxygène, l'argon et le dioxyde de carbone. L'air contient également de la vapeur d'eau, dont la quantité peut varier de 0 % à 4 %. L'azote, présent en plus grande quantité, joue le rôle de solvant, alors que l'oxygène, la vapeur d'eau, le dioxyde de carbone et les autres constituants de l'air sont des solutés. L'air pur est donc une solution, et sa composition varie selon l'altitude et le lieu.

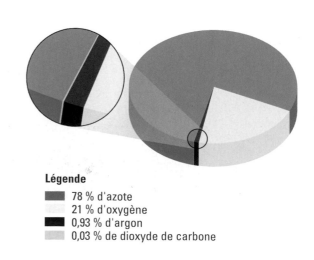

Légende
- 78 % d'azote
- 21 % d'oxygène
- 0,93 % d'argon
- 0,03 % de dioxyde de carbone

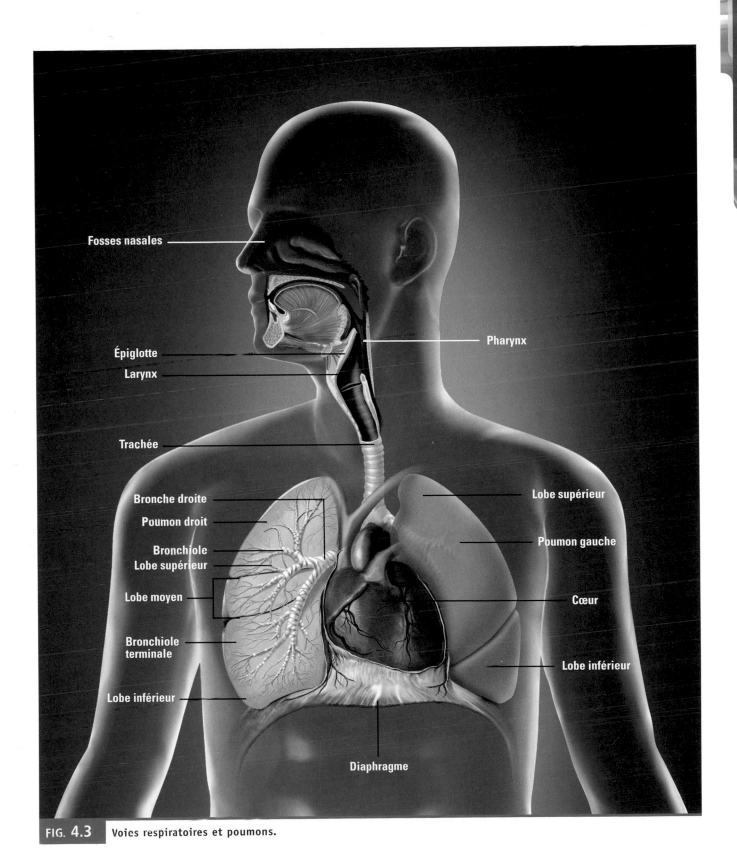

FIG. 4.3 Voies respiratoires et poumons.

Labels in figure:
- Fosses nasales
- Pharynx
- Épiglotte
- Larynx
- Trachée
- Bronche droite
- Poumon droit
- Bronchiole
- Lobe supérieur
- Lobe moyen
- Bronchiole terminale
- Lobe inférieur
- Lobe supérieur
- Poumon gauche
- Cœur
- Lobe inférieur
- Diaphragme

2.1 Les voies respiratoires

Les fosses nasales

L'air entre dans le nez par les fosses nasales, deux cavités qui ont pour rôle de réchauffer l'air, de l'humidifier et de le filtrer (voir la figure 4.4). L'intérieur des fosses nasales est tapissé de poils et de glandes à mucus qui aident à la filtration des poussières présentes dans l'air inspiré. De plus, une muqueuse comprenant de nombreux vaisseaux sanguins réchauffe l'air afin d'éviter un trop grand contraste thermique entre la température de l'air atmosphérique et celle de l'intérieur du corps humain. L'air est réchauffé par le sang qui circule dans ces capillaires sanguins. Finalement, des cellules produisent un mucus qui humidifie l'air et capte les fines poussières. La paroi des fosses nasales abrite également les récepteurs olfactifs, qui jouent un rôle important dans la perception des différentes odeurs. Ils sont localisés dans le cornet supérieur, un des trois renflements des fosses nasales.

Le pharynx

L'air inspiré s'engage par la suite dans le pharynx. Le pharynx est le carrefour des voies digestives et respiratoires et joue le rôle de caisse de résonance dans l'émission des sons. Il a la forme d'un entonnoir et mesure environ 13 cm de long. Dans la paroi, deux ouvertures mènent aux trompes d'Eustache. Les petites quantités d'air qui entrent dans les trompes d'Eustache assurent l'équilibre entre la pression de l'air à l'intérieur de l'oreille moyenne et la pression de l'air atmosphérique. Voilà pourquoi, au décollage et à l'atterrissage d'un avion, il est conseillé de mâcher ou de croquer des bonbons: l'air qui entre dans la bouche puis dans les trompes d'Eustache vient alors équilibrer la pression de l'air qui s'exerce sur le tympan, diminuant ainsi la sensation de douleur.

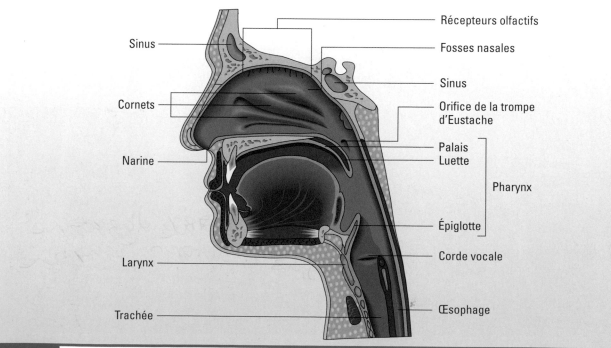

Récepteurs olfactifs

Fosses nasales

Sinus

Orifice de la trompe d'Eustache

Palais
Luette

Pharynx

Épiglotte

Corde vocale

Œsophage

Sinus

Cornets

Narine

Larynx

Trachée

FIG. 4.4 **Voies respiratoires supérieures.**

Le larynx

Le larynx est un court passage qui lie le pharynx à la trachée (voir la figure 4.5). Il est situé en avant des vertèbres du cou et comprend deux plaques de cartilages soudés qui lui donnent sa forme triangulaire. Le larynx est plus proéminent chez l'homme que chez la femme, c'est pourquoi il prend chez lui le nom de pomme d'Adam. Une membrane du larynx, formée de plis tendus entre deux pièces de cartilage, forme les cordes vocales. Lorsque l'air est dirigé vers les cordes vocales, celles-ci vibrent et produisent des sons. Les cordes vocales sont plus épaisses et plus longues chez l'homme, ce qui lui confère une voix plus grave. Au moment de la déglutition, l'épiglotte, qui est une pièce de cartilage mobile, ferme le larynx, empêchant ainsi les aliments solides ou liquides d'y entrer. Ils sont alors forcément dirigés vers l'œsophage et acheminés dans le système digestif pour y être digérés.

La trachée

Située devant l'œsophage, la trachée est un tube d'environ 12 cm de long et de 2,5 cm de diamètre qui conduit vers les bronches l'air inspiré par le larynx. Des anneaux de cartilage entourent ce tube et l'empêchent de s'aplatir. La paroi interne de la trachée, tout comme celles du pharynx et du larynx, est tapissée d'une muqueuse couverte de cils vibratiles (voir la figure 4.6). Les cils balaient vers le haut le mucus et les poussières qui y sont engluées et qui n'ont pas été éliminées par les voies respiratoires supérieures.

Les bronches

Au moment de l'inspiration, l'air entre dans la trachée, qui se divise en deux voies appelées bronches (voir la figure 4.3 à la page 161). Celles-ci entrent dans les poumons, se divisent en bronches secondaires et se ramifient en nombreuses bronchioles de taille de plus en plus fine. Les bronches sont elles aussi maintenues ouvertes par des anneaux de cartilage.

Épiglotte

Cordes vocales ouvertes
(au cours de
l'émission des sons)

Corde vocale

Anneau de cartilage

Trachée

Cordes vocales fermées
(au cours de
la respiration)

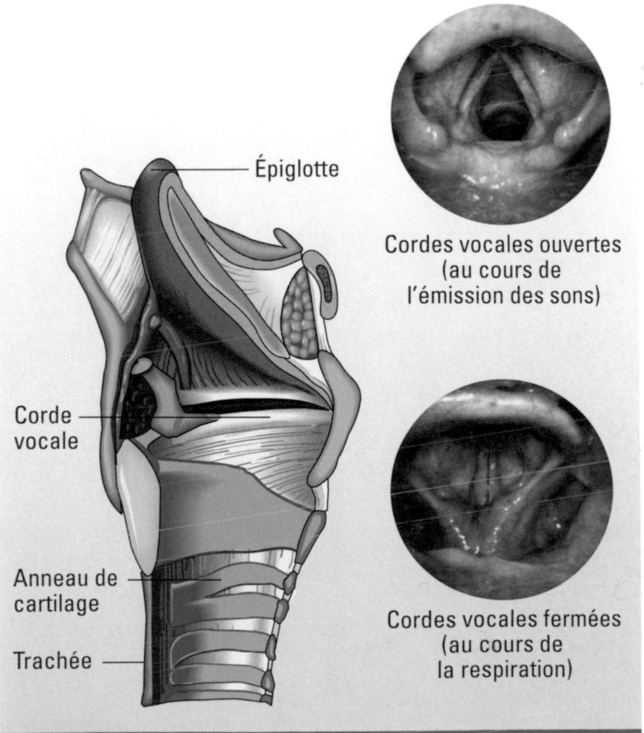

FIG. 4.5 **Larynx et cordes vocales.**

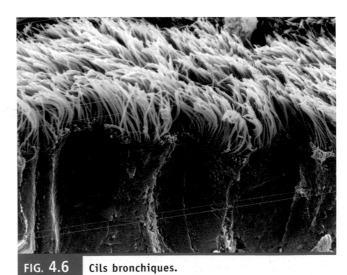

FIG. 4.6 **Cils bronchiques.**

Les voies respiratoires se nettoient grâce à des cils vibratiles qui tapissent leurs parois. Photographie (X 2550) obtenue à l'aide d'un microscope électronique à balayage.

2.2 Les poumons

Les poumons sont deux organes rosés qui occupent la cage thoracique (voir la figure 4.3 à la page 161). Les clavicules marquent la limite supérieure des poumons, alors que le diaphragme correspond à la limite inférieure. Le cœur étant situé légèrement à gauche, le poumon gauche est plus étroit à cause de la place prise par le cœur. Quant au poumon droit, il est plus large mais plus court à cause de l'espace occupé par le foie, situé juste au-dessous. Les poumons sont divisés en lobes. Le poumon droit en comprend trois et le poumon gauche, deux.

Deux feuillets enveloppent les poumons et assurent leur protection, ce sont les plèvres. Une plèvre est accolée à la paroi de la cage thoracique et l'autre adhère à la surface des poumons. L'espace entre les deux plèvres contient un liquide, le liquide pleural, qui facilite le glissement des poumons sur les côtes au cours de la respiration. La figure 4.7 présente deux photographies de poumons, un poumon en bonne santé et un poumon d'une personne fumeuse.

Les bronchioles et le sac alvéolaire

Les bronchioles les plus fines ont une taille de 0,5 mm de diamètre. Elles se terminent par des petits sacs ayant une surface gaufrée et une paroi très mince, les sacs alvéolaires (voir la figure 4.8).

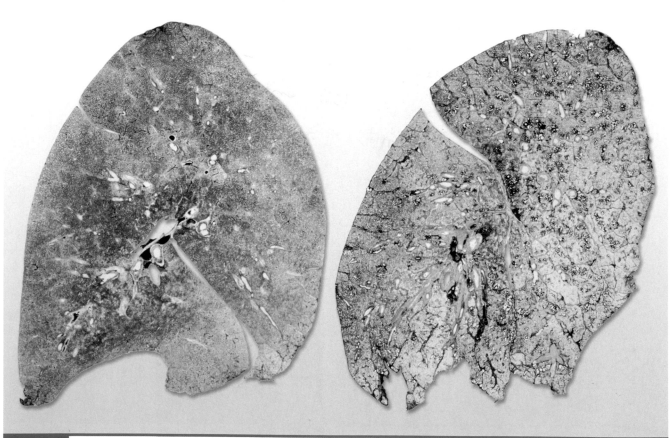

FIG. 4.7 **Tranches de poumon.**

À gauche, une tranche d'un poumon en bonne santé ; à droite, celle d'un poumon d'une personne fumeuse, parsemé de dépôts de goudron noir.

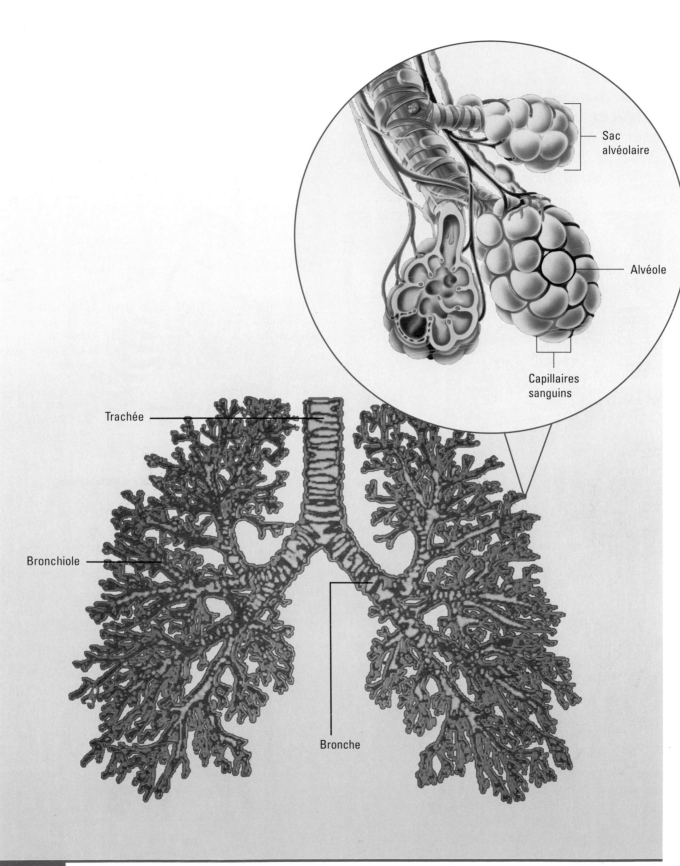

Sac alvéolaire

Alvéole

Capillaires sanguins

Trachée

Bronchiole

Bronche

FIG. **4.8** **Arbre bronchique illustrant les ramifications des poumons.**

Les alvéoles

Un sac alvéolaire est constitué d'au moins deux alvéoles. La structure interne du sac alvéolaire est semblable à des pains de cire façonnés par les abeilles, chacune des petites loges qui terminent le sac alvéolaire se nomme alvéole (voir la figure 4.9).

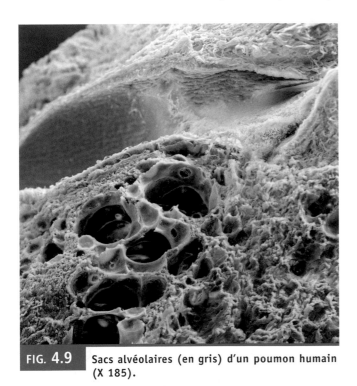

FIG. 4.9 Sacs alvéolaires (en gris) d'un poumon humain (X 185).

info +

Le nombre d'alvéoles dans les poumons de l'être humain est estimé à 300 millions et on évalue à environ 100 m² la surface qu'elles occuperaient. Une surface de 100 m² correspond environ à celle d'un terrain de badminton !

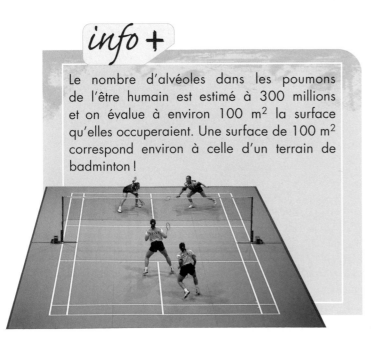

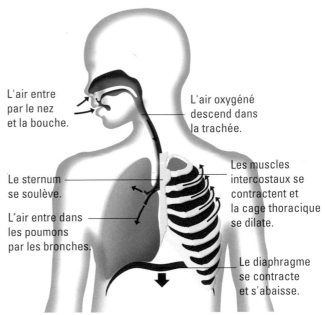

L'air entre par le nez et la bouche.

L'air oxygéné descend dans la trachée.

Le sternum se soulève.

Les muscles intercostaux se contractent et la cage thoracique se dilate.

L'air entre dans les poumons par les bronches.

Le diaphragme se contracte et s'abaisse.

INSPIRATION :
augmentation du volume de la cage thoracique.

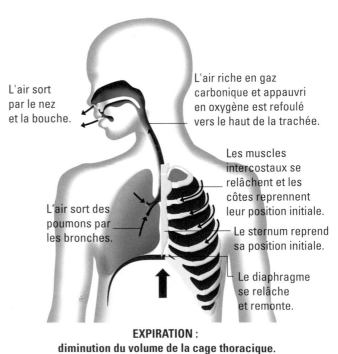

L'air sort par le nez et la bouche.

L'air riche en gaz carbonique et appauvri en oxygène est refoulé vers le haut de la trachée.

Les muscles intercostaux se relâchent et les côtes reprennent leur position initiale.

L'air sort des poumons par les bronches.

Le sternum reprend sa position initiale.

Le diaphragme se relâche et remonte.

EXPIRATION :
diminution du volume de la cage thoracique.

FIG. 4.10 Inspiration et expiration.

info +

L'inhalothérapeute est la personne spécialiste de l'aide respiratoire. Pour en connaître davantage sur cette profession, consultez la rubrique Carrières à la page 197.

2.3 Les mouvements respiratoires

Le rôle du système respiratoire est de fournir de l'oxygène aux cellules du corps et d'éliminer les déchets cellulaires produits au cours de la combustion. La tâche du système respiratoire commence par la ventilation des poumons (la respiration). La respiration se compose de deux mouvements : l'inspiration et l'expiration. La figure 4.10 présente l'ensemble des organes qui travaillent au cours de ces deux mouvements.

La figure 4.11 présente des radiographies de poumons prises au cours de l'inspiration et de l'expiration.

2.4 La capacité pulmonaire

Dans une journée, un volume de 12 000 L d'air entre des poumons et en sort. À chaque minute, le rythme respiratoire au repos est de 15 ou 16 mouvements respiratoires.

La capacité pulmonaire totale donne la mesure du volume d'air contenu dans les poumons. On la mesure avec un spiromètre. Généralement, on distingue deux types de respiration :

• la respiration normale, c'est-à-dire lorsque le sujet est au repos ;

• la respiration forcée, obtenue par la compression des muscles du ventre afin qu'un plus grand volume d'air soit inspiré ou expulsé.

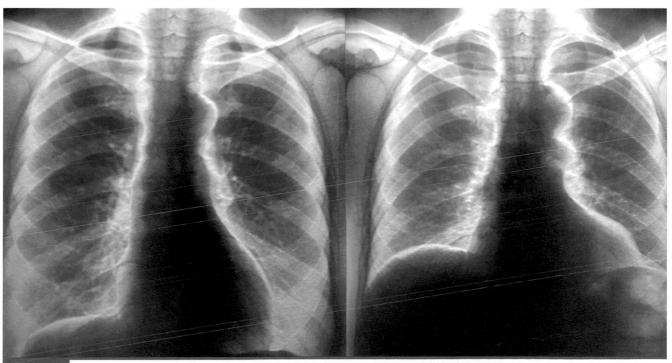

FIG. 4.11 **Vues du thorax au cours d'une inspiration (à gauche) et d'une expiration (à droite).**
Les couleurs ont été ajoutées pour faciliter la visualisation des structures. Les bandes horizontales blanchâtres sont les côtes et les étendues bleues dans la cage thoracique correspondent aux poumons.

Le tableau 4.1 présente l'ordre de grandeur de la capacité pulmonaire totale moyenne.

TABLEAU **4.1** Capacités pulmonaires totales moyennes.

1. Au repos, les poumons contiennent en moyenne 3,0 L d'air.
2. Dans une inspiration normale, 0,5 L d'air s'ajoute à ce volume.
3. Après une expiration forcée, tout l'air des poumons n'est pas expulsé, il reste encore un volume de 1,5 L d'air dans les alvéoles.
4. Le volume maximal que peuvent atteindre les poumons est en moyenne de 6 L.

Voici les observations qu'il est possible de recueillir sur la capacité pulmonaire au cours de la lecture d'un diagramme enregistré par un spiromètre (voir la figure 4.12). Les quatre constatations réunies dans le tableau 4.1 sont également signalées par leur numéro sur le diagramme ci-dessous.

2.5 Les échanges gazeux

Chaque alvéole est entouré de très fins vaisseaux sanguins appelés capillaires, car ils ont un diamètre qui rappelle celui d'un cheveu (en latin, *capillus*). Des échanges gazeux s'y produisent. Ces échanges entre les poumons et le sang se font par diffusion. Voici ce qui se passe dans les alvéoles pulmonaires (voir la figure 4.13).

- L'oxygène, présent dans les alvéoles, se diffuse vers le sang, qui le transporte vers les cellules.

- En même temps, le dioxyde de carbone apporté par le sang se diffuse vers l'alvéole. Ce déchet cellulaire sera alors éliminé durant l'expiration.

La paroi des alvéoles a une épaisseur de 0,5 μm (micromètre), ce qui facilite la diffusion rapide des gaz respiratoires. Pour en savoir plus sur les unités de mesure, voir la section Boîte à outils à la page 224. 🔧

🏭 **Construction d'un spiromètre.**

Ce laboratoire vous permettra de construire un appareil mesurant la capacité pulmonaire des élèves de la classe. 📄

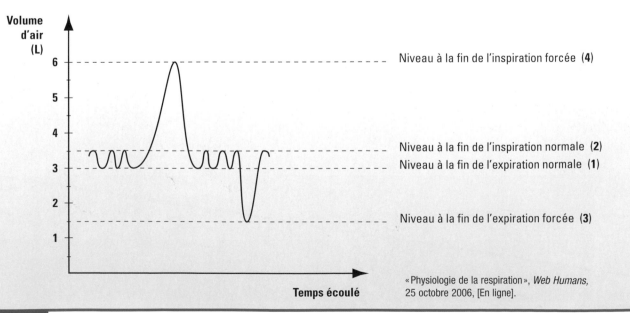

«Physiologie de la respiration», *Web Humans*, 25 octobre 2006, [En ligne].

FIG. 4.12 Spiromètre ayant enregistré la capacité pulmonaire au cours de trois inspirations normales et d'une inspiration forcée, suivies de trois autres inspirations normales et d'une expiration forcée.

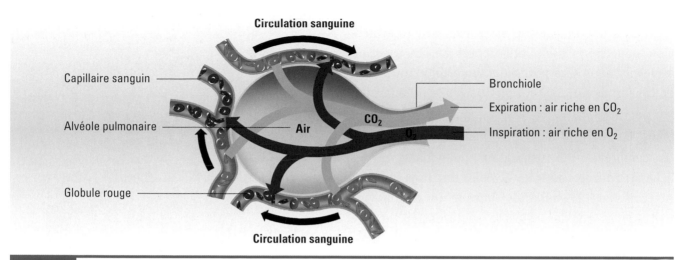

2.6 La pression

Quel mécanisme permet la diffusion de l'oxygène et du dioxyde de carbone au cours des échanges entre les alvéoles et les capillaires ? C'est une variation de la pression qui explique ce déplacement des molécules. Afin d'expliquer ce phénomène, étudions le principe du fonctionnement d'un accordéon. Lorsqu'on déplie ce dernier, le volume interne augmente, ce qui produit une diminution de la pression de l'air à l'intérieur de l'instrument. À cet instant, la pression à l'intérieur de l'accordéon est considérée comme négative, puisqu'elle est plus faible que la pression de l'air extérieur. C'est précisément pour rétablir l'équilibre entre ces deux pressions que l'air extérieur, dont la pression est plus élevée, s'introduit dans l'instrument, où la pression est plus basse. L'air pénètre donc forcément dans l'accordéon dès qu'on l'étire (voir la figure 4.14).

La pression d'un gaz correspond à la force par unité de surface qu'exerce ce dernier sur un corps. On la mesure donc en divisant les newtons, N (unité de la force), par les mètres carrés, m^2 (unité de la surface). Cette unité, N/m^2, prend également un autre nom beaucoup plus connu, le pascal, Pa. Pour en savoir plus sur les unités de mesure, voir la section Boîte à outils à la page 224.

FIG. 4.14 Accordéon.

Lorsqu'on déplie l'instrument, le volume du soufflet augmente, ce qui provoque une entrée d'air. Les poumons fonctionnent de la même façon.

Même si les gaz de l'air qui nous entourent sont légers, ils ont une masse et ils exercent une pression appelée pression atmosphérique. La pression atmosphérique dite normale a une valeur, au niveau de la mer, de 101 300 Pa, ou 101,3 kPa (kilopascal).

En plus d'expliquer le fonctionnement d'un accordéon, la variation de la pression permet également de comprendre la respiration pulmonaire et les échanges gazeux dans les alvéoles du corps humain. Au cours de l'inspiration, lorsque le diaphragme s'abaisse et que les côtes se soulèvent, il se crée dans les poumons une basse pression (ou une pression négative). Il s'ensuit que les molécules d'air qui restaient dans les poumons occupent du même coup un plus grand volume. Cet accroissement du volume des poumons entraîne une diminution de la pression qui y est exercée par les molécules d'air. Puisqu'un gaz se déplace toujours d'une haute pression vers une basse pression, l'air s'engouffre donc dans les poumons (voir la figure 4.15).

Inversement, lorsque le volume de la cage thoracique diminue, la pression interne dans les poumons augmente. L'air se déplace maintenant des poumons vers l'extérieur, de la haute pression vers la basse pression. C'est l'expiration (voir la figure 4.15).

Finalement, l'oxygène et le dioxyde de carbone se comportent de la même façon lorsqu'ils sont soumis à une variation de pression : ils subissent un mouvement, ils se déplacent des alvéoles au sang ou, inversement, du sang aux alvéoles.

info +

La relation entre la pression et le volume prend une importance particulière en plongée sous-marine. À la surface de l'eau, un individu qui fait de la plongée sous-marine ressent une pression équivalente à la pression atmosphérique, c'est-à-dire en moyenne 101,3 kPa ou 1 atmosphère (atm). En profondeur, par contre, à cause du poids de l'eau qui s'exerce sur cet individu, la pression ressentie par celui-ci augmentera de 1 atm à chaque 10 m de plus vers la bas (à 10 m de profondeur, la pression sera de 2 atm, à 20 m, elle sera de 3 atm, et ainsi de suite).

Imaginez une personne s'échappant d'un bateau en train de couler. Paniquée, elle retient son souffle et remonte rapidement à la surface. La pression en profondeur étant beaucoup plus grande que la pression en surface, le volume d'air contenu dans ses poumons va donc augmenter considérablement durant la remontée. Résultat : lésions graves aux alvéoles pulmonaires pouvant entraîner la mort.

Voilà pourquoi les gens qui s'adonnent à la plongée sous-marine remontent lentement à la surface, en faisant des arrêts successifs, et surtout en prenant le temps d'expirer.

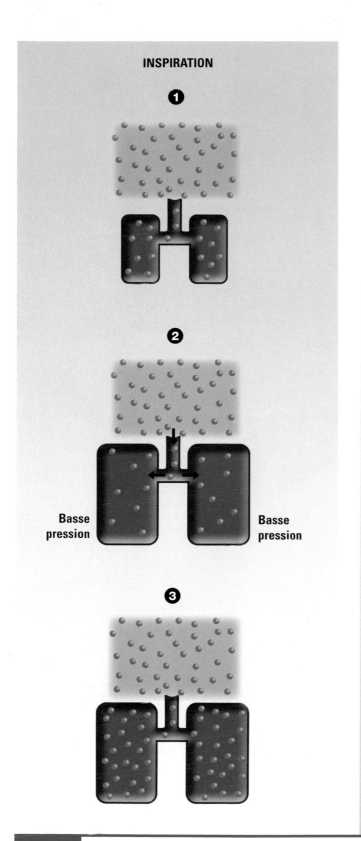

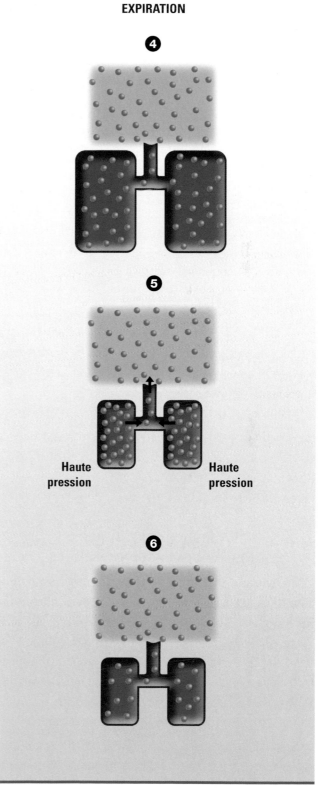

INSPIRATION

❶

❷

Basse
pression

Basse
pression

❸

EXPIRATION

❹

❺

Haute
pression

Haute
pression

❻

FIG. 4.15 **Respiration.**

La respiration est un déplacement d'air qui s'effectue
d'une zone où la pression est plus haute vers une
zone où la pression est plus basse, à cause de la
variation du volume de la cage thoracique.

Les rectangles inférieurs (roses) représentent les deux poumons,
dont le volume change, ce qui entraîne une variation de la pression.
Le rectangle supérieur (bleu) représente l'air ambiant, qui est toujours
à la même pression, la pression atmosphérique.

171

Les systèmes respiratoire, circulatoire et lymphatique

Rond-point géographie

À la surface de la Terre, les vents soufflent à cause d'une variation de la pression. Le Soleil réchauffe davantage le sable de la plage que l'eau de la mer. Au-dessus de la plage, une basse pression se forme, car l'air chaud monte en altitude. En même temps, une haute pression s'installe au-dessus de la mer, car la masse volumique de l'air est plus grande et elle descend vers la surface. Le vent est le déplacement horizontal de l'air d'une haute pression vers une basse pression. Il se forme une brise de mer quand le vent souffle de la mer vers la plage. La brise de mer naît donc d'une variation de la pression causée par le réchauffement inégal du sable et de la mer.

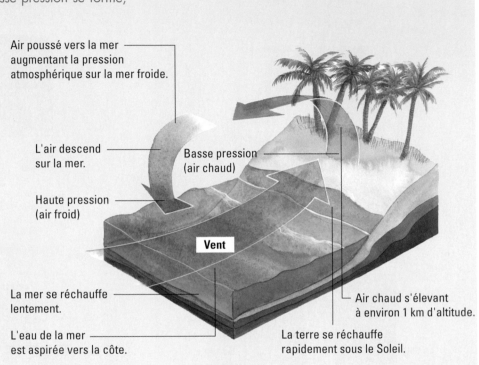

Air poussé vers la mer augmentant la pression atmosphérique sur la mer froide.

L'air descend sur la mer.

Haute pression (air froid)

La mer se réchauffe lentement.

L'eau de la mer est aspirée vers la côte.

Basse pression (air chaud)

Vent

Air chaud s'élevant à environ 1 km d'altitude.

La terre se réchauffe rapidement sous le Soleil.

2.7 Les fluides compressibles et les fluides incompressibles

L'oxygène et le dioxyde de carbone, mis à contribution dans les échanges gazeux, sont des gaz qui ont une propriété essentielle à la respiration : ils sont compressibles. Nous savons que la matière à la surface de la Terre peut apparaître sous différentes formes. Les trois principales formes sous lesquelles la matière peut se présenter à nous sont la phase solide, la phase liquide et la phase gazeuse.

Les gaz et les liquides sont aussi appelés des fluides, parce que les particules qui les composent peuvent bouger et épouser la forme des contenants dans lesquels on les verse. Ils peuvent également couler.

Les gaz, dont l'air, sont des fluides compressibles, puisqu'il est possible de rapprocher les particules qui les composent en appliquant une force sur elles. Par exemple, un pneu possédant un volume fixe peut accommoder plusieurs quantités d'air différentes. Il est ainsi possible de compresser l'air dans le pneu afin d'obtenir la fermeté désirée.

Les liquides, dont l'eau, sont des fluides difficilement compressibles. Ils portent donc le nom de fluides incompressibles. Pour vous en convaincre, remplissez un ballon gonflable avec une certaine quantité d'eau et essayez de le compresser (de faire diminuer son volume). Malgré tous vos efforts, ce sera impossible !

Exercices pour cette section, pages 202 à 204.

3 L'ANATOMIE ET LA PHYSIOLOGIE DU SYSTÈME CIRCULATOIRE

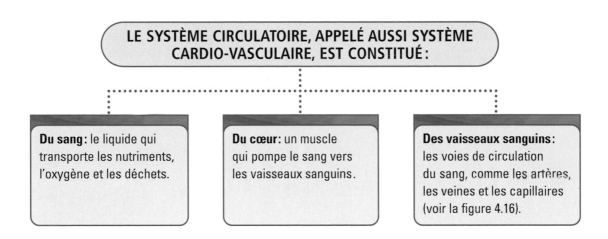

LE SYSTÈME CIRCULATOIRE, APPELÉ AUSSI SYSTÈME CARDIO-VASCULAIRE, EST CONSTITUÉ :

Du sang : le liquide qui transporte les nutriments, l'oxygène et les déchets.

Du cœur : un muscle qui pompe le sang vers les vaisseaux sanguins.

Des vaisseaux sanguins : les voies de circulation du sang, comme les artères, les veines et les capillaires (voir la figure 4.16).

3.1 La fonction du système circulatoire

Seule une circulation rapide du sang permet de satisfaire les besoins des cellules. Les cellules ont d'énormes besoins en oxygène et en nutriments, et c'est le sang qui assure le transport de ces éléments essentiels à la combustion cellulaire. Le sang transporte aussi les déchets de la combustion (CO_2 et urée) vers les systèmes qui prennent part à leur élimination.

Le cœur, les artères et les veines servent exclusivement au transport du sang dans l'organisme, alors que les capillaires correspondent à la partie du système circulatoire où s'effectuent les échanges entre les cellules et le sang.

3.2 Le sang

Chez un homme de taille moyenne, de 5 à 6 L de sang (4 à 5 L chez la femme) circulent dans le corps et font un tour complet de l'organisme en une minute.

Rouge et visqueux, le sang se compose :

- d'éléments figurés : les globules rouges, les globules blancs et les plaquettes, lesquels représentent 45 % du volume sanguin ;
- d'une solution aqueuse : le plasma, qui représente 55 % du volume sanguin.

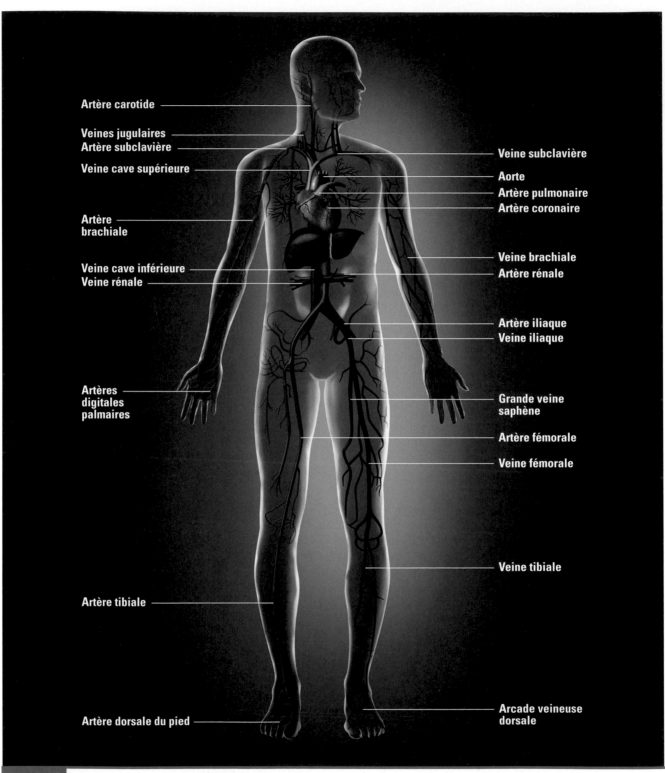

Artère carotide

Veines jugulaires
Artère subclavière

Veine cave supérieure

Artère brachiale

Veine cave inférieure
Veine rénale

Artères digitales palmaires

Artère tibiale

Artère dorsale du pied

Veine subclavière

Aorte
Artère pulmonaire
Artère coronaire

Veine brachiale
Artère rénale

Artère iliaque
Veine iliaque

Grande veine saphène

Artère fémorale

Veine fémorale

Veine tibiale

Arcade veineuse dorsale

FIG. 4.16 Anatomie du système circulatoire.

info +

Mis bout à bout, les globules rouges d'un seul corps humain formeraient une chaîne de 175 000 km de longueur, soit 4 fois le tour de la Terre à l'équateur !

Les globules rouges

- Les globules rouges sont aussi appelés hématies ou érythrocytes.

- Ils constituent presque 98 % des éléments figurés du sang.

- Ils ont la forme de disques biconcaves de 7 à 8 µm sur 2 µm d'épaisseur (voir les figures 4.17 et 4.18).

- Les globules rouges n'ont pas de noyau.

- Ils sont colorés par une molécule : l'hémoglobine. En plus de donner la coloration rouge au sang, cette molécule permet à l'oxygène (O_2) de se fixer aux globules rouges durant le transport des poumons vers les cellules. L'hémoglobine permet également de fixer le gaz carbonique (CO_2) aux globules rouges pour leur transport vers les poumons.

- Chaque globule rouge transporte 1 milliard de molécules d'oxygène.

- Les globules rouges sont formés dans la moelle osseuse et vivent 120 jours environ, puis sont éliminés par la rate et le foie.

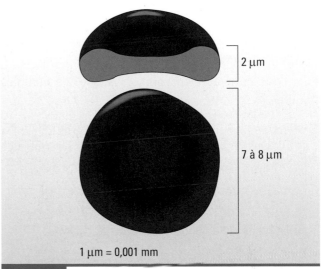

2 µm

7 à 8 µm

1 µm = 0,001 mm

FIG. 4.17 Globule rouge : vues de face et de côté (X 4500).

- Les globules rouges sont nombreux : environ 5,4 millions par mm^3 chez l'homme adulte et 4,8 millions par mm^3 chez la femme, soit 25 billions (10^{12}) dans tout l'organisme.

- Afin de garder un même nombre de globules rouges, l'organisme doit en produire 2 millions de nouveaux par seconde.

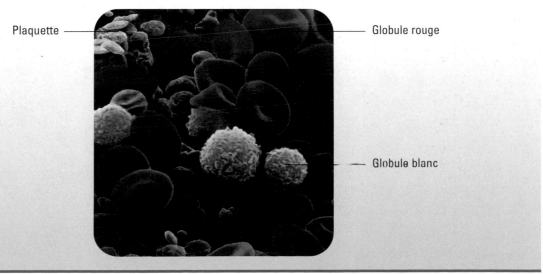

Plaquette

Globule rouge

Globule blanc

FIG. 4.18 Éléments figurés du sang.

Les globules blancs

- Les globules blancs, ou leucocytes, sont des cellules incolores.

- Ils sont généralement plus gros que les globules rouges.

- Leur taille varie de 8 à 20 µm de diamètre et, contrairement aux globules rouges, ils ont des noyaux arrondis ou lobés (voir la figure 4.19).

- Eux aussi proviennent de la moelle osseuse, mais ils sont environ 600 fois moins nombreux que les globules rouges (5000 à 10 000 par mm³).

- Toutes les catégories de globules blancs ont pour fonction de défendre l'organisme.

- Ils sont mobiles et déformables, c'est pour cette raison qu'ils peuvent traverser la paroi des capillaires (voir la figure 4.20). Cette action est la diapédèse.

info +

Pour un seul globule blanc, il y a environ 30 plaquettes et 600 globules rouges!

- Ils se déplacent ainsi facilement pour capturer et détruire les cellules mortes et les microbes. Ils entourent, englobent et capturent les cellules mortes et les microbes. Cette autre action est appelée phagocytose (voir la figure 4.20).

- Certains globules blancs, des lymphocytes, produisent des anticorps. Ces substances neutralisent les microbes nuisibles qui envahissent l'organisme.

- La durée de vie des globules blancs varie de quelques heures à quelques années.

Observation d'un frottis sanguin au microscope.

Ce laboratoire vous permettra de dessiner et d'identifier les constituants du sang.

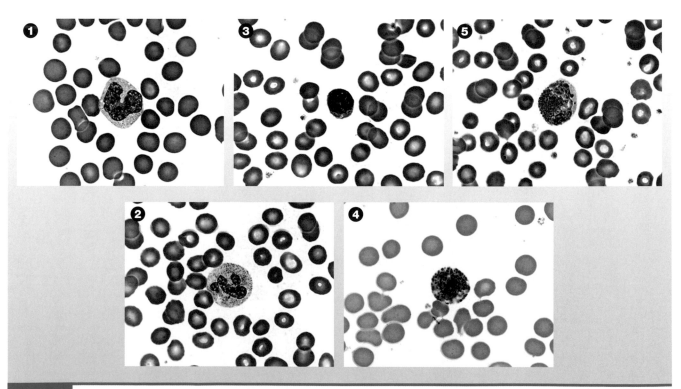

FIG. 4.19 **Différents types de globules blancs (X 2150).**

1. Monocyte: noyau en forme de U ou de haricot.
2. Neutrophile: noyau qui comporte plusieurs lobes.
3. Lymphocyte: noyau pratiquement sphérique.

4. Basophile: son cytoplasme renferme de petits grains bleu-violet cachant souvent un noyau lobé.
5. Éosinophile: noyau à deux lobes; son cytoplasme contient des grains rouges.

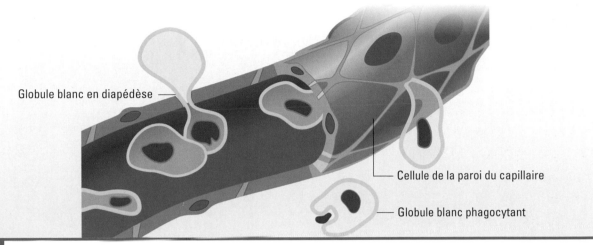

Globule blanc en diapédèse

Cellule de la paroi du capillaire

Globule blanc phagocytant

FIG. 4.20 **Diapédèse.**

Afin de phagocyter les microbes ou les cellules mortes, les globules blancs se déforment et traversent la paroi des capillaires.

Les plaquettes

- Les plaquettes ou thrombocytes ne sont pas de vraies cellules mais des fragments de cellules géantes.

- Incolores et sans noyau, ces particules voyagent dans les vaisseaux sanguins et se groupent en une masse solide pour arrêter une perte de sang. Elles permettent la coagulation du sang, une transformation chimique du sang liquide en sang solide (voir la figure 4.21). Ce processus nécessite la participation de plusieurs molécules dont certaines sont absentes chez les personnes hémophiles (voir la rubrique Info + ci-dessous).

- Les plaquettes vivent de 5 à 9 jours.

- Les plaquettes réparent également les vaisseaux sanguins légèrement endommagés.

- Le nombre de plaquettes se situe entre 150 000 et 400 000 par mm^3 et leur diamètre varie entre 2 et 4 μm.

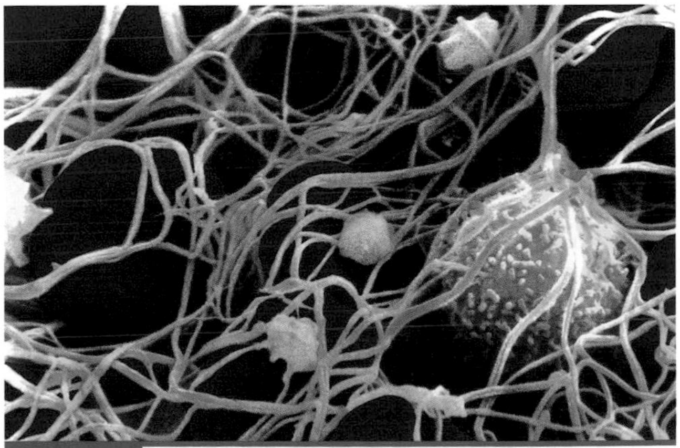

info +

La coagulation est un mécanisme complexe qui met en œuvre plusieurs molécules biologiques. Dans le sang des personnes hémophiles, certaines de ces molécules essentielles (le facteur VIII ou le facteur IX) sont absentes. La moindre blessure provoque alors un saignement continu qui peut menacer la vie des personnes atteintes.

FIG. 4.21 **Plaquettes sanguines (beiges).**

Les plaquettes peuvent adhérer à l'endroit lésé d'un vaisseau sanguin pour former un bouchon temporaire, laissant le temps au caillot de se former (coagulation). Photographie (X 5040) prise avec un microscope électronique à balayage (les couleurs sont ajoutées).

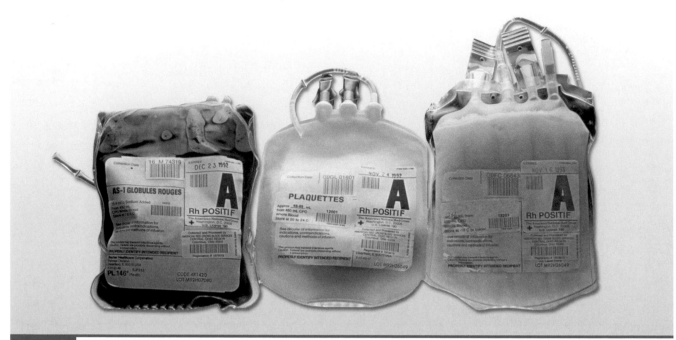

FIG. **4.22** **Trois produits provenant d'un seul don de sang.**

À gauche, une solution concentrée de globules rouges servant à traiter des patients souffrant d'anémie chronique. Au centre, une solution concentrée de plaquettes. À droite, du plasma qui doit être conservé à une température inférieure à -18°C.

Le plasma

- Le plasma est le liquide jaunâtre dans lequel baignent les particules solides du sang.

- Il est composé d'eau à 91,5 % et contient des protéines, des nutriments (sels minéraux, vitamines, acides gras, lipides, cholestérol, glucose, acides aminés), des déchets cellulaires, des hormones, des anticorps et d'autres substances (voir la figure 4.22).

- Son rôle est d'assurer la fluidité du sang dans les vaisseaux sanguins.

- Il transporte également les substances nutritives vers les cellules, en plus de ramasser les déchets cellulaires pour les acheminer vers les organes excréteurs.

- Les anticorps qu'il contient aident à la protection de l'organisme contre les microbes et les substances toxiques.

3.3 Les groupes sanguins

Les recherches des scientifiques, au début du 20e siècle, ont révélé l'existence chez les êtres humains de quatre groupes sanguins caractérisés par la présence de diverses protéines sur les globules rouges et dans le plasma sanguin. Cette découverte a d'ailleurs valu au biologiste et médecin autrichien Karl Landsteiner le prix Nobel de médecine en 1930. Les groupes sanguins ont été nommés A, B, AB et 0[1]. La présence d'une protéine sur les globules rouges détermine en partie le groupe sanguin ; cette première protéine se nomme agglutinogène.

TABLEAU **4.2** Agglutinogènes sur les globules rouges.

AGGLUTINOGÈNES		GROUPE SANGUIN
⚙	A	A
⚙	B	B
⚙	AB	AB
●	Aucun	0

---

1. À l'exception du 0 (qui veut dire zéro), les lettres A et B ne veulent rien dire de particulier ; elles ont été choisies tout simplement parce qu'elles sont les deux premières lettres de l'alphabet.

Les êtres humains possédant exclusivement des agglutinogènes de type A sur leurs globules rouges sont du groupe sanguin A. De même, ceux possédant exclusivement des agglutinogènes de type B sur leurs globules rouges sont du groupe sanguin B. Donc, les êtres humains possédant à la fois des agglutinogènes de type A et B sur leurs globules rouges sont du groupe sanguin AB. Le groupe sanguin O, lui, ne présente aucune des deux protéines. Le groupe O signifie « zéro protéine A et B sur les globules rouges ». Ce système de classification du sang se nomme ABO. Le tableau 4.2 présente schématiquement les agglutinogènes se trouvant sur les globules rouges selon les groupes sanguins.

Une seconde protéine à la surface des globules rouges a également été découverte. Chez les êtres humains, une majorité d'individus la possèdent, ils appartiennent ainsi au groupe Rh positif (Rh+). Les gens chez qui la protéine est absente sont donc classés Rh négatif (Rh-). Les scientifiques ont fait cette découverte en étudiant le singe rhésus ; c'est pourquoi cette protéine porte le nom de facteur rhésus.

Finalement, les scientifiques ont découvert que le plasma sanguin contient aussi un autre type de protéines, qu'ils ont appelées agglutinines. Le plasma des personnes du groupe A contient des agglutinines anti-B, alors que le plasma des personnes du groupe B présente des agglutinines anti-A.

La compatibilité des groupes sanguins

Le tableau 4.3 indique les compatibilités des quatre groupes sanguins.

La présence, ainsi que notre connaissance, de ces protéines est d'une importance fondamentale en médecine. Nous savons aujourd'hui que les transfusions sanguines imposent certaines restrictions.

Quelles sont ces restrictions et comment les comprendre ? Prenons par exemple une personne ayant du sang du groupe A. Si cette personne reçoit du sang du groupe B au cours d'une transfusion, les agglutinines anti-B de son plasma sanguin vont réagir avec les agglutinogènes présents sur les globules rouges du sang du groupe B. Les globules rouges s'agglutinent alors dans les vaisseaux sanguins, provoquant la mort de la personne transfusée.

TABLEAU **4.3** Compatibilité des groupes sanguins.

GROUPE	AGGLUTINOGÈNES	AGGLUTININES	DONNE À	REÇOIT DE
A	A	Anti-B	A et AB	A et 0
B	B	Anti-A	B et AB	B et 0
AB	A et B	Aucun	AB seulement	Tous
0	Aucun	Anti-A et anti-B	Tous	0 seulement

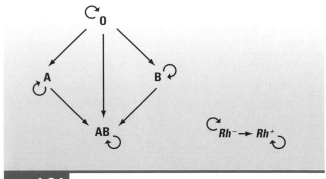

FIG. 4.24 Diagramme de la compatibilité des groupes sanguins.

Il est donc évident qu'il faut éviter à tout prix cette réaction d'agglutination où le plasma de la personne qui reçoit agglutine les globules rouges de la personne donneuse (voir la figure 4.23). De plus, le plasma des individus Rh- contient des protéines anti-Rh. Il faut donc s'abstenir de donner du sang Rh+ à un individu Rh-, de crainte qu'une autre réaction d'agglutination ne se produise chez la personne qui reçoit (voir la figure 4.24).

Comme le tableau 4.3 de la page 179 l'indique, le groupe sanguin AB ne possède aucune agglutinine ; c'est pourquoi il peut recevoir du sang de tous les groupes sanguins. Un individu appartenant au groupe AB est pour cette raison appelé receveur universel. Inversement, un individu du groupe O est appelé donneur universel, car, ne possédant aucun agglutinogène, il est compatible avec tous les groupes sanguins. La figure 4.24 indique par des flèches les possibilités d'échanges ou compatibilités entre les groupes sanguins.

Le tableau 4.4 présente la répartition des groupes sanguins dans la population québécoise.

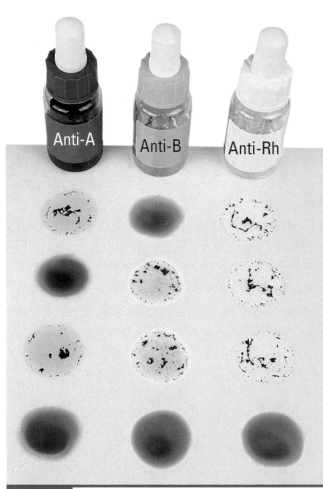

FIG. 4.23 Réactions d'agglutination permettant de reconnaître les groupes sanguins en laboratoire.

La présence de petits amas rouges dans les godets indique qu'une réaction d'agglutination s'y est produite. Pouvez-vous reconnaître les différents groupes sanguins ?

TABLEAU 4.4 Répartition des groupes sanguins.

	RHÉSUS POSITIF (RH+) : 85 %	RHÉSUS NÉGATIF (RH−) : 15 %
Groupe O : 46 %	O+ : 39 %	O− : 7 %
Groupe A : 42 %	A+ : 36 %	A− : 6 %
Groupe B : 9 %	B+ : 7,5 %	B− : 1,5 %
Groupe AB : 3 %	AB+ : 2,5 %	AB− : 0,5 %

« Répartition des groupes sanguins », *Héma-Québec*, 25 octobre 2006, [En ligne].

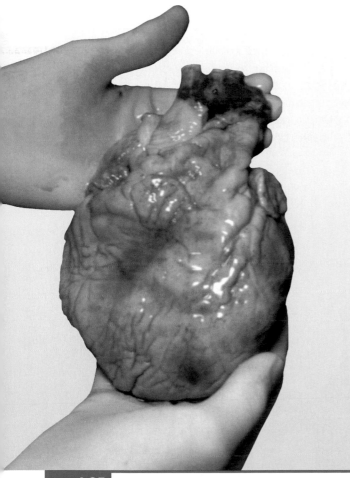

FIG. 4.25 **Cœur humain manipulé au cours d'une transplantation cardiaque.**

3.4 La structure du cœur

Le cœur est un organe creux, d'environ 300 g chez l'homme et 250 g chez la femme, situé entre les deux poumons. Il a chez l'adulte la taille d'un poing fermé (voir la figure 4.25) et il est divisé en quatre cavités : deux cavités supérieures aux parois minces nommées oreillettes, et deux cavités inférieures, les ventricules, ayant au contraire des parois épaisses et musclées (voir la figure 4.26 à la page 182). Il n'y a pas de communication entre les oreillettes ni entre les ventricules, il est donc possible de dire qu'il y a un cœur droit et un cœur gauche séparés par une cloison étanche.

Toutefois, les oreillettes communiquent avec les ventricules par une ouverture ayant la forme d'un entonnoir. La partie élargie de l'entonnoir se situe dans l'oreillette et la portion rétrécie, dans le ventricule, ce qui permet au sang de circuler facilement. L'entonnoir est lui-même fait de lamelles qui s'accolent et ferment l'orifice de communication entre l'oreillette et le ventricule. Ainsi, le sang circule dans une seule direction. L'ensemble de ces lamelles forme une valve nommée valvule auriculoventriculaire. La valvule du cœur droit, la valvule tricuspide, est formée de trois lamelles. La valvule du cœur gauche, appelée valvule bicuspide ou mitrale, comprend deux lamelles.

Il existe deux valvules sigmoïdes situées à l'origine des artères quittant les ventricules :

- La valvule sigmoïde pulmonaire, située à l'origine du tronc pulmonaire, empêche le sang de revenir dans le ventricule droit.

- La valvule sigmoïde aortique, située à l'origine de l'aorte, empêche le sang de revenir dans le ventricule gauche.

Le muscle qui compose la structure même du cœur est le myocarde et il est enveloppé dans une membrane externe qui le protège : le péricarde. L'intérieur des cavités du cœur est tapissé d'un tissu : l'endocarde. L'activité musculaire du cœur peut être mesurée au moyen d'un appareil médical : l'électrocardiographe.

Dissection d'un cœur de porc.

Ce laboratoire vous permettra de reconnaître et de nommer les parties de la structure du cœur.

info +

Un ou une cardiologue est un ou une médecin spécialiste des maladies du cœur et des problèmes de circulation sanguine dans les vaisseaux. Pour en connaître davantage sur cette profession, consultez la rubrique Carrières à la page 197.

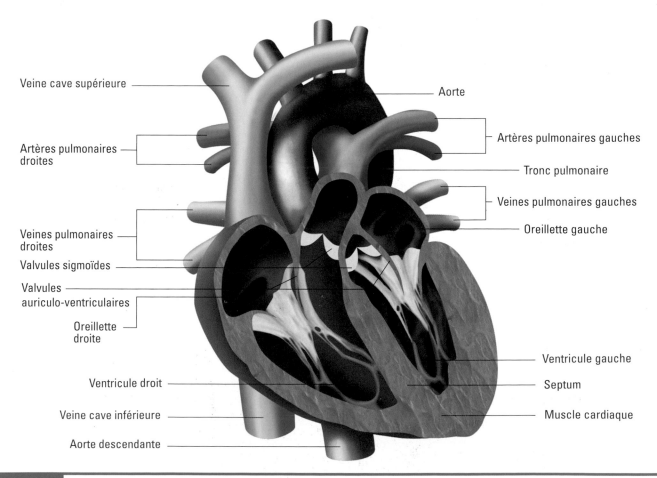

Veine cave supérieure

Artères pulmonaires droites

Veines pulmonaires droites

Valvules sigmoïdes

Valvules auriculo-ventriculaires

Oreillette droite

Ventricule droit

Veine cave inférieure

Aorte descendante

Aorte

Artères pulmonaires gauches

Tronc pulmonaire

Veines pulmonaires gauches

Oreillette gauche

Ventricule gauche

Septum

Muscle cardiaque

FIG. 4.26 Structure interne du cœur (vue en coupe de face).

3.5 Les vaisseaux sanguins

Le cœur est le moteur du système circulatoire, puisqu'il propulse le sang artériel (sang oxygéné) du cœur vers les cellules par un très gros vaisseau sanguin, l'aorte, rattachée au ventricule gauche. Simultanément, il aspire le sang veineux (sang riche en CO_2) par les veines caves dans l'oreillette droite, pour le propulser vers les poumons par le tronc pulmonaire, puis par les artères pulmonaires droite et gauche (voir la figure 4.27). Le cœur se contracte environ 100 000 fois par jour !

Puisque la force nécessaire pour pousser le sang vers l'aorte et le reste du corps est plus grande que celle nécessaire pour le pousser dans les artères pulmonaires, le muscle entourant le ventricule gauche du cœur est plus épais que celui entourant le ventricule droit (voir la figure 4.28).

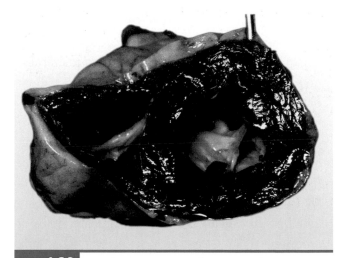

FIG. 4.28 **Vue de coupe du cœur (vue du haut).**
Les deux ventricules sont visibles (le ventricule gauche est à droite) ainsi que les valvules auriculo-ventriculaires (blanches).

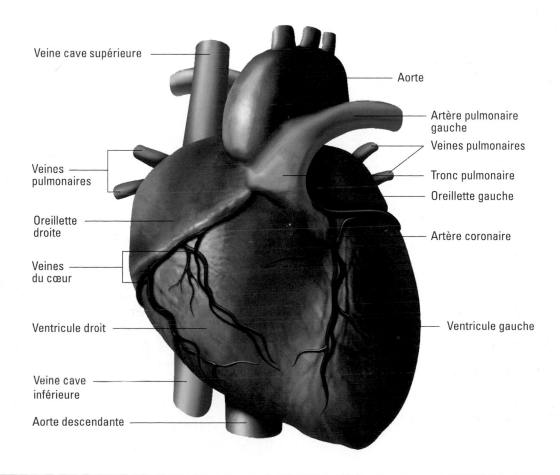

FIG. 4.27 **Structure externe du cœur.**

Les systèmes respiratoire, circulatoire et lymphatique

Les vaisseaux sanguins se divisent en trois types:

- Les artères transportent le sang qui sort du cœur. Lorsque le cœur se contracte, les artères situées près du cœur reçoivent d'un coup un volume important de sang. Pour résister à ce stress, leur paroi renferme d'épaisses fibres élastiques (voir la figure 4.29) qui leur permettent de s'étirer, puis de se vider en reprenant graduellement leur forme initiale. Un peu plus loin, les artères se divisent en vaisseaux sanguins plus petits: les artérioles. Rendues au niveau des organes, les artérioles se ramifient à leur tour en vaisseaux encore plus petits: les capillaires.

- Les capillaires sont les plus petits vaisseaux sanguins du corps (voir la figure 4.30). La paroi des capillaires est très mince et parfois même perforée, ce qui facilite la diffusion des nutriments et de l'oxygène vers les cellules. Les capillaires pénètrent tous les tissus et tous les organes, permettant ainsi à toutes les cellules du corps de recevoir les éléments nécessaires à leur fonctionnement. Les cellules peuvent alors charger le sang des capillaires des déchets cellulaires, qui seront transportés vers les veinules, les veines et le cœur (voir la figure 4.31).

- Les veines sont les vaisseaux sanguins qui ont pour rôle de ramener le sang vers le cœur. Les parois des veines sont plus minces que celles des artères et sont moins élastiques. Toutefois, un grand volume de sang peut y circuler, car l'espace interne y est très grand. Elles disposent de petites valves (valvules) qui facilitent le retour du sang vers le cœur (voir la figure 4.32). En effet, le sang doit lutter contre la force de gravité pour remonter vers le cœur. Les veines plus petites sont appelées veinules.

info +

Le cœur a pour fonction de faire circuler du sang dans les vaisseaux sanguins de tout l'organisme. Chez l'être humain, la distance que le sang doit parcourir dans les vaisseaux sanguins est évaluée à 100 000 km! Il a également été estimé qu'il faut 3 km de capillaires de plus pour chaque kilogramme de gras supplémentaire!

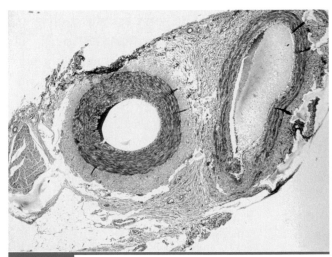

FIG. **4.29** **Vue en coupe d'une artère à gauche (paroi plus épaisse) et d'une veine à droite (X 48).**

FIG. **4.30** **Petites artérioles se ramifiant en vaisseaux plus petits (capillaires).**

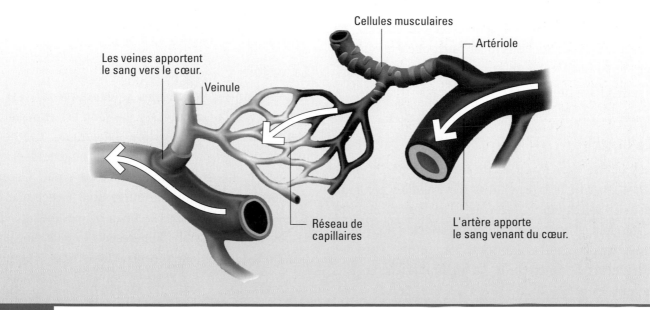

Cellules musculaires

Artériole

Les veines apportent
le sang vers le cœur.

Veinule

Réseau de
capillaires

L'artère apporte
le sang venant du cœur.

FIG. 4.31 Circulation sanguine dans les capillaires.
La circulation du sang s'effectue de l'artériole vers le capillaire puis du capillaire vers la veinule.

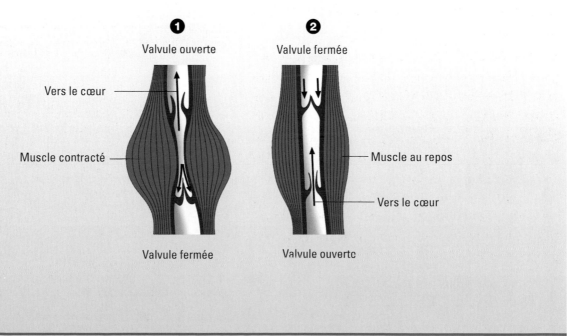

❶ Valvule ouverte

❷ Valvule fermée

Vers le cœur

Muscle contracté

Muscle au repos

Vers le cœur

Valvule fermée

Valvule ouverte

FIG. 4.32 Structure des veines.
Les veines comportent des valvules qui ramènent le sang vers le cœur.

3.6 La physiologie du cœur

Le cœur se contracte à toutes les 0,8 seconde en suivant un rythme. Ce rythme cardiaque est contrôlé par le système nerveux et comprend :

• une phase de relaxation, la diastole ;

• une phase de contraction appelée systole.

La diastole

Les quatre cavités du cœur sont au repos, c'est la diastole (voir la figure 4.33). Les valvules auriculo-ventriculaires sont fermées. Les ventricules se détendent et leur volume augmente, ce qui entraîne une baisse de la pression sanguine. Puis les oreillettes se contractent. La pression du sang, plus élevée dans les oreillettes, provoque l'ouverture des valvules auriculo-ventriculaires. Le sang remplit les ventricules.

La systole

À leur tour, les ventricules se contractent, c'est la systole (voir la figure 4.33). Le sang est expulsé du cœur dans l'aorte et l'artère pulmonaire. Ces deux artères sont munies de valvules (les sigmoïdes) qui empêchent le sang de refluer vers le cœur. Chaque portion de ce cycle a une durée de 0,4 seconde. En palpant les artères sous la peau du poignet ou des tempes, il est possible de percevoir la pulsation due à la pression de chaque contraction ; c'est le pouls.

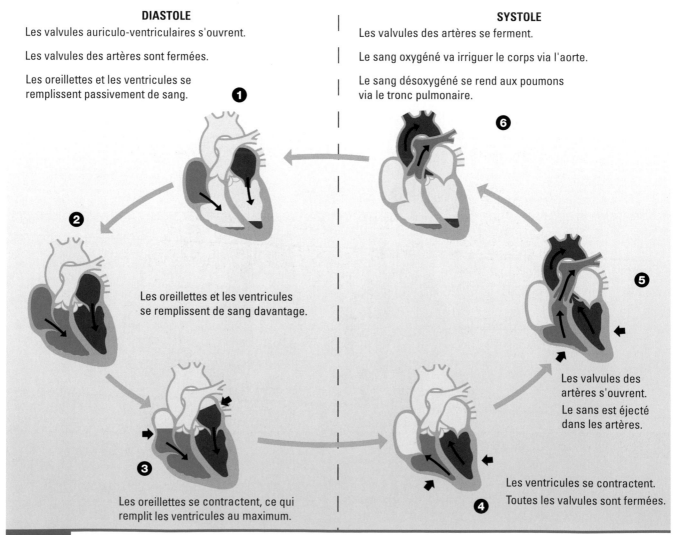

DIASTOLE

Les valvules auriculo-ventriculaires s'ouvrent.

Les valvules des artères sont fermées.

Les oreillettes et les ventricules se remplissent passivement de sang.

❶

❷

Les oreillettes et les ventricules se remplissent de sang davantage.

❸

Les oreillettes se contractent, ce qui remplit les ventricules au maximum.

SYSTOLE

Les valvules des artères se ferment.

Le sang oxygéné va irriguer le corps via l'aorte.

Le sang désoxygéné se rend aux poumons via le tronc pulmonaire.

❻

❺

Les valvules des artères s'ouvrent. Le sans est éjecté dans les artères.

❹ Les ventricules se contractent. Toutes les valvules sont fermées.

FIG. 4.33 Rythme cardiaque, comprenant la diastole et la systole.

3.7 La circulation du sang

Le réseau d'artères, de veines et de capillaires sanguins permet au sang de circuler dans le corps en empruntant deux circuits: la circulation pulmonaire (petite circulation) et la circulation systémique (grande circulation).

La circulation pulmonaire, ou petite circulation, commence par l'expulsion du sang veineux du ventricule droit vers le tronc pulmonaire (voir la figure 4.34). Celui-ci se divise en artères pulmonaires droite et gauche et achemine aux poumons le sang riche en CO_2. Le CO_2 quitte le sang et entre dans les alvéoles, tandis que l'O_2 se diffuse dans le sang. Le sang maintenant enrichi en oxygène est transporté vers l'oreillette gauche par quatre veines pulmonaires.

info +

Le cœur d'une souris bat 500 fois par minute, alors que celui d'un éléphant ne bat que 25 fois pendant le même intervalle. Chez l'éléphant, la distance que le sang a à parcourir ainsi que le volume de sang à faire circuler expliquent cette différence.

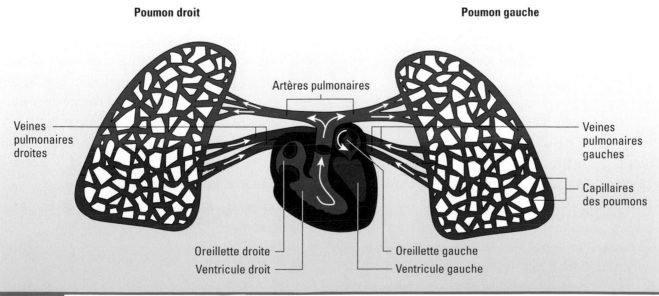

Poumon droit

Poumon gauche

Artères pulmonaires

Veines pulmonaires droites

Veines pulmonaires gauches

Capillaires des poumons

Oreillette droite
Ventricule droit

Oreillette gauche
Ventricule gauche

FIG. 4.34 Circulation pulmonaire ou petite circulation.

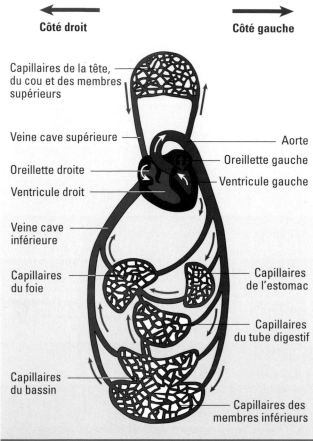

Côté droit ←   → **Côté gauche**

Capillaires de la tête, du cou et des membres supérieurs

Veine cave supérieure

Oreillette droite

Ventricule droit

Veine cave inférieure

Capillaires du foie

Capillaires du bassin

Aorte

Oreillette gauche

Ventricule gauche

Capillaires de l'estomac

Capillaires du tube digestif

Capillaires des membres inférieurs

FIG. 4.35   Circulation systémique ou grande circulation.

La circulation systémique, aussi appelée grande circulation, apporte dans tout l'organisme le sang chargé d'oxygène. L'expulsion du sang oxygéné par le ventricule gauche marque le début de ce circuit. Il se poursuit dans l'aorte, qui se divise en ramifications qui vont rejoindre la tête, les membres supérieurs (bras), les organes de l'abdomen et les membres inférieurs (jambes).

Après avoir irrigué toutes les cellules de l'organisme, le sang fait un retour vers le cœur par une série de capillaires, de veinules et de veines de plus en plus grosses. Le sang est canalisé dans les veines caves supérieure et inférieure qui ramènent le sang veineux dans l'oreillette droite (voir la figure 4.35).

3.8 La mesure de la pression sanguine

Tout le long de son parcours dans le corps humain, le sang exerce sur les parois des vaisseaux sanguins une pression variable. Au niveau des artères, cette pression doit demeurer assez élevée pour que le sang pénètre dans le fin réseau des capillaires. Sans cette dernière, les échanges entre le sang et les cellules ne peuvent s'accomplir.

La mesure de la pression du sang dans les artères, appelée pression artérielle ou tension artérielle, se mesure avec un sphygmomanomètre (voir la figure 4.36). Cet appareil mesure la pression sanguine sur l'artère pendant la systole et la diastole. Au moment de la contraction des ventricules, une onde se propage dans les artères. C'est cette pression que mesure l'appareil (tension systolique). Une deuxième mesure de la force de cette onde est prise pendant la période de repos (tension diastolique). La tension artérielle d'un adolescent de 15 ans est de 15,0 kPa sur 9,9 kPa, comme l'indique le tableau 4.5.

Exercices pour cette section, pages 204 à 206.

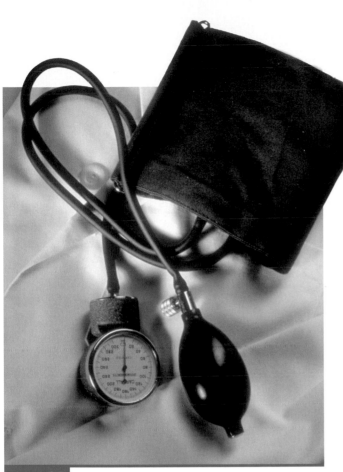

FIG. 4.36 Sphygmomanomètre.

info +

Dans le domaine des sciences médicales, la pression est encore mesurée en mm de Hg (millimètre de mercure). La tension artérielle d'un adolescent de 15 ans sera alors, en mm de Hg, de 112,5 sur 74,25 (conversion : 7,5 mm de Hg = 1 kPa). Pour un adulte, la tension artérielle normale tourne autour de 120 sur 80 mm de Hg.

TABLEAU 4.5 Évolution de la tension artérielle selon l'âge et le sexe.

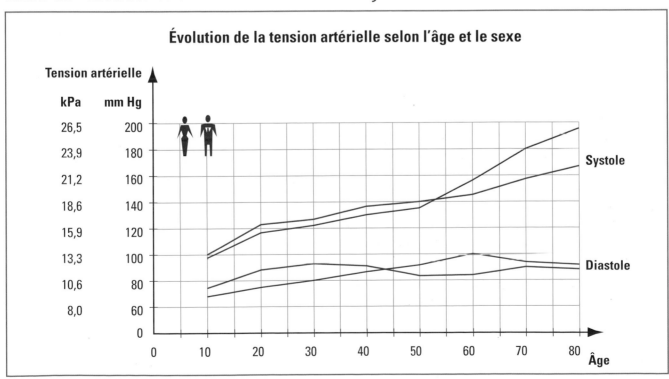

4 L'ANATOMIE ET LA PHYSIOLOGIE DU SYSTÈME LYMPHATIQUE

Le système lymphatique est composé :

- d'un liquide : la lymphe ;
- des vaisseaux chargés de son transport : les vaisseaux lymphatiques ;
- des organes annexes : les ganglions lymphatiques, le thymus, la rate, les amygdales.

La fonction du système lymphatique est de drainer la lymphe et de protéger l'organisme contre les envahisseurs. Le système lymphatique combat les microbes pathogènes, qui sont nuisibles pour la santé.

4.1 La lymphe

Le plasma et les globules blancs sortis des capillaires sanguins forment la lymphe. La lymphe est le liquide nutritif dans lequel baignent les cellules de l'organisme. Elle approvisionne les cellules en eau, en nutriments et en sels minéraux.

4.2 Les vaisseaux lymphatiques

Lorsque le plasma quitte les capillaires sanguins pour nourrir les cellules, on l'appelle liquide interstitiel. Ce liquide circule constamment et se renouvelle (voir la figure 4.37). Il retourne au système sanguin de deux façons : en traversant directement les parois des capillaires ou en empruntant les vaisseaux lymphatiques. Par ce dernier moyen, le liquide, sous la forme de lymphe, passe des capillaires lymphatiques à des vaisseaux de plus en plus gros, pour finalement rejoindre les vaisseaux sanguins dans les conduits lymphatiques au niveau du thorax. Ce réseau de transport porte le nom de système lymphatique (voir la figure 4.38).

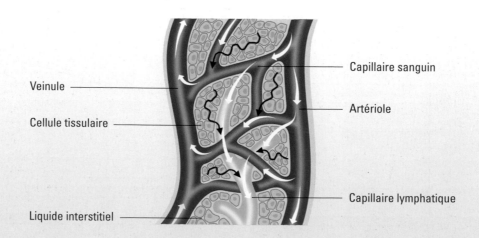

FIG. 4.37 **Circulation du liquide interstitiel.**

Relation entre les capillaires lymphatiques avec les cellules tissulaires et les capillaires sanguins.

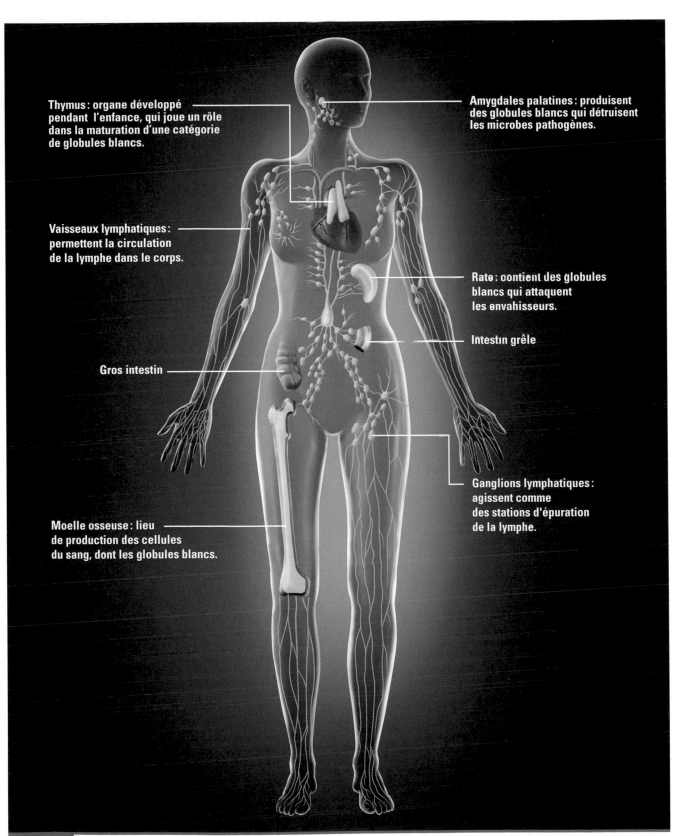

Thymus: organe développé pendant l'enfance, qui joue un rôle dans la maturation d'une catégorie de globules blancs.

Amygdales palatines: produisent des globules blancs qui détruisent les microbes pathogènes.

Vaisseaux lymphatiques: permettent la circulation de la lymphe dans le corps.

Rate: contient des globules blancs qui attaquent les envahisseurs.

Intestin grêle

Gros intestin

Ganglions lymphatiques: agissent comme des stations d'épuration de la lymphe.

Moelle osseuse: lieu de production des cellules du sang, dont les globules blancs.

FIG. 4.38 Système lymphatique.

4.3 Les organes annexes

De petites glandes ou ganglions lymphatiques répartis le long des vaisseaux lymphatiques agissent comme des filtres (voir la figure 4.39). Les microbes et les substances nocives y sont recueillis. Les globules blancs présents dans les ganglions se chargent de les éliminer. Au moment d'une inflammation des ganglions, il est possible de les palper sous la peau. Leur inflammation révèle la présence d'une infection.

La moelle osseuse, le thymus, la rate et les amygdales ont aussi un rôle à jouer pour assurer la défense de l'organisme contre les microbes pathogènes.

Tout comme les globules rouges, les plaquettes et plus spécialement les globules blancs sont formés par un type particulier de moelle osseuse, la moelle rouge.

Le thymus est un organe lymphatique situé entre les poumons et le sternum; il se compose habituellement de deux lobes. Il atteint sa masse maximale d'environ 40 g au début de la puberté (entre 10 et 12 ans). Le tissu formant le thymus, appelé tissu thymique, est progressivement remplacé par de la graisse et du tissu conjonctif après la puberté. Le thymus jouera néanmoins, durant toute la vie de l'individu, un rôle important dans le processus de maturation de certains types de globules blancs (lymphocytes T).

La rate, autre organe lymphatique, est située à gauche du corps, entre l'estomac et le diaphragme. Elle mesure environ 12 cm de long. La rate contribue de plusieurs manières à la défense du corps. Sa principale fonction est de phagocyter les bactéries,

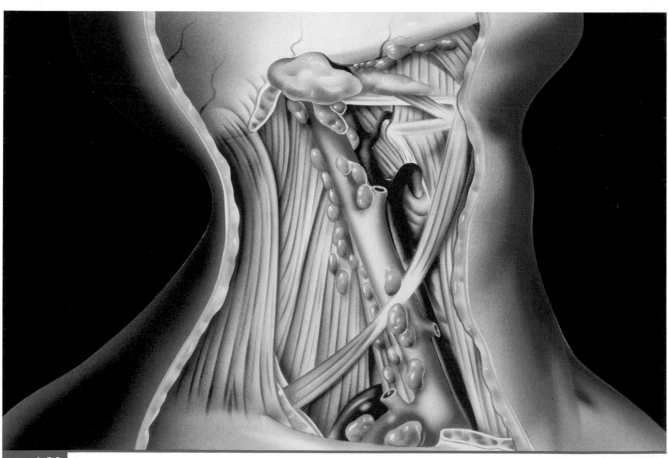

FIG. 4.39 Position des ganglions lymphatiques (en vert) dans le cou.

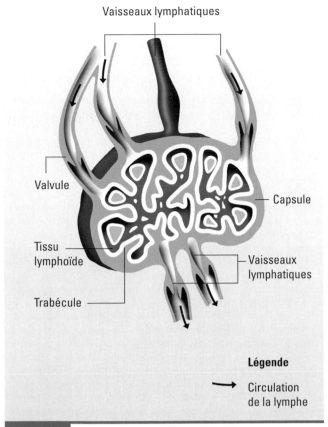

Légende

→ Circulation
de la lymphe

FIG. 4.40 Structure d'un ganglion lymphatique.

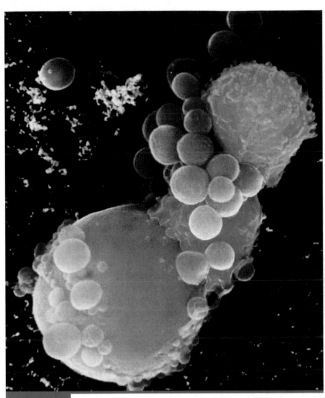

FIG. 4.41 Lymphocyte orangé attaquant une cellule cancéreuse rosée.

les globules rouges endommagés ou usés ainsi que les plaquettes. Elle libère également un type de globules blancs (lymphocytes B) produisant des anticorps qui prennent part à la lutte contre les substances envahissantes. De plus, la rate emmagasine jusqu'à 30 % des plaquettes, ainsi que du sang qu'elle libèrera en cas de besoin.

Finalement, les amygdales, qui se trouvent dans la région du pharynx et de la langue, ont pour fonction de barrer la route aux substances étrangères qui pourraient être inhalées ou ingérées.

4.4 Le système immunitaire

L'immunité est la capacité de l'organisme à se défendre lui-même contre les envahisseurs tels que les bactéries, les virus, les toxines et toute autre substance étrangère. L'ensemble des substances qui envahissent le corps sont appelées antigènes.

Le système immunitaire se compose de tous les éléments permettant de neutraliser ces substances étrangères ; c'est le système de défense du corps. Les globules blancs, les structures qui les fabriquent et les anticorps font partie du système immunitaire.

Pour combattre les antigènes, les globules blancs agissent de deux façons. D'abord, lorsqu'une infection survient, certains globules blancs grossissent pour devenir hautement phagocytaires ; ils deviennent alors des macrophages ; ils peuvent ainsi attaquer plus efficacement les substances envahissantes. Deuxièmement, ils fabriquent également des anticorps. Les anticorps sont des protéines produites pour lutter spécifiquement contre ces envahisseurs (voir la figure 4.41).

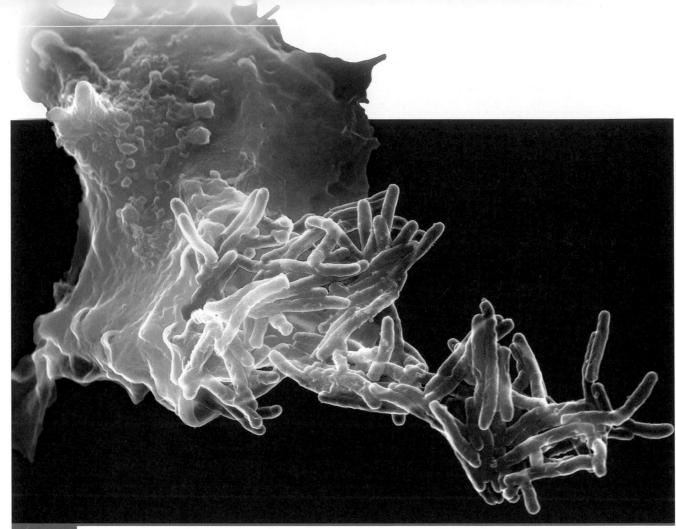

Globule blanc (coloré en jaune) mangeant des bactéries après une vaccination contre la tuberculose (X 4900). La vaccination stimule la production d'anticorps.

TABLEAU **4.6** **Principaux vaccins.**

DCT	Protège contre la diphtérie, la coqueluche et le tétanos.
Salk ou Sabin	Protège contre la poliomyélite.
BCG	Protège contre la tuberculose.
RRO	Protège contre la rougeole, la rubéole et les oreillons.

À la naissance, l'organisme possède une immunité contre certaines maladies. Cette immunité innée est dite immunité constitutive. Elle est non spécifique à des antigènes en particulier. L'administration d'un vaccin ou le contact avec certains envahisseurs stimule également l'immunité de l'organisme : cette immunité est nommée immunité acquise. Elle est spécifique. Le corps garde en mémoire les caractéristiques des envahisseurs. S'ils se présentent une autre fois, la réaction sera plus rapide et plus efficace.

4.5 La vaccination

Un vaccin renferme généralement des bactéries ou des virus morts ou affaiblis. Ainsi, lorsque le vaccin est injecté dans l'organisme, celui réagit en produisant des anticorps, et cela sans subir la maladie (voir la figure 4.42). Ces anticorps pourront plus tard combattre cette même maladie si une vraie infection survient.

Toutefois, l'immunité que procure un vaccin n'est pas toujours permanente, car l'organisme peut finir par oublier l'identité de l'agresseur.

Le tableau 4.6 indique les principaux vaccins ainsi que les infections dont ils nous protègent.

La vaccination est très utile pour éviter de grandes épidémies de maladie contagieuse à l'échelle de la planète. À titre d'exemple, la variole, une maladie virale très contagieuse qui tuait une personne atteinte sur cinq, a été complètement éradiquée (éliminée) en 1977 grâce à de nombreuses campagnes de vaccination.

Par contre, certaines maladies ne peuvent pas encore être contrôlées par des vaccins, notamment le sida (syndrome immunodéficitaire acquis), l'hépatite C ou la fasciite nécrosante (la bactérie mangeuse de chair).

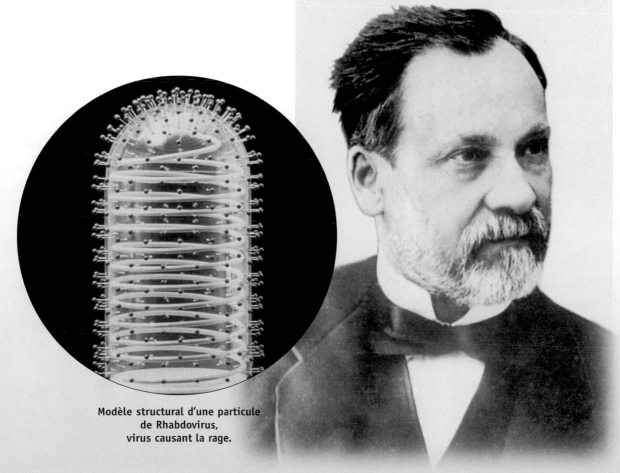

Modèle structural d'une particule de Rhabdovirus, virus causant la rage.

Louis Pasteur

4.6 La fabrication de vaccins

Certains vaccins existent depuis très longtemps et ont même servi à éradiquer des maladies telles que la poliomyélite de type 2. Toutefois, certaines maladies, comme la plupart des maladies transmissibles sexuellement (MTS), ne peuvent pas encore être combattues par des vaccins efficaces. Les recherches continuent et la création de nouveaux vaccins permettra d'augmenter l'immunité aux diverses maladies.

Il existe trois grandes familles de vaccins :

- vaccins atténués ;
- vaccins inactivés ;
- vaccins issus du génie génétique.

Ces trois types de vaccins sont formés de manières très différentes.

Les vaccins atténués

Pour fabriquer des vaccins atténués, les chercheurs et chercheuses utilisent des microorganismes vivants qu'ils et elles modifient par passages successifs dans divers animaux. Le microbe s'adapte au nouvel organisme et devient inoffensif pour l'être humain. Cependant, le microbe conserve la capacité de faire produire des anticorps par l'organisme humain. Donc, lorsqu'une personne vaccinée est en contact avec une maladie, son corps possède déjà les anticorps nécessaires à sa défense. La méthode utilisée afin d'induire des mutations à un pathogène est d'effectuer des passages. Le vaccin oral contre la poliomyélite est un exemple de vaccin atténué.

Les vaccins inactivés

Les vaccins inactivés sont constitués de microorganismes tués, ou inactifs. L'inactivation des microbes empêche leur multiplication et peut s'effectuer par divers procédés, par exemple par la chaleur et le formol. L'organisme humain reconnaît le microbe inactif et produit des anticorps contre lui sans contracter la maladie. Le vaccin contre l'influenza constitue un exemple de vaccin inactivé.

Les vaccins issus du génie génétique

Il y a deux méthodes d'élaboration des vaccins issus du génie génétique. La première constitue à cibler, sur le microorganisme, les gènes responsables du développement de la maladie et à les rendre inactifs. On crée alors un mutant qui est incapable de causer une infection, mais qui active le système immunitaire. La deuxième méthode consiste à utiliser seulement des fragments du microbe. Au lieu de contenir des microorganismes entiers, le vaccin renferme seulement les molécules antigéniques de celui-ci (molécules responsables de la formation d'anticorps). Le vaccin contre l'hépatite B est créé de cette façon.

Exercices pour cette section, page 206.

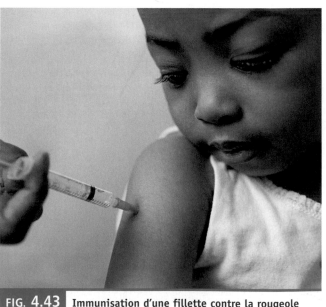

FIG. 4.43 Immunisation d'une fillette contre la rougeole à l'aide d'un vaccin.

CARDIOLOGUE : LE SYSTÈME CARDIOVASCULAIRE SOUS SURVEILLANCE

Les maladies du cœur et les accidents vasculaires cérébraux constituent la première cause de mortalité au Canada. Beaucoup de médecins se spécialisent donc dans ce domaine afin d'enrayer les infarctus, les insuffisances cardiaques et l'hypertension qui menacent la population. Les rôles des cardiologues sont de voir au dépistage, au diagnostic, au traitement et à la prévention des maladies du cœur et des problèmes de circulation sanguine.

Les cardiologues font d'abord passer aux patients différents examens. Les électrocardiogrammes, les épreuves d'efforts et les scanners du cœur sont des exemples d'examens effectués par ces spécialistes du cœur. L'analyse des résultats leur permet d'obtenir des renseignements sur l'état de santé des personnes et de poser des diagnostics.

À la suite de l'examen, les cardiologues prescrivent des médicaments, des traitements et conseillent leurs patients sur le mode de vie à adopter. Au besoin, la personne examinée pourra être dirigée vers des spécialistes de la chirurgie cardiaque.

INHALOTHÉRAPEUTE : À LA RECHERCHE DU SOUFFLE DE VIE

Les inhalothérapeutes sont des spécialistes du système cardiorespiratoire. Ayant suivi une formation de niveau collégial, ces techniciens et techniciennes collaborent avec les cardiologues au cours de situations d'urgence, telles que les arrêts cardiaques ou respiratoires, afin de maintenir ou de favoriser le fonctionnement des voies respiratoires. Pour ce faire, les inhalothérapeutes peuvent utiliser un respirateur artificiel, tout autre appareil d'oxygénation ou administrer des médicaments par les voies respiratoires. Ce travail consiste aussi à assister les anesthésistes en salle de chirurgie pour surveiller les fonctions vitales des patients. De plus, les inhalothérapeutes collaborent avec les médecins pneumologues dans le traitement de certaines maladies respiratoires comme l'asthme, l'emphysème et la fibrose kystique.

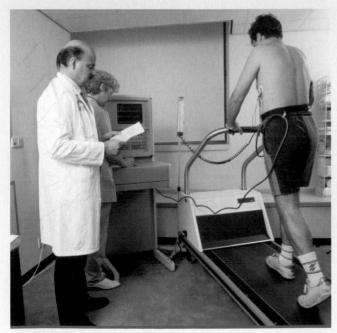

Cardiologue analysant le système cardiaque d'un patient qui subit un examen d'épreuve d'effort.

Prise d'un médicament aérosol sous la surveillance d'un inhalothérapeute.

SITUATIONS D'APPRENTISSAGE ET D'ÉVALUATION

Situation nᵒ ①

Tour cycliste

Mise en situation

Le journal local annonce en première page le tour cycliste Québec sur deux roues, qui s'arrêtera dans votre région très prochainement. Plusieurs jeunes aimeraient y participer, mais tous ne savent pas qu'il faut s'entraîner pour une telle épreuve. En tant que membres de l'équipe d'entraîneurs et entraîneuses de la section Loisirs et Sports de la municipalité, vous avez le contrat de faire la tournée des écoles de la région pour sensibiliser les jeunes à l'exercice physique et faire la promotion de cet événement sportif.

Pour atteindre cet objectif, vous désirez mettre sur pied quelques activités qui mettront en évidence l'anatomie et la physiologie des systèmes respiratoire et circulatoire.

Plan d'action

Le plan d'action regroupe les tâches à effectuer pour recueillir les éléments qui feront partie de votre portfolio.

Tâches:

- Déterminer les changements physiologiques que subit le corps au cours d'exercices physiques.
- Connaître et identifier les parties de la structure du cœur afin d'expliquer la circulation sanguine dans le cœur.
- Illustrer et expliquer les variations de pression au cours de la respiration en construisant le modèle d'un poumon.
- Illustrer la circulation sanguine dans le corps et la circulation sanguine dans le cœur humains afin de montrer le lien entre les systèmes respiratoire et circulatoire.

Athlètes en compétition au tour cycliste du Danemark en 2006.

Mission finale

Préparer un portfolio en vue de s'en servir pour sensibiliser les jeunes à l'exercice physique et promouvoir le tour cycliste Québec sur deux roues. Ce portfolio doit inclure les éléments ci-dessous :

- les fiches de l'élève liées à la situation d'apprentissage ;
- une présentation sous la forme d'affiches, de brochures, de transparents, de documents informatisés, etc., des informations que vous aurez recueillies.

Les tâches qui vous permettront de préparer votre portfolio contribueront aussi à favoriser le développement des compétences suivantes :

Compétence disciplinaire 1

Chercher des réponses ou des solutions à des problèmes d'ordre scientifique ou technologique.

Compétence disciplinaire 3

Communiquer à l'aide des langages utilisés en science et technologie.

Compétence transversale 1

Exploiter l'information.

Situation nᵒ ②

Délit de fuite ?

Mise en situation

Les techniciens et techniciennes d'un laboratoire médico-légal ont reçu aujourd'hui un cas assez étrange à résoudre. Voici les faits contenus dans le rapport qui leur a été remis. Une personne a été renversée par une voiture, mais l'individu qui était au volant a pris la fuite. Du sang a été trouvé sur le pare-chocs et les phares d'une automobile suspecte. Au cours de son interrogatoire, la personne qui conduisait a nié avoir heurté qui que ce soit, mais ne parvient pas à expliquer la présence du sang sur son véhicule. On prélève donc ce sang pour en faire l'analyse. Afin de préparer un dossier solide, les enquêteurs et enquêteuses doivent réunir certaines informations afin de les communiquer au tribunal.

La présente activité vous met au défi d'examiner au microscope différents échantillons sanguins afin d'en déterminer les différents constituants et de faire ainsi la lumière sur cette enquête.

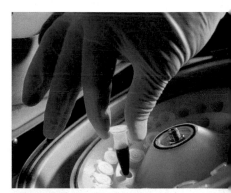

Une centrifugeuse, en tournant à grande vitesse, permet de séparer les cellules sanguines du plasma.

Situation n° ③

Carambolage sur la route !

Mise en situation

Un carambolage monstre sur la route ! Un incendie s'est déclaré et l'explosion d'un réservoir d'essence a fait plusieurs personnes blessées. Les secours sont sur les lieux et la banque de sang ne peut répondre à la demande. Il est alors décidé d'organiser une collecte de sang dans la localité voisine.

Voici la liste des besoins :

- 25 victimes du groupe sanguin A+
- 15 victimes du groupe sanguin A-
- 5 victimes du groupe sanguin B+
- 7 victimes du groupe sanguin B-
- 8 victimes du groupe sanguin AB+
- 14 victimes du groupe sanguin AB-
- 12 victimes du groupe sanguin O+
- 9 victimes du groupe sanguin O-

La localité voisine compte une population de 1400 individus. Sachant que chaque personne accidentée de la route nécessite 10 dons de sang, qu'il est préférable de transfuser un individu avec du sang de son groupe sanguin et qu'il a fallu refuser les dons de sang de 10 donneurs du groupe O+, 15 du groupe A+ et 2 du groupe B-, tous les besoins en sang seront-ils comblés ou faudra-t-il faire appel à des donneurs d'une autre localité ?

Vous devrez, dans cette activité, répondre à cette question pressante, en plus d'informer la population sur les principes biologiques qui déterminent la compatibilité sanguine.

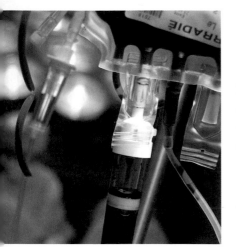

Transfusion sanguine pendant une opération.

Situation n° ④

À bout de souffle !

Mise en situation

À la télévision, une reporter décrit les exploits d'un groupe d'alpinistes qui gravissent le mont Annapurna au Népal. La marche semble pénible, chaque pas demande beaucoup d'énergie. Les alpinistes sont épuisés. Ils ont presque atteint le sommet, mais il leur faudra encore plusieurs minutes pour l'atteindre. En effet, après chaque pas, ils s'arrêtent, cherchent leur souffle et font un seul autre pas avant de s'arrêter encore. Pourquoi ? Au départ, lorsque les alpinistes étaient au camp de base, tous montraient une forme surprenante.

La reporter désire nous faire découvrir par son reportage le fonctionnement du système respiratoire. À la toute fin du reportage, elle pose les questions suivantes :

- Quel est l'effet de l'altitude sur la capacité respiratoire ?
- En quoi la pratique d'un sport agit-elle sur le système pulmonaire et le système circulatoire d'un individu ?
- En quoi la viscosité du sang influe-t-elle sur la capacité du système cardio-vasculaire ?

La présente activité vous invite à répondre à ces questions qui portent sur trois facteurs de la capacité respiratoire et circulatoire d'un individu.

Le mont Annapurna (8167 m) dans la chaîne de l'Himalaya au Népal.

Situation nº ⑤

Le système lymphatique 📄

Mise en situation

Plusieurs examens et évaluations ont eu lieu à l'école. Une semaine remplie de stress. Rosalie s'est présetée en classe, mais elle n'est pas en bonne forme. Elle ne sait pas trop ce qu'elle a. Rosalie a lu un article qui expliquait que le stress altérait la santé du système lymphatique. L'article décrivait le rôle du système lymphatique et mentionnait certaines pathologies: l'amygdalite, la mononucléose et la maladie de Hodgkin. Une de ces maladies expliquerait-elle ses malaises? Elle a reçu plusieurs vaccins dans son enfance. Est-elle vaccinée contre ces maladies? Qu'est-ce que c'est, au juste, un vaccin? Elle aimerait bien trouver des réponses à ses interrogations.

Vous voulez aider Rosalie. La présente activité vous propose justement d'entreprendre une recherche sur les malaises liés au système lymphatique afin de répondre le mieux possible à ses diverses interrogations.

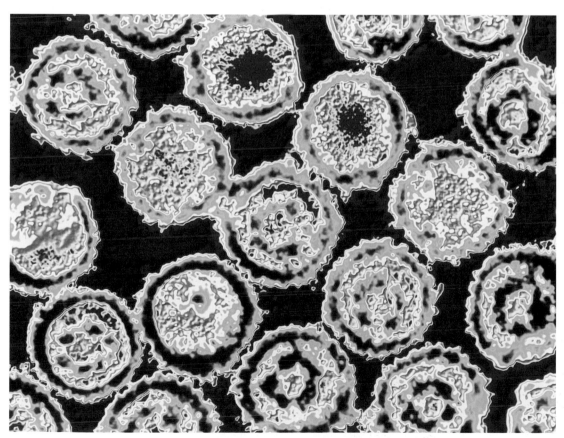

Groupe de virus Epstein-Barr pouvant causer la mononucléose. Microscope électronique à transmission (X 192 000).

1 Les réseaux de transport

1. Reproduisez le tableau ci-dessous et inscrivez la fonction générale de chacun des systèmes dans la colonne de droite du tableau.

SYSTÈME	FONCTION
Système respiratoire	
Système circulatoire	
Système lymphatique	

2 L'anatomie et la physiologie du système respiratoire

2. Identifiez les structures anatomiques du système respiratoire indiquées sur le schéma ci-dessous.

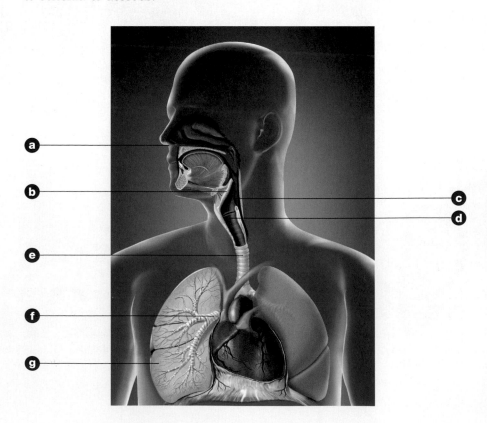

3. **a)** Quels sont les constituants de l'air pur et leurs pourcentages respectifs?

   b) Quels constituants de l'air participent aux échanges gazeux dans les alvéoles?

   c) Quel rôle l'azote joue-t-il dans l'air?

   d) Quel est le rôle des autres constituants de l'air?

4. Quels sont les rôles des fosses nasales?

5. Quelles sont les fonctions des poils, des cils vibratiles et du mucus présents dans les voies respiratoires?

6. À l'aide du tableau suivant, associez les descriptions aux organes correspondants du système respiratoire.

DESCRIPTION	ORGANE
a) Structure plus proéminente chez l'homme que chez la femme.	1) Cordes vocales
b) Pièce de cartilage mobile qui ferme le larynx pour empêcher les aliments solides ou liquides d'entrer dans la trachée.	2) Pharynx
c) Carrefour des voies digestives et respiratoires.	3) Trachée
d) Membrane du larynx formée de replis tendus entre deux pièces de cartilage.	4) Épiglotte
e) Tube qui permet la transmission de l'air du larynx aux bronches.	5) Larynx

7. En combien de lobes se divise le poumon droit? Le poumon gauche?

8. **a)** Que sont les plèvres?

   b) À quoi servent-elles?

   c) Comment se nomme le liquide situé entre les plèvres?

   d) Quelle est l'utilité de ce liquide?

9. Faites un schéma de la structure interne des poumons. Sur le schéma, représentez et identifiez les éléments de la banque de mots ci-dessous.

- Alvéole
- Poumons
- Plèvre
- Bronchiole
- Sac alvéolaire
- Bronche
- Trachée

10. Reproduisez et remplissez un tableau semblable à celui ci-dessous.

	DURANT L'INSPIRATION	DURANT L'EXPIRATION
Sternum	se soulève	s'abaisse
Côtes		
Diaphragme		
Volume des poumons		
Pression dans les poumons		
Mouvement de l'air		

11. Indiquez si les énoncés suivants sont vrais ou faux.

a) Les particules à l'intérieur d'un fluide compressible garderont toujours la même distance entre elles, peu importe l'ampleur de la force appliquée sur ce dernier.

b) La pression correspond à une force appliquée sur une surface.

c) Les liquides sont habituellement des fluides incompressibles.

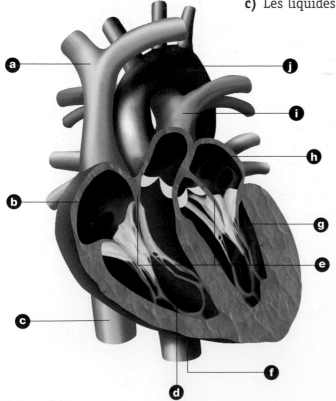

3 L'anatomie et la physiologie du système circulatoire

12. Identifiez les structures anatomiques indiquées ci-contre.

13. a) Nommez les éléments figurés du sang.

b) Indiquez la fonction de chacun.

c) Nommez le constituant liquide du sang.

d) Quel constituant solide est présent en plus grande quantité dans le sang ?

14. Reproduisez l'illustration ci-dessous et complétez-la en illustrant les phénomènes de la diapédèse et de la phagocytose.

15. a) Combien de groupes sanguins existe-t-il chez les êtres humains ?

b) Nommez-les et expliquez comment on les désigne.

c) Dessinez un diagramme décrivant la règle de compatibilité des groupes sanguins.

d) Sur le diagramme, encerclez en rouge le donneur universel et en bleu le receveur universel.

e) Donnez la répartition en pourcentage de chacun des groupes sanguins dans la population québécoise.

16. Écrivez les mots qui devraient apparaître dans les espaces vides **a)** à **j)** du tableau et de l'illustration ci-dessous.

ARTÈRES	CAPILLAIRES	VEINES
Les artères transportent le sang du **a)** vers les **b)**. Pour résister aux variations de volume, leurs parois sont formées d'épaisses fibres élastiques qui leur permettent de **c)**.	Les capillaires sont les plus **d)** vaisseaux sanguins. La minceur de la paroi des capillaires, qui peut même être perforée, facilite la **e)**.	Les veines ramènent le sang au **f)**. Leurs parois sont plus **g)** que celles des artères, mais l'espace interne est plus large. De petites **h)** facilitent le retour du sang vers le cœur.

i)   **j)**

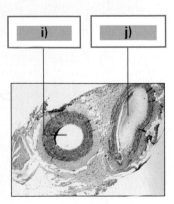

17. a) Décrivez les phénomènes qui se produisent au cours de la systole et de la diastole.

b) En prenant votre pouls au niveau du poignet ou du cou, faites le lien entre celui-ci et ces deux phases du fonctionnement du cœur.

18. a) Construisez un schéma illustrant à la fois la circulation pulmonaire et la circulation systémique. Assurez-vous de les dessiner à l'échelle l'une par rapport à l'autre et de bien nommer les différentes parties sur votre schéma.

b) Coloriez en rouge le trajet du sang oxygéné et en bleu le trajet du sang vicié.

4 L'anatomie et la physiologie du système lymphatique

19. Quelle est la fonction du système lymphatique ?

20. Sur l'illustration apparaissant dans la marge, identifiez les structures appartenant au système circulatoire ou lymphatique.

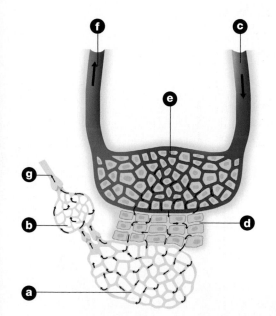

21. Reproduisez le tableau ci-dessous pour décrire le plasma, la lymphe et le liquide interstitiel.

PLASMA	LYMPHE	LIQUIDE INTERSTITIEL

22. Indiquez si les énoncés suivants sont vrais ou faux.

a) Le tissu formant le thymus commence à être remplacé par de la graisse dès la naissance.

b) Les amygdales sont situées près de la langue et de la gorge.

c) Une des fonctions de la rate est d'éliminer les globules rouges endommagés.

d) Les globules blancs sont formés à l'intérieur de la moelle osseuse rouge.

23. a) Qu'est-ce que l'immunité ?

b) Quelle est la différence entre l'immunité acquise et l'immunité constitutive ?

24. a) Quel est le principe du fonctionnement d'un vaccin ?

b) Est-il possible de produire des vaccins contre toutes les maladies ? Sinon, nommez quelques-unes des maladies qui ne peuvent être combattues par un vaccin.

c) Quelles sont les utilités de la vaccination ?

d) Vous êtes-vous déjà fait vacciner ? Si oui, pour quelles maladies ?

Synthèse

1. Reproduisez le schéma ci-contre et complétez-le en suivant les consignes.

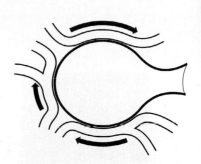

   a) Dessinez en bleu les globules rouges riches en dioxyde de carbone.

   b) Dessinez en rouge les globules rouges riches en oxygène.

   c) Indiquez par une flèche bleue la direction du mouvement du dioxyde de carbone entre l'alvéole et le capillaire sanguin.

   d) Indiquez par une flèche rouge la direction du mouvement de l'oxygène entre l'alvéole et le capillaire sanguin.

2. Complétez les phrases suivantes pour décrire la respiration pulmonaire.

   La respiration est un déplacement d'air qui s'effectue d'une zone de **a)** pression vers une zone de **b)** pression. C'est la variation du **c)** de la cage thoracique qui permet la respiration. Au cours de l'inspiration, le diaphragme **d)** et les côtes **e)** . Il se crée alors dans les poumons une zone de **f)** pression. Les molécules d'air qui restent dans les poumons occupent maintenant un volume **g)** . L'air s'engouffre donc de l'extérieur vers **h)** ; c'est l' **i)** .

   Inversement, lorsque le volume de la cage thoracique diminue, la pression interne dans les poumons **j)** . L'air se déplace maintenant des poumons vers **k)** , de la zone de **l)** pression vers la zone de **m)** ; c'est l' **n)** .

3. Observez les illustrations ci-dessous.

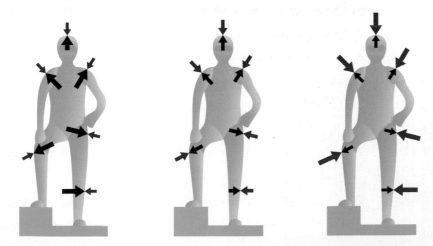

   a) Quel personnage est en vacances au bord de la mer ? Expliquez votre choix.

   b) Quel personnage participe à une expédition en montagne ? Expliquez votre choix.

Les systèmes respiratoire, circulatoire et lymphatique

4. Associez une illustration à chacun des énoncés sur la composition du sang.

a) Globules rouges

b) Globules blancs

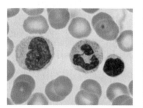

c) Plaquettes

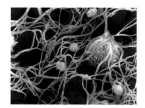

d) Plasma

1) Cellules incolores.

2) Taille de 2 à 4 µm.

3) Durée de vie de 120 jours.

4) Représentent presque 98 % des éléments figurés du sang.

5) Leucocytes.

6) Absence de noyau.

7) Thrombocytes.

8) Coagulation.

9) Diapédèse.

10) Forme d'un disque biconcave.

11) Phagocytose.

12) Durée de vie de 5 à 9 jours.

13) Taille de 8 à 20 µm.

14) Liquide jaunâtre.

15) Production d'anticorps.

16) Hémoglobine.

17) Érythrocytes.

18) Taille de 7 à 8 µm.

19) Présence de noyaux arrondis.

20) Durée de vie de quelques heures à quelques années.

21) Présence de nutriments, d'hormones et de sels minéraux.

5. Observez les quatre lames suivantes.

Denis
Anti-A   Anti-B   Anti-Rh

Suzanne
Anti-A   Anti-B   Anti-Rh

Adrienne
Anti-A   Anti-B   Anti-Rh

William
Anti-A   Anti-B   Anti-Rh

a) Quelle lame correspond au groupe sanguin A+ ?

b) Quel est le groupe sanguin d'Adrienne ?

c) William peut-il donner du sang à Denis ? Expliquez pourquoi.

d) Suzanne peut-elle recevoir du sang de Denis ? Expliquez pourquoi.

6. Complétez les phrases suivantes qui décrivent la circulation sanguine.

  a) La grande circulation appelée aussi (2 mots) ▒▒▒▒ commence là où le sang est expulsé par une contraction du ▒▒▒▒.

  b) Le sang circule dans l'une des plus grosses artères du corps appelée ▒▒▒▒.

  c) L'oxygène contenu dans le sang est transporté jusqu'aux ▒▒▒▒.

  d) Le sang revient ensuite vers le cœur et y entre en circulant dans les vaisseaux sanguins appelés (2 mots) ▒▒▒▒. La cavité par laquelle le sang vicié retourne au cœur est (2 mots) ▒▒▒▒.

  e) La petite circulation ou circulation ▒▒▒▒ commence lorsque le sang est chassé vers les ▒▒▒▒ par une contraction de la cavité du cœur appelée (2 mots) ▒▒▒▒.

  f) Le sang emprunte un gros vaisseau sanguin appelé (2 mots) ▒▒▒▒. Il revient ensuite vers le cœur en circulant dans les vaisseaux sanguins appelés (2 mots) ▒▒▒▒ pour arriver jusqu'à (2 mots) ▒▒▒▒.

7. On mesure la pression artérielle de quatre personnes pendant une activité en classe. Voici les résultats :

  a) Marie a 15 ans. Sa pression artérielle est de 15,0 kPa sur 9,9 kPa.

  b) Mme Duberger, l'enseignante, a 40 ans. Sa pression artérielle est de 16,7 kPa sur 11,4 kPa.

  c) Suzanna a 25 ans. Sa pression artérielle est de 16,2 kPa sur 11,1 kPa.

  d) Simon a 15 ans. Sa pression artérielle est de 9,9 kPa sur 15,5 kPa.

  Parmi les données ci-dessus :

  1) lesquelles révèlent une erreur de lecture de l'appareil ? Justifiez votre réponse.

  2) lesquelles correspondent à une tension normale ? Justifiez votre réponse.

  3) lesquelles correspondent à une tension plus élevée que la normale ? Justifiez votre réponse.

8. Associez les organes du système immunitaire à leurs fonctions.

a) rate	**1)** Détecter des substances étrangères qui pourraient être inhalées ou ingérées.
b) ganglions	**2)** Éliminer les bactéries, les globules rouges endommagés et les plaquettes.
c) amygdales	**3)** Assurer la maturation des lymphocytes T.
d) thymus	**4)** Filtrer le sang et recueillir les microbes et les substances nocives qui s'y trouvent.
e) moelle osseuse	**5)** Assurer la formation des globules blancs.

9. Définissez les termes suivants se rapportant au système immunitaire.

  a) Immunité   **c)** Système immunitaire   **e)** Macrophages

  b) Antigènes   **d)** Anticorps

RÉSUMÉ DES CONCEPTS

1 Les réseaux de transport .... *(pages 158 et 159)*

Les trois systèmes de transport du corps sont les systèmes respiratoire, circulatoire et lymphatique.

2 L'anatomie et la physionomie du système

respiratoire .... *(pages 160 à172)*

- Le système respiratoire a pour fonction d'assurer les échanges gazeux (oxygène, dioxyde de carbone) entre les poumons et le sang.
- Le système respiratoire est composé des voies respiratoires et des poumons.
- Les voies respiratoires sont les fosses nasales, le pharynx, le larynx, la trachée et les bronches.
- Les poumons comprennent les structures suivantes : les bronchioles, les sacs alvéolaires et les alvéoles.
- Les fosses nasales sont deux cavités qui réchauffent l'air, l'humidifient et le filtrent.
- Le pharynx ou la gorge est le carrefour des voies respiratoires et digestives.
- Le larynx lie le pharynx à la trachée et contient les cordes vocales.
- La trachée et les bronches amènent l'air aux poumons.
- Les poumons sont deux organes roses et spongieux occupant la cage thoracique.
- Des feuillets assurent la protection des poumons, les plèvres.
- Le sac alvéolaire est une structure dont la paroi est très mince et la surface gaufrée, ce qui permet la diffusion des gaz respiratoires.
- Au moment de l'inspiration, les muscles intercostaux se contractent, les côtes se soulèvent, le sternum se soulève et le diaphragme s'abaisse dans le but d'augmenter le volume de la cage thoracique et de diminuer la pression dans les poumons.

- Au cours de l'expiration, les muscles intercostaux se relâchent, les côtes s'abaissent, le sternum reprend sa place initiale et le diaphragme remonte dans le but de diminuer le volume de la cage thoracique et d'augmenter la pression dans les poumons.

- La capacité pulmonaire totale est la mesure du volume de l'air dans les poumons ; cette mesure est obtenue au moyen d'un spiromètre.

- L'alvéole est le lieu de la diffusion de l'oxygène vers le sang et du dioxyde de carbone apporté par le sang vers l'alvéole.

- La pression correspond à une force appliquée par un fluide sur une surface donnée (unité de mesure : le pascal [Pa]).

- La pression de l'air environnant se nomme pression atmosphérique.

- Une variation de la pression entraîne un déplacement des particules.

- À une température constante, lorsque le volume occupé par un gaz augmente, la pression diminue et, inversement, lorsque ce volume diminue, la pression augmente.

- Les fluides se déplacent toujours d'une haute pression vers une basse pression.

- Les gaz et les liquides sont des fluides, car ils peuvent couler.

- Les gaz sont des fluides compressibles, alors que les liquides sont des fluides incompressibles.

3 **L'anatomie et la physiologie du système circulatoire** .... (*pages 173 à 189*)

- Le système circulatoire assure la circulation du sang, qui apporte aux cellules les nutriments nécessaires à la combustion cellulaire et achemine aux organes excréteurs les déchets cellulaires.

- Le système circulatoire est constitué du sang, du cœur et des vaisseaux sanguins.

- Le sang est composé d'éléments figurés (globules rouges, globules blancs et plaquettes) et d'un liquide (le plasma).

RÉSUMÉ DES CONCEPTS (*suite*)

3 L'anatomie et la physiologie du système
circulatoire (*suite*) ....(*pages 173 à 189*)

- Les globules rouges n'ont pas de noyau ; ils sont rouges à cause de l'hémoglobine ; ils ont la forme de petits disques biconcaves et assurent le transport de l'oxygène vers les cellules et du gaz carbonique vers les poumons.

- Les globules blancs ont des noyaux arrondis ou lobés ; ils sont incolores ; ils sont plus gros que les globules rouges, mais beaucoup moins nombreux, et sont les défenseurs de l'organisme.

- Les globules blancs assurent la défense de l'organisme grâce à trois mécanismes : la fabrication d'anticorps, la diapédèse, la phagocytose.

- Les plaquettes n'ont pas de noyau et sont incolores ; elles jouent un rôle dans la coagulation du sang et dans la réparation des vaisseaux sanguins légèrement endommagés.

- Le plasma, liquide jaunâtre dans lequel baignent les particules solides du sang, assure la fluidité de celui-ci.

- Le plasma transporte également les substances nutritives aux cellules en plus de ramasser les déchets cellulaires.

- On utilise le système ABO pour distinguer les groupes sanguins chez les êtres humains.

- Si l'on tient compte du facteur rhésus, il y a huit groupes sanguins chez les êtres humains : A+, A-, B+, B-, AB+, AB-, O+ et O-.

- La classification des groupes sanguins repose sur la présence ou non d'agglutinogènes sur les globules rouges et d'agglutinines dans le plasma.

- Le facteur rhésus désigne un des agglutinogènes des globules rouges.

- Le cœur se divise en quatre cavités : deux oreillettes et deux ventricules.

- Les artères sont des vaisseaux qui transportent du sang hors du cœur, vers les organes et les tissus (sang oxygéné), et vers les poumons (sang riche en gaz carbonique).

- Les capillaires sont de petits vaisseaux qui pénètrent tous les organes du corps et permettent les échanges entre le sang et les cellules.

- Les veines ramènent du sang vicié provenant des organes et des tissus, et du sang oxygéné provenant des poumons.

- Le rythme cardiaque se compose de deux phases : la diastole, ou relaxation, et la systole, ou contraction.

- La circulation pulmonaire transporte le sang veineux du ventricule droit vers les poumons par les artères pulmonaires jusqu'aux alvéoles et retourne le sang oxygéné à l'oreillette gauche par les veines pulmonaires.

- La circulation systémique véhicule le sang oxygéné du ventricule gauche dans l'aorte, puis dans toutes les parties du corps, et ramène vers l'oreillette droite le sang chargé de déchets par les veines caves supérieure et inférieure.

- La pression artérielle, ou tension artérielle, est la pression exercée par le sang sur la paroi d'une artère et se mesure avec un sphygmomanomètre.

4 L'anatomie et la physiologie du système lymphatique .... *(pages 190 à 196)*

- Le système lymphatique se compose de la lymphe, des vaisseaux lymphatiques et des organes annexes (ganglions lymphatiques, amygdales, thymus, rate).

- Le système lymphatique a comme fonction de drainer le surplus de liquide interstitiel et de protéger l'organisme contre les envahisseurs.

- Le liquide interstitiel drainé dans les vaisseaux lymphatiques constitue la lymphe.

- Les ganglions lymphatiques sont de petites structures ovales réparties le long des vaisseaux lymphatiques ; ils filtrent la lymphe et permettent la multiplication des globules blancs.

- Le thymus joue un rôle dans la maturation de certains globules blancs.

- La rate élimine les bactéries, les globules rouges endommagés ou usés ainsi que les plaquettes. Elle agit également comme réservoir de sang et contient jusqu'à 30 % des plaquettes.

- Les amygdales sont positionnées de façon à pouvoir arrêter la progression des substances étrangères susceptibles d'être inhalées ou ingérées.

- L'immunité, c'est la capacité de l'organisme de se défendre lui-même contre les antigènes.

- L'ensemble des systèmes qui concourent à la défense du corps prend le nom de système immunitaire.

- Les antigènes sont des substances étrangères qui envahissent le corps.

- Les macrophages sont des globules blancs qui ont grossi à la suite de la détection d'une infection.

- Les anticorps sont des protéines produites par certains globules blancs pour lutter spécifiquement contre les envahisseurs (antigènes).

- La vaccination stimule la production d'anticorps et engendre une immunité contre l'envahisseur.

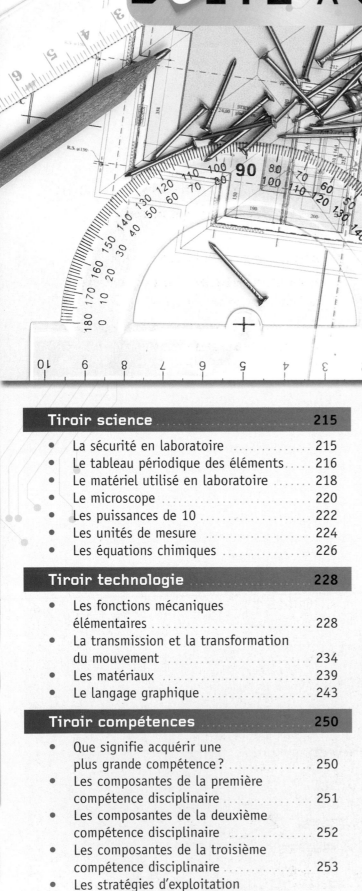

BOÎTE À OUTILS

Tiroir science   215

- La sécurité en laboratoire 215
- Le tableau périodique des éléments 216
- Le matériel utilisé en laboratoire 218
- Le microscope 220
- Les puissances de 10 222
- Les unités de mesure 224
- Les équations chimiques 226

Tiroir technologie   228

- Les fonctions mécaniques
  élémentaires 228
- La transmission et la transformation
  du mouvement 234
- Les matériaux 239
- Le langage graphique 243

Tiroir compétences   250

- Que signifie acquérir une
  plus grande compétence ? 250
- Les composantes de la première
  compétence disciplinaire 251
- Les composantes de la deuxième
  compétence disciplinaire 252
- Les composantes de la troisième
  compétence disciplinaire 253
- Les stratégies d'exploitation
  des trois compétences disciplinaires 254

Tiroir démarches   255

- La démarche de modélisation 256
- La démarche d'observation 257
- La démarche empirique 257
- La démarche de construction
  d'opinion 257
- La démarche expérimentale 258
- La démarche du cycle
  de conception 259

Tiroir communication   262

- Le cahier de conception 262
- Le rapport de laboratoire 263
- Le dépliant 265
- Le bulletin 266
- Le communiqué de presse 267
- La brochure 267
- L'article scientifique 268
- L'évaluation de la pertinence
  des sources 269

Tiroir science

LA SÉCURITÉ EN LABORATOIRE

✓ À FAIRE

- Porter des lunettes de protection.
- Porter un sarrau.
- Suivre le protocole et utiliser seulement le matériel de laboratoire.
- Rester calme et se concentrer sur son travail.
- Repérer le matériel d'urgence : douche oculaire, trousse de premiers soins, etc.
- Attacher les cheveux longs.
- Porter des souliers fermés (pas de sandales).
- Se laver les mains après chaque expérience.
- Avertir l'enseignant ou l'enseignante de tout bris ou accident dans le laboratoire.
- Bien lire les étiquettes de tous les produits utilisés.
- Travailler debout.
- Jeter tout verre brisé dans un contenant destiné à cette fin.

✗ À NE PAS FAIRE

- Manger, goûter ou boire dans le laboratoire.
- Toucher du matériel qui ne nous est pas destiné.
- Respirer des produits directement.
- Regarder directement dans un contenant de produits chimiques.
- Porter des manches trop longues ou trop larges, qui pourraient renverser du matériel ou prendre feu.

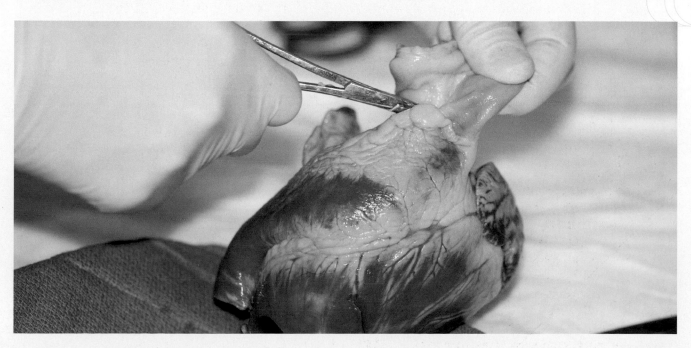

LE TABLEAU PÉRIODIQUE DES ÉLÉMENTS

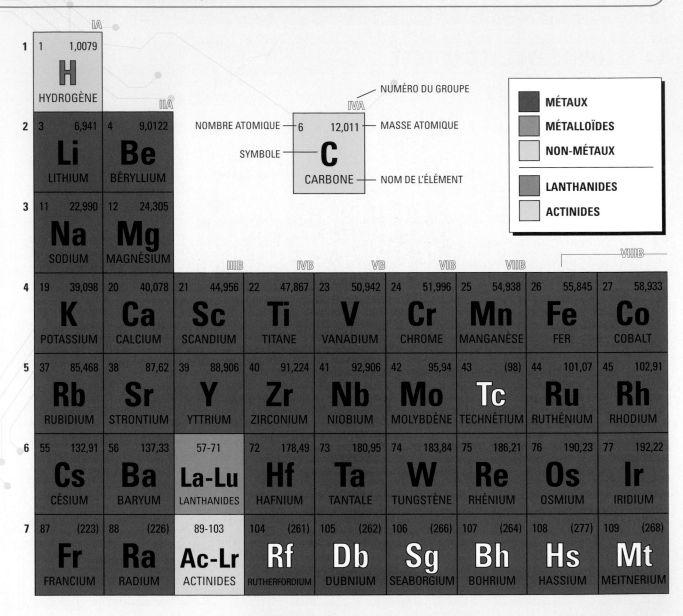

MÉTAUX
MÉTALLOÏDES
NON-MÉTAUX

LANTHANIDES
ACTINIDES

NOMBRE ATOMIQUE	6	MASSE ATOMIQUE 12,011
SYMBOLE	**C**	
	CARBONE	NOM DE L'ÉLÉMENT

NUMÉRO DU GROUPE — IVA

LANTHANIDES

| 6 | 57 138,91 **La** LANTHANE | 58 140,12 **Ce** CÉRIUM | 59 140,91 **Pr** PRASÉODYME | 60 144,24 **Nd** NÉODYME | 61 (145) **Pm** PROMÉTHIUM | 62 150,36 **Sm** SAMARIUM |

ACTINIDES

| 7 | 89 (227) **Ac** ACTINIUM | 90 232,04 **Th** THORIUM | 91 231,04 **Pa** PROTACTINIUM | 92 238,03 **U** URANIUM | 93 (237) **Np** NEPTUNIUM | 94 (244) **Pu** PLUTONIUM |

ÉTAT PHYSIQUE (25 °C ; 101 kPa)

Ne gaz   Fe solide

Hg liquide   Tc synthétique

					VIIIA
					2 4,0026 **He** HÉLIUM

IIIA	IVA	VA	VIA	VIIA	
5 10,811 **B** BORE	6 12,011 **C** CARBONE	7 14,007 **N** AZOTE	8 15,999 **O** OXYGÈNE	9 18,998 **F** FLUOR	10 20,180 **Ne** NÉON
13 26,982 **Al** ALUMINIUM	14 28,086 **Si** SILICIUM	15 30,974 **P** PHOSPHORE	16 32,065 **S** SOUFRE	17 35,453 **Cl** CHLORE	18 39,948 **Ar** ARGON

IB	IIB						
28 58,693 **Ni** NICKEL	29 63,546 **Cu** CUIVRE	30 65,39 **Zn** ZINC	31 69,723 **Ga** GALLIUM	32 72,64 **Ge** GERMANIUM	33 74,922 **As** ARSENIC	34 78,96 **Se** SÉLÉNIUM	35 79,904 **Br** BROME 36 83,80 **Kr** KRYPTON
46 106,42 **Pd** PALLADIUM	47 107,87 **Ag** ARGENT	48 112,41 **Cd** CADMIUM	49 114,82 **In** INDIUM	50 118,71 **Sn** ÉTAIN	51 121,76 **Sb** ANTIMOINE	52 127,60 **Te** TELLURE	53 126,90 **I** IODE 54 131,29 **Xe** XÉNON
78 195,08 **Pt** PLATINE	79 196,97 **Au** OR	80 200,59 **Hg** MERCURE	81 204,38 **Tl** THALLIUM	82 207,2 **Pb** PLOMB	83 208,98 **Bi** BISMUTH	84 (209) **Po** POLONIUM	85 (210) **At** ASTATE 86 (222) **Rn** RADON
110 (281) **Uun** UNUNNILIUM	111 (272) **Uuu** UNUNUNIUM	112 (277) **Uub** UNUNBIUM	113 (284) **Uut** UNUNTRIUM	114 (289) **Uuq** UNUNQUADIUM	115 (288) **Uup** UNUNPENTIUM	116 (292) **Uuh** UNUNHEXIUM	

63 151,96 **Eu** EUROPIUM	64 157,25 **Gd** GADOLINIUM	65 158,93 **Tb** TERBIUM	66 162,50 **Dy** DYSPROSIUM	67 164,93 **Ho** HOLMIUM	68 167,26 **Er** ERBIUM	69 168,93 **Tm** THULIUM	70 173,04 **Yb** YTTERBIUM	71 174,97 **Lu** LUTÉTIUM

95 (243) **Am** AMÉRICIUM	96 (247) **Cm** CURIUM	97 (247) **Bk** BERKÉLIUM	98 (251) **Cf** CALIFORNIUM	99 (252) **Es** EINSTEINIUM	100 (257) **Fm** FERMIUM	101 (258) **Md** MENDÉLÉVIUM	102 (259) **No** NOBÉLIUM	103 (262) **Lr** LAWRENCIUM

LE MATÉRIEL UTILISÉ EN LABORATOIRE

Instruments divers

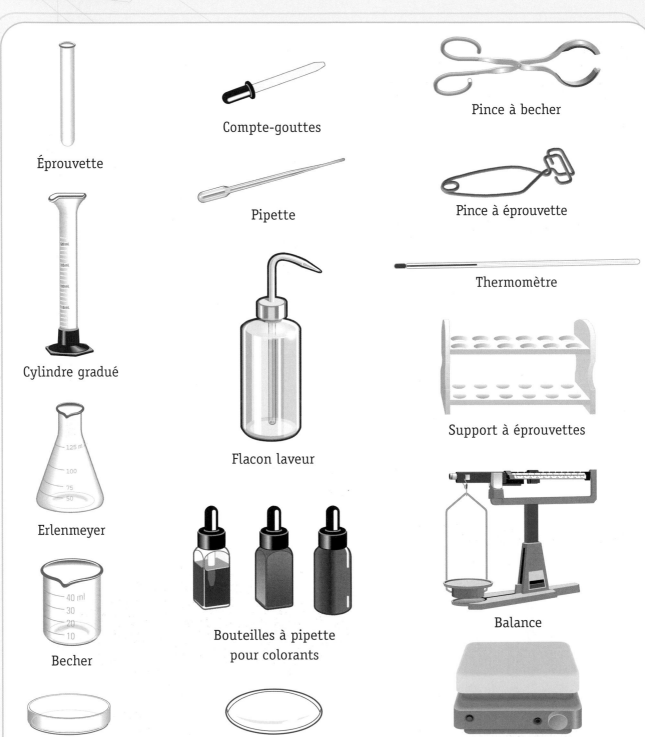

Éprouvette

Compte-gouttes

Pince à becher

Pipette

Pince à éprouvette

Cylindre gradué

Thermomètre

Flacon laveur

Support à éprouvettes

Erlenmeyer

Bouteilles à pipette
pour colorants

Balance

Becher

Vase de Pétri

Verre de montre

Plaque chauffante

Instruments de dissection

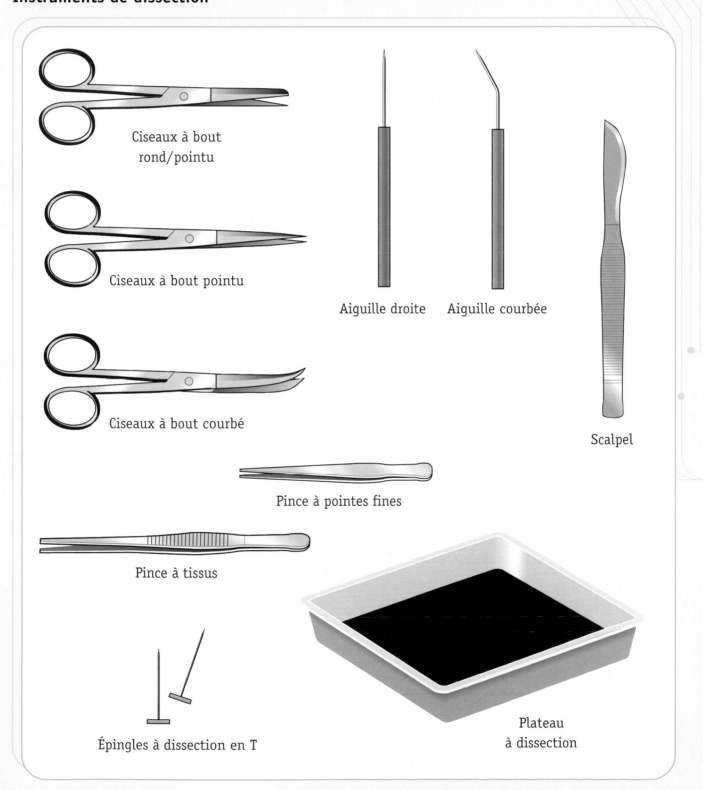

Ciseaux à bout rond/pointu

Ciseaux à bout pointu

Ciseaux à bout courbé

Aiguille droite

Aiguille courbée

Scalpel

Pince à pointes fines

Pince à tissus

Épingles à dissection en T

Plateau à dissection

LE MICROSCOPE

Composantes du microscope

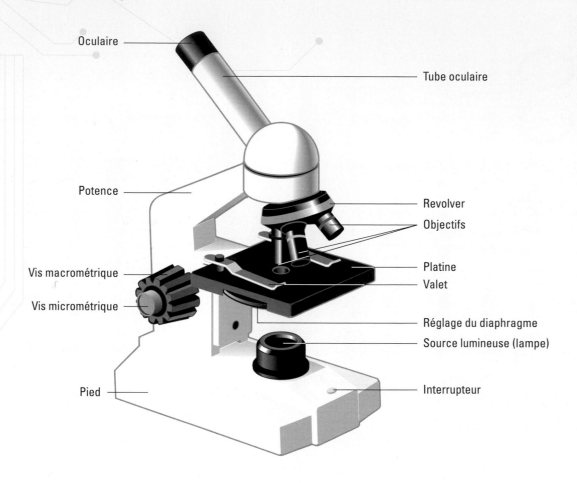

Oculaire

Tube oculaire

Potence

Revolver

Objectifs

Vis macrométrique

Platine

Valet

Vis micrométrique

Réglage du diaphragme

Source lumineuse (lampe)

Pied

Interrupteur

Préparation de la lame

1. Nettoyer une lame avec du papier lentille. S'il s'agit d'une lame neuve, vous assurer simplement de sa propreté.

2. Déposer l'échantillon à observer au centre de la lame.

3. Au besoin, déposer une goutte d'eau ou de colorant.

4. Recouvrir lentement la préparation d'une lamelle propre, comme l'indique l'illustration ci-contre. Éviter la formation de bulles d'air.

5. Au besoin, enlever l'excès de liquide avec du papier absorbant.

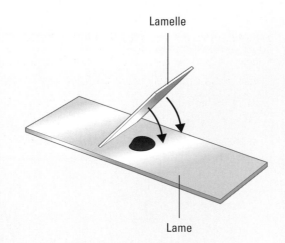

Lamelle

Lame

Protocole d'utilisation du microscope

Le microscope est un appareil dont les pièces optiques sont fragiles ; il faut prendre certaines précautions en le manipulant. Pour le transporter, prendre l'appareil d'une main par la potence et placer l'autre main sous le pied, puis le déposer avec précaution sur une surface stable. Placer la potence près de soi.

1. Retirer la housse protectrice.

2. Repérer sur le microscope chacune des composantes qui apparaissent sur l'illustration de la page 220.

3. Brancher l'appareil et s'assurer que la lampe fonctionne.

4. Vérifier la propreté des lentilles en regardant dans l'oculaire. Au besoin, utiliser du papier lentille.

5. À l'aide de la vis macrométrique, abaisser complètement la platine.

6. Placer la préparation ou la lame préparée sur la platine, entre les valets.

7. Centrer la lame ; la lumière doit traverser la préparation.

8. Placer le diaphragme à la plus petite ouverture possible.

9. À l'aide du revolver, placer l'objectif de plus petite force au-dessus de la préparation.

10. Remonter lentement la platine à l'aide de la vis macrométrique, jusqu'à ce que l'image de la préparation soit nette. Au besoin, ouvrir le diaphragme pour obtenir plus de lumière. Attention : les détails disparaissent s'il y a trop de lumière.

11. Pour obtenir une vision plus nette, faire une mise au point fine avec la vis micrométrique. **À partir de ce moment, ne plus toucher à la vis macrométrique, sauf pour abaisser la platine, à la fin de l'observation.**

12. Pour augmenter le grossissement, passer à l'objectif suivant sans déplacer la platine ; tourner lentement le revolver en s'assurant que l'objectif ne touche pas à la préparation. Faire la mise au point à l'aide de la vis micrométrique. Au besoin, centrer la préparation.

13. Une fois l'observation terminée, abaisser la platine à l'aide de la vis macrométrique, replacer l'objectif le plus faible et retirer la préparation.

14. Débrancher l'appareil en évitant de tirer sur le cordon, puis enrouler celui-ci soigneusement. S'assurer d'avoir suivi toutes les étapes avant de rapporter l'appareil.

15. Nettoyer et ranger le matériel utilisé pour la préparation.

Calcul de l'agrandissement

Pour calculer l'agrandissement de l'objet observé, on multiplie la force de l'oculaire par celle de l'objectif.

Exemple :
Si l'oculaire est de 10 × et l'objectif de 40 ×, alors l'objet observé sera agrandi 400 fois.

LES PUISSANCES DE 10

L'utilisation des puissances de 10 devient nécessaire lorsque nous travaillons avec de très grands ou très petits nombres.

L'expression *puissance de 10* fait référence à la notion d'exposant.

Exemple :

L'expression 10^4, appelée 10 exposant 4 ou 10 élevé à la puissance 4, correspond à :

$10 \times 10 \times 10 \times 10 = 10\ 000$.

Les nombres qu'on obtient en élevant 10 à différentes puissances peuvent être utiles pour écrire de façon plus compacte les nombres comprenant plusieurs 0. Le tableau suivant présente certaines puissances de 10.

En observant le tableau ci-dessous, il est possible de déduire la règle des puissances de 10 :

- Quand l'exposant est positif, il correspond au nombre de 0 à droite du 1.
- Quand l'exposant est négatif, il correspond au nombre de 0 à gauche du 1, le 0 à gauche de la virgule devant être compté.
- Les puissances de 10 positives expriment des nombres plus grands que 1.
- Les puissances de 10 négatives expriment des nombres plus petits que 1.

TABLEAU **1**   Certaines puissances de 10.

PUISSANCE DE 10	CORRESPOND À	NOMBRE OBTENU
10^6	$10 \times 10 \times 10 \times 10 \times 10 \times 10$	1 000 000
10^5	$10 \times 10 \times 10 \times 10 \times 10$	100 000
10^4	$10 \times 10 \times 10 \times 10$	10 000
10^3	$10 \times 10 \times 10$	1000
10^2	10×10	100
10^1	10	10
10^0	10 / 10	1
10^{-1}	$1 / 10^1 = 1 / 10$	0,1
10^{-2}	$1 / 10^2 = 1 / (10 \times 10)$	0,01
10^{-3}	$1 / 10^3 = 1 / (10 \times 10 \times 10)$	0,001
10^{-4}	$1 / 10^4 = 1 / (10 \times 10 \times 10 \times 10)$	0,0001
10^{-5}	$1 / 10^5 = 1 / (10 \times 10 \times 10 \times 10 \times 10)$	0,000 01
10^{-6}	$1 / 10^6 = 1 / (10 \times 10 \times 10 \times 10 \times 10 \times 10)$	0,000 001

Comment exprimer un nombre en fonction des puissances de 10

Exemples :

3 650 000 000 s'écrira $3{,}65 \times 10^9$

0,000 000 08 s'écrira 8×10^{-8}

Pour écrire un nombre sous la forme d'une expression utilisant les puissances de 10, il faut suivre les étapes décrites ci-dessous.

1. Écrire au long le nombre à transformer et placer une virgule à droite du chiffre représentant les unités (très souvent, les virgules des très petits nombres sont déjà bien positionnées).

   Exemples :

   Très grand nombre
   145 000 → **145 000,**

   Très petit nombre
   0,000 653 → **0,000 653**

2. Déplacer la virgule vers le chiffre le plus à gauche dans le nombre à transformer, sans tenir compte des 0. Vous devez compter de combien de chiffres vous avez déplacé la virgule.

   Exemples :

   Très grand nombre
   Chiffre le plus à gauche

   145 000, → **1**,45 000
   5 4 3 2 1

   Déplacement : 5 chiffres vers la gauche.

   Très petit nombre
   Chiffre le plus à gauche (sans tenir compte des 0)

   0,000 **653** → 0 000 **6**,53
   1 2 3 4

   Déplacement : 4 chiffres vers la droite.

3. Le nombre de déplacements de virgule correspond à la puissance de 10 à écrire. Si le déplacement est vers la gauche, la puissance est positive ; vers la droite, elle sera négative.

   Exemples :

   Très grand nombre
   10^5

   Très petit nombre
   10^{-4}

4. Réécrire le nombre obtenu à l'étape **2** et enlever les 0 devenus inutiles, puis ajouter la puissance de 10 appropriée.

   Exemples :

   Très grand nombre
   $1{,}45 \times 10^5$

   Très petit nombre
   $6{,}53 \times 10^{-4}$

LES UNITÉS DE MESURE

Le système d'unités de mesure le plus utilisé par les scientifiques se nomme Système international d'unités (SI). Le tableau 2 présente les différentes unités de mesure en usage dans le Système international.

TABLEAU **2** Unités de mesure du Système international (SI).

NOM DE LA GRANDEUR	NOM DE L'UNITÉ DE MESURE	SYMBOLE DE L'UNITÉ DE MESURE
Aire	mètre carré	m^2
Énergie	joule	J [kg m^2/s^2]
Force	newton	N [kg m/s^2]
Longueur	mètre	m
Masse	kilogramme	kg
Pression	pascal	Pa [kg/m s^2]
Température	kelvin	K
Temps	seconde	s
Volume	mètre cube	m^3

Il est possible d'exprimer les unités du Système international en utilisant des multiples et des sous-multiples des puissances de 10. Le tableau 3 les décrit.

TABLEAU **3** Multiples et sous-multiples des unités.

MULTIPLE	FACTEUR MULTIPLICATIF	PUISSANCE DE 10	SOUS-MULTIPLE	FACTEUR MULTIPLICATIF	PUISSANCE DE 10
déca (da)	10	10^1	déci (d)	0,1	10^{-1}
hecto (h)	100	10^2	centi (c)	0,01	10^{-2}
kilo (k)	1000	10^3	milli (m)	0,001	10^{-3}
méga (M)	1 000 000	10^6	micro (µ)	0,000 001	10^{-6}
giga (G)	1 000 000 000	10^9	nano (n)	0,000 000 001	10^{-9}

Ainsi :

- un nanomètre (nm) correspond à 0,000 000 001 m ou 1×10^{-9} m ;
- un kilojoule (kJ) correspond à 1000 J ou 1×10^3 J ;
- une milliseconde (ms) correspond à 0,001 s ou 1×10^{-3} s.

D'autres unités qui n'appartiennent pas au Système international sont utilisées couramment aujourd'hui. Elles sont réunies dans le tableau 4.

TABLEAU **4** Unités courantes n'appartenant pas au Système international.

NOM DE LA GRANDEUR	NOM DE L'UNITÉ DE MESURE	SYMBOLE DE L'UNITÉ DE MESURE	FACTEUR DE CONVERSION AU SI
Aire	hectare	ha	1 ha = 10 000 m^2
Énergie	calorie kilocalorie (Calorie[1]) wattheurc	cal kcal ou Cal Wh	1 ca = 4,18 J 1 Cal = 4180 J 1 Wh = 3600 J
Longueur	année-lumière pied pouce unité astronomique	a.l. pi (ou ft) po (ou in) UA	1 a.l. = 9,46 × 10^{15} m 1 pi = 0,3048 m 1 po = 0,0254 m 1 UA = 1,496 × 10^{11} m
Masse	masse solaire tonne	M$_\odot$ t	1 M$_\odot$ = 1,9891 × 10^{30} kg 1 t = 1000 kg
Pression	atmosphère millimètre de mercure	atm mm Hg	1 atm = 101 300 Pa 1 mm Hg = 133 Pa
Température[2]	degré Celsius degré Fahrenheit	$^{\circ}$C $^{\circ}$F	$^{\circ}$C = K − 273 $^{\circ}$F = K × 1,8 − 460
Temps	heure minute	h min	1 h = 3600 s 1 min = 60 s
Volume	litre	L	1 L = 0,001 m^3

Pour convertir une grandeur d'une unité courante en une grandeur du SI, il faut utiliser le facteur de conversion de la dernière colonne du tableau ci-dessus. On **multiplie** l'unité courante par le facteur de conversion (nombres en bleu).

Exemple :

120 millimètres de mercure (mm Hg) doit être converti en pascals (Pa).

120 × 133 = 15 960

Donc, 120 mm Hg équivalent à 15 960 Pa.

À l'inverse, pour exprimer une grandeur d'une unité du SI dans une grandeur d'une unité courante, on **divise** l'unité courante par le facteur de conversion.

Exemple :

1 000 000 joules doit être converti en kilocalories (Cal).

1 000 000 / 4180 = 239,2

Donc, 1 000 000 joules équivalent à 239,2 Cal.

---

1. La Calorie (avec une majuscule) vaut 1000 calories (avec une minuscule). Malgré la confusion qui peut en résulter, le terme Calorie est couramment utilisé sur les emballages des produits alimentaires.
2. Pour convertir les degrés Fahrenheit en degrés Celsius, on utilise la formule suivante : $^{\circ}$C = ($^{\circ}$F − 32) × 5/9 ; donc, 102 $^{\circ}$F donne (102 − 32) × 5/9 = 38,9 $^{\circ}$C. Pour convertir les degrés Celsius en degrés Fahrenheit, on recourt à la formule suivante : $^{\circ}$F = $^{\circ}$C × 5/9 − 32.

LES ÉQUATIONS CHIMIQUES

Comme les mathématiciens et mathématiciennes, les chimistes ont élaboré leurs propres équations afin d'exprimer par écrit les réactions chimiques avec lesquelles ils travaillent. Ces équations obéissent à des conventions qu'il faut connaître pour bien les comprendre et les utiliser.

Supposons que deux substances, A et B, réagissent ensemble chimiquement; elles sont appelées des réactifs. Ces réactifs produisent deux nouvelles substances, C et D, appelées produits. L'équation chimique suivante décrit cette réaction:

$$A + B \quad \rightarrow \quad C + D$$

réactifs — — — **produits**

L'équation chimique se lit donc ainsi:

Les réactifs A et B réagissent ensemble et donnent les produits C et D.

La convention veut que les réactifs soient placés à gauche et les produits, à droite. La flèche indique le sens de la réaction chimique: des réactifs vers les produits.

Comment indiquer les réactifs et les produits dans une équation chimique

1. Écrire la formule chimique de chaque élément ou molécule qui entre en jeu dans la réaction chimique ou qui résulte de celle-ci. Par exemple, pour écrire l'équation de la réaction de combustion du méthane avec l'oxygène moléculaire qui produit du dioxyde de carbone et de l'eau, il faut d'abord trouver les formules chimiques des molécules présentes dans la réaction: méthane (CH_4), oxygène moléculaire (O_2), dioxyde de carbone (CO_2) et eau (H_2O).

2. Écrire l'équation chimique de cette réaction en plaçant les réactifs à gauche de la flèche et les produits à droite.

$$Exemple: CH_4 + O_2 \rightarrow CO_2 + H_2O$$

Cette équation représente l'idée générale de la réaction chimique, mais elle est inexacte. Un des principes de base de la chimie et de la physique est celui de la conservation des espèces chimiques; le chimiste français Antoine Laurent de Lavoisier (1743-1794) a dit: « Rien ne se perd, rien ne se crée, tout se transforme. » C'est-à-dire que le nombre d'atomes d'un élément présent dans les réactifs doit être conservé (rester le même) dans les produits.

3. Prendre l'équation du numéro **2** représentant la réaction de combustion du méthane et compter le nombre d'atomes de chaque élément présent dans les réactifs et les produits.

TABLEAU **5** Nombre d'atomes de chaque élément présent dans les réactifs et les produits.

ATOME	RÉACTIFS	PRODUITS
Carbone (C)	1	1
Oxygène (O)	2	3
Hydrogène (H)	4	2

Comme il est possible de le constater dans le tableau 5, le nombre d'atomes d'oxygène et d'hydrogène n'est pas conservé. L'équation chimique n'est donc pas balancée, elle n'est pas équilibrée.

Les équations chimiques équilibrées à l'aide de coefficients

On équilibre une équation en ajoutant des **nombres entiers** devant les molécules. Ces nombres entiers s'appellent coefficients stœchiométriques. Ainsi, dans l'équation suivante :

Coefficients stœchiométriques

$$3A + 2B \rightarrow 4C + D$$

les coefficients stœchiométriques précisent que : 3 molécules du réactif A réagissent avec 2 molécules du réactif B pour produire 4 molécules du produit C et 1 molécule du produit D. Lorsque le coefficient est 1, on ne l'écrit pas ; il est sous-entendu.

Ainsi, l'équation équilibrée qui correspond à la réaction de combustion du méthane avec l'oxygène moléculaire est la suivante :

$$CH_4 + 2\,O_2 \rightarrow CO_2 + 2\,H_2O$$

Cette équation chimique peut être illustrée ainsi :

On observe sur la figure 1 que le nombre d'atomes de chaque élément est conservé. La conservation des espèces chimiques est donc respectée.

TABLEAU **6** Nombre d'atomes de chaque élément présent dans les réactifs et les produits.

ATOME	RÉACTIFS	PRODUITS
Carbone (C)	1	1
Oxygène (O)	4	4
Hydrogène (H)	4	4

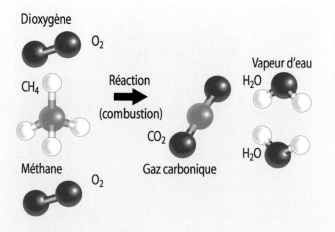

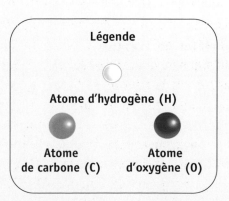

Légende

Atome d'hydrogène (H)

Atome de carbone (C)   Atome d'oxygène (O)

FIG. **1** **Combustion de méthane.**
Le nombre d'atomes de chaque élément est le même avant et après la réaction chimique.

Tiroir technologie

LES FONCTIONS MÉCANIQUES ÉLÉMENTAIRES

Les objets technologiques, comme les systèmes biologiques, sont constitués de plusieurs organes ayant chacun une fonction précise. Au cours de la conception d'un objet technologique, la personne qui élabore le concept doit faire face à des choix difficiles. Selon le degré de complexité de l'objet technologique à créer, la personne devra choisir judicieusement les éléments et les organes qui, une fois jumelés, rempliront adéquatement la ou les fonctions attendues.

Une fonction mécanique, c'est le rôle mécanique que joue un organe à l'intérieur d'un objet plus ou moins complexe.

Chacun des éléments d'un objet technologique doit accomplir une ou plusieurs fonctions mécaniques précises.

> Voici quatre fonctions mécaniques élémentaires :
> - fonction de liaison ;
> - fonction de guidage ;
> - fonction de lubrification ;
> - fonction d'étanchéité.

La fonction de liaison

Depuis les premiers jours où l'être humain a entrepris de fabriquer des objets technologiques, il a eu à trouver des solutions pour effectuer l'assemblage de pièces les unes aux autres.

Les caractéristiques des liaisons

> Une liaison est un assemblage qui comporte les quatre caractéristiques suivantes :
> - liaison directe ou indirecte ;
> - liaison démontable ou indémontable ;
> - liaison rigide ou élastique ;
> - liaison complète ou partielle.

La liaison directe ou indirecte

- Une liaison est directe lorsque les pièces se maintiennent par emboîtement sans l'utilisation d'un organe de liaison. Sur la figure 2, la liaison s'effectue par la complémentarité de forme des surfaces de contact des pièces à assembler.

- Une liaison est indirecte lorsque l'assemblage nécessite l'ajout d'un organe de liaison extérieur.

Exemples : boulon, vis, soudure, colle.

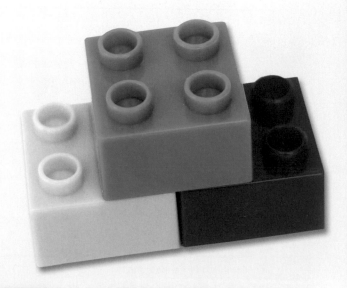

FIG. 2 Blocs assemblés par une liaison directe.

La liaison démontable ou indémontable

- Une liaison est démontable quand il est possible de séparer les pièces sans détérioration et de rassembler le tout avec les éléments de départ.

  Exemples :

  Organes de liaisons mécaniques démontables : vis, écrou, bande velcro, bouton-pression, fermeture éclair.

- Une liaison est indémontable quand la séparation des pièces entraîne la détérioration des surfaces ou de l'organe de liaison.

  Exemples :

  Organes de liaisons mécaniques indémontables : rivet, soudure, colle, couture.

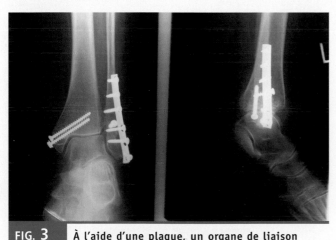

FIG. 3   À l'aide d'une plaque, un organe de liaison démontable (vis) retient des os fracturés.

La liaison rigide ou élastique

- Une liaison est rigide lorsque l'organe de liaison ainsi que les surfaces de liaison sont solidaires et sans déformation possible.

- Une liaison est élastique quand il y a une déformation possible et souhaitée entre les pièces liées.

La liaison complète ou partielle

- La liaison est complète lorsqu'il n'y a aucun degré de mouvement possible entre les pièces liées au cours de l'usage normal de l'objet technologique.

- La liaison est partielle lorsque les organes de liaison permettent un certain degré de mouvement entre des pièces liées.

Les quatre caractéristiques de la liaison roue et pneu sont : liaison directe, complète, démontable et élastique (voir la figure 4). La liaison roue et pneu est directe, car elle ne nécessite aucun ajout d'organe de liaison. La liaison s'effectue par l'emboîtement de deux profils complémentaires.

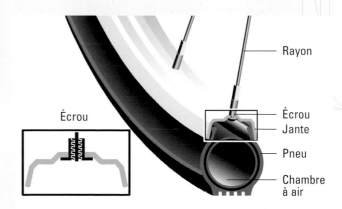

Rayon

Écrou

Écrou
Jante

Pneu

Chambre à air

FIG. 4   Rayon lié à une jante par un écrou (liaison rigide). Le pneu est lié à la jante (liaison élastique).

La liaison complète ou partielle (*suite*)

La fixation de la prothèse au genou amputé est indirecte (voir la figure 5). L'ajout d'un organe de liaison fait d'une courroie élastique et de velcro assure la stabilité de la prothèse. La liaison est complète, car elle ne permet aucun mouvement entre le genou et la cavité de la prothèse. La liaison est élastique pour favoriser le confort entre le contact du membre amputé et la cavité de la prothèse. La liaison est démontable.

L'articulation sphérique est une liaison partielle qui permet une certaine oscillation ou une rotation complète d'un organe par rapport à un autre. On obtient naturellement cette liaison lorsque l'on emboîte deux parties sphériques complémentaires.

Dans une hanche synthétique (voir la figure 6), il y a deux liaisons distinctes ayant des caractéristiques déterminées qui permettent le bon fonctionnement de l'ensemble hanche et fémur.

Pour la liaison de la tige de titane à la partie interne de l'os du fémur, l'organe de liaison employé est un ciment chirurgical. Cette liaison est **indirecte**, **complète**, **rigide** et **indémontable**.

Pour la liaison des deux parties sphériques qui s'emboîtent pour créer l'articulation, il est possible de considérer que cette liaison est **directe**, **partielle**, **rigide** et **démontable**.

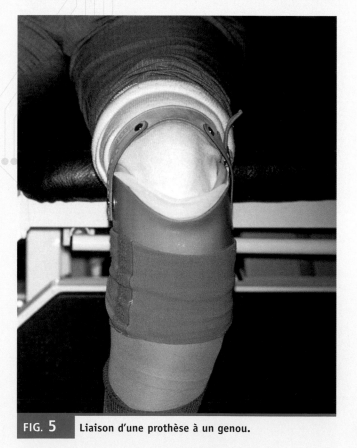

| FIG. 5 | Liaison d'une prothèse à un genou. |

FIG. 6   **Hanche synthétique qui remplace une articulation déficiente du fémur et du bassin.**

Tige de titane à bout sphérique

Ciment chirurgical

Fémur

Coupole sphérique en céramique

Extrémité sphérique

La fonction de guidage

La fonction de guidage est celle des organes qui orientent le déplacement d'une pièce dans une direction précise tout en limitant leur déplacement dans les autres directions au moyen de liaisons partielles.

> Il y a trois types de guidage :
> - le guidage du mouvement de translation ;
> - le guidage du mouvement de rotation ;
> - le guidage du mouvement hélicoïdal.

Le **guidage du mouvement de translation** permet un déplacement de la pièce selon une trajectoire linéaire (en ligne droite). Les autres mouvements seront contraints par une ou des liaisons partielles (voir la figure 7).

Le **guidage du mouvement de rotation** permet le déplacement d'une pièce en rotation habituellement autour d'un axe cylindrique qui sera contraint par une ou des liaisons partielles (voir la figure 8).

Le **guidage du mouvement hélicoïdal** est une liaison partielle qui combine un guidage en translation et un guidage en rotation de façon simultanée. Deux organes sont utilisés pour obtenir ce résultat : la vis et l'écrou (voir la figure 9).

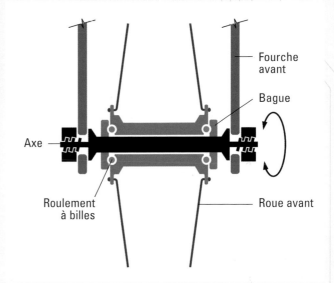

FIG. 8 **Guidage en rotation.**

La roue avant est liée partiellement à son axe par les bagues, ce qui la contraint à tourner. Les roulements à billes facilitent la rotation de la roue.

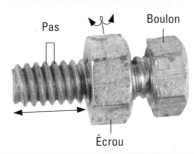

FIG. 9 **Guidage hélicoïdal.**

Un mouvement de rotation de 360° est appliqué à une vis ou un écrou. Il en résulte un mouvement de translation dont le déplacement sera égal à la distance entre deux filets. La distance entre les filets est appelée un pas.

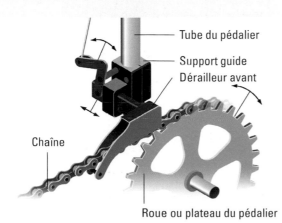

FIG. 7 **Guidage en translation.**

Le dérailleur avant (rouge) fait passer la chaîne d'une roue à l'autre, il se déplace en translation.

La fonction de guidage (*suite*)

Sur une loupe binoculaire, on trouve trois types de guidage (voir la figure 10).

- **Le guidage du mouvement en translation** de l'ensemble des pièces attachées à la potence s'effectue lorsqu'on applique une rotation au bouton de réglage de droite. Il en résulte un mouvement de translation vers le haut ou le bas selon le sens de rotation appliqué.

- **Le guidage du mouvement en rotation** de la partie supérieure de la loupe, comprenant les oculaires, permet à deux personnes de regarder à tour de rôle la préparation sans déplacer la base de la loupe.

- **Le guidage hélicoïdal** d'un oculaire permet d'obtenir une image nette. En effet, lorsqu'on tourne l'oculaire, celui-ci monte ou descend sur le tube optique.

La fonction de lubrification

La fonction de lubrification est associée aux matériaux, aux substances et aux techniques utilisées pour réduire le frottement entre deux ou plusieurs pièces mobiles dans un mécanisme.

Entre des pièces mobiles, le lubrifiant forme une couche très mince appelée coussin. Cette couche visqueuse évite le contact direct entre les pièces mobiles et réduit considérablement l'usure prématurée du mécanisme (voir la figure 11).

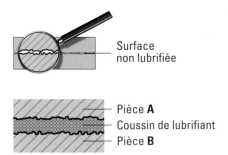

Surface non lubrifiée

Pièce **A**
Coussin de lubrifiant
Pièce **B**

| **FIG. 11** | Lubrifiant entre deux pièces en contact. |

Les lubrifiants couramment utilisés sont :

- liquides : sous forme d'huile végétale, animale, minérale, dérivée du pétrole ou synthétique ;

- semi-liquides : sous forme de graisse végétale, minérale, dérivée du pétrole ou synthétique ;

- solides : par exemple, le graphite et la paraffine.

| **FIG. 10** | La loupe binoculaire. |

La loupe possède trois types de guidage : **1.** translation, **2.** rotation, **3.** hélicoïdal.

Quelques critères à considérer pour choisir une lubrification adéquate :

- vitesse de déplacement des pièces en contact ;
- température d'utilisation ;
- charge soumise aux pièces en contact ;
- jeu entre les pièces mobiles ;
- matériaux employés ;
- état des surfaces de contact ;
- environnement d'utilisation ;
- accès aux points de contacts à lubrifier.

À l'intérieur du corps humain, certaines articulations sont enfermées dans une enveloppe de tissu fibreux contenant un liquide lubrifiant appelé synovie. Son rôle consiste à lubrifier les articulations et à éviter l'usure des os par friction (voir la figure 12).

Certains matériaux offrent des caractéristiques autolubrifiantes qui ne nécessitent aucune ou très peu de lubrification entre les surfaces en contact. Les propriétés antifriction sont soit intégrées à même la structure chimique du matériau ou favorisées par un polissage des surfaces de contact. L'usage de matériaux autolubrifiants est possible lorsque les pièces mobiles sont soumises à des usages dont la vitesse de rotation, la charge et la génération de chaleur sont modérées.

Quelques matériaux présentent des caractéristiques autolubrifiantes :

- **métallique :** le bronze, le platine, le chrome ;
- **plastique :** le téflon, le nylon, certaines matières plastiques ;
- **minérale :** certaines céramiques.

On utilise les matériaux autolubrifiants lorsque l'accès aux points de contacts à lubrifier est difficile ou impossible. Les articulations synthétiques ont des composantes autolubrifiantes pour cette raison. Une hanche humaine synthétique est constituée de titane, de zircon et de céramique. La surface sphérique a été soigneusement polie, de sorte qu'elle ne nécessite aucun apport de lubrifiant, tout en offrant une excellente résistance à l'usure (voir la figure 13).

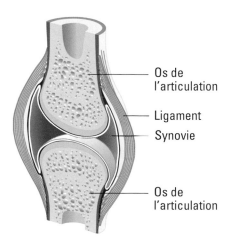

Os de l'articulation

Ligament

Synovie

Os de l'articulation

FIG. 12 La synovie est un liquide qui permet la lubrification d'une articulation.

FIG. 13 Articulation synthétique de la hanche.

La fonction d'étanchéité

La fonction d'étanchéité est associée aux organes mis en place pour empêcher un fluide, un solide ou un gaz de s'échapper ou de s'introduire dans un espace donné.

La majorité des problèmes d'étanchéité se manifestent dans les liaisons et les guidages. La différence de pression et le jeu entre les pièces en sont les deux facteurs responsables. Que ce soit pour empêcher l'écoulement du fluide ou l'infiltration de corps étrangers, on assure l'étanchéité de la même façon : par simple contact des pièces à lier ou par interposition d'une matière compressible (en bague ou en feuillure de caoutchouc, de plastique, de cuivre, de nylon, etc.).

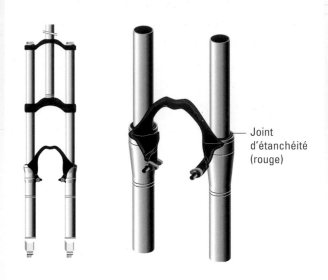

Joint d'étanchéité (rouge)

FIG. 14 La bague d'étanchéité d'une fourche télescopique de vélo de montagne empêche l'huile de sortir des tubes et la poussière d'y entrer.

LA TRANSMISSION ET LA TRANSFORMATION DU MOUVEMENT

Les systèmes de transmission et de transformation du mouvement ont pour fonctions de capter une source d'énergie afin de produire un mouvement, de transmettre ou de transformer ensuite ce mouvement et de le transférer à un organe apte à effectuer efficacement le travail voulu.

Organe moteur, organe intermédiaire et organe récepteur

Les systèmes de transmission et de transformation du mouvement possèdent des organes qui remplissent des fonctions précises. La bicyclette est un exemple de système de transmission du mouvement (voir la figure 15).

FIG. 15 **Bicyclette : système de transmission du mouvement.** Le pédalier constitue l'organe moteur, le système chaîne et roues dentées, les organes intermédiaires, et la roue arrière, l'organe récepteur.

- **L'organe moteur communique aux autres organes un mouvement qu'il reçoit d'une force motrice extérieure.** Sur la bicyclette, le pédalier est l'organe moteur; il reçoit la force motrice de la personne qui pédale.

- **L'organe récepteur reçoit le mouvement des organes intermédiaires et agit sur l'environnement.** Sur la bicyclette, la roue arrière est l'organe récepteur; elle reçoit la force motrice transmise par les organes intermédiaires. En contact avec le sol, elle permet le déplacement de la personne qui pédale.

- Souvent, les systèmes de transmission ou de transformation du mouvement ont des organes intermédiaires. **Les organes intermédiaires communiquent à l'organe récepteur la force motrice reçue de l'organe moteur.** Sur la bicyclette, la chaîne et les roues dentées sont les organes intermédiaires; elles transmettent à la roue arrière la force reçue du pédalier.

Le pédalier, actionné selon un mouvement circulaire, transmet à la roue arrière un mouvement circulaire de même nature. Il n'y a donc pas de changement de nature du mouvement. La vitesse de rotation, qui varie selon les changements de vitesse, est considérée comme étant une transmission de mouvement.

Il y a **transmission du mouvement** lorsque l'organe intermédiaire transfère une force motrice de l'organe moteur vers l'organe récepteur tout en conservant la nature du mouvement (voir la figure 15).

Par contre, **la transformation du mouvement** est une action mécanique qui change la nature du mouvement; c'est-à-dire que le mouvement de rotation est transformé en mouvement de translation, et vice versa.

La loupe binoculaire (voir la figure 10 à la page 232) est un exemple de transformation du mouvement. Lorsque le bouton d'ajustement (organe moteur) décrit un mouvement de rotation, il communique à l'ensemble des pièces liées à la potence (l'organe récepteur) un mouvement linéaire. Il y a changement de nature du mouvement par l'entremise d'organes intermédiaires, à savoir un pignon et une crémaillère (voir la figure 16).

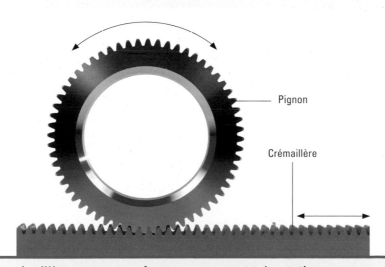

Pignon

Crémaillère

FIG. 16 Le pignon et la crémaillère peuvent transformer un mouvement de rotation en mouvement rectiligne, et vice versa.

Dans les pages suivantes, le tableau 7 présente des systèmes de transmission du mouvement, puis le tableau 8, des systèmes de transformation du mouvement.

TABLEAU **7** Systèmes de transmission du mouvement.

SYSTÈME DE TRANSMISSION	DESCRIPTION	UTILISATION
Roues de friction Glissement	• Constitué de deux roues en contact. • Transmet un mouvement lorsque l'espace est restreint. • Communique un mouvement de rotation par friction. • La roue menée (organe récepteur) a un sens de rotation inversé. • La petite roue tourne toujours plus vite que la plus grande, qu'elle soit motrice ou réceptrice. • Selon l'effort à fournir, il peut y avoir glissement entre les roues.	• Imprimeries (rouleaux d'imprimante). • Transmettre un mouvement de faible puissance à grande vitesse.
Poulies et courroie A D C B	• Constitué d'un minimum de deux poulies et d'une courroie. • Transmet un mouvement lorsque l'organe moteur et l'organe récepteur sont éloignés. • Communique un mouvement de rotation. • La petite roue tourne toujours plus vite que la plus grande, qu'elle soit motrice ou réceptrice. • Les roues menées à l'intérieur de la courroie ont un sens de rotation identique à la poulie menante (**B** et **C**). • La roue menée à l'extérieur de la courroie a un sens de rotation inverse (**D**). • Selon l'effort à fournir, il peut y avoir glissement entre la courroie et les poulies.	• Alternateur d'une automobile. • Pompe de refroidissement d'une automobile. • Transmission d'une motoneige.

Légende

■ Organe moteur

■ Organe récepteur

■ Organe intermédiaire

TABLEAU **7** Systèmes de transmission du mouvement (*suite*).

SYSTÈME DE TRANSMISSION	DESCRIPTION	UTILISATION
Engrenages 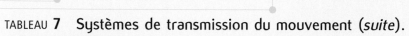 Dent	• Constitué de deux roues dentées en contact. • Transmet un mouvement lorsque l'espace est restreint. • Communique un mouvement de rotation. • La roue menée (organe récepteur) a un sens de rotation inversé. • La petite roue dentée tourne toujours plus vite que la plus grande, qu'elle soit motrice ou réceptrice. • Permet un rapport de vitesse constant entre les roues (aucun glissement possible).	• Mécanisme de montre bracelet. • Boîte d'engrenage d'automobile et de motocyclette.
Roues dentées et chaînes	• Constitué de deux roues dentées avec un lien articulé (chaîne). • Transmet un mouvement lorsque l'organe moteur et l'organe récepteur sont éloignés. • Communique un mouvement de rotation. • La petite roue dentée tourne toujours plus vite que la plus grande, qu'elle soit motrice ou réceptrice. • Sens de rotation unique. • Permet un rapport de vitesse constant entre les roues (aucun glissement possible).	• Bicyclette. • Motocyclette.
Roue et vis sans fin	• Constitué d'une roue dentée et d'une vis sans fin, c'est-à-dire d'un cylindre comportant une cannelure hélicoïdale. • Permet de fortes réductions de vitesse : la vis sans fin fait un grand nombre de tours pour que la roue en décrive un seul. • Permet un rapport de vitesse constant entre la vis et la roue (aucun glissement possible).	• Souffleuse à neige. • Cheville de guitare.

TABLEAU **8** Systèmes de transformation du mouvement.

SYSTÈME DE TRANSFORMATION	DESCRIPTION	UTILISATION
Vis et écrou ■ Manivelle ■ Vis et écrou ■ Plaque support	• Transforme un mouvement de rotation (manivelle) en mouvement de translation (plaque support) par le biais d'un mouvement hélicoïdal (vis et écrou). • Décuple la force appliquée pour soulever de grandes charges. • Beaucoup de frottement entre la vis et l'écrou.	• Cric d'automobile. • Compas à vis.
Coulisse et système bielle et manivelle[1] 	• Transformer un mouvement de translation en mouvement de rotation (**A**) ou l'inverse (**B**). • Permet d'obtenir de grandes vitesses. • Nécessite beaucoup d'articulations.	• Moteur à combustion interne. • Scie sauteuse.
Pignon et crémaillère[1] 	• Transforme un mouvement de rotation en mouvement de translation, ou l'inverse. • Transforme le mouvement sans glissement. • Nécessite une lubrification importante.	• Direction d'une automobile. • Mise au point sur un microscope.
Came[1] 	• Permet seulement de transformer un mouvement de rotation en mouvement de translation. • Permet de grandes vitesses. • Usure rapide des organes.	• Mécanisme d'une machine à coudre. • Mécanisme d'ouverture et de fermeture des soupapes d'un moteur.

1. Pour la signification de la couleur des pièces, voir la légende à la page 236.

LES MATÉRIAUX

Un matériau, c'est toute matière entrant dans la construction d'un objet technologique. Les matériaux d'un objet technologique sont soumis à différentes forces ou **contraintes** (voir le tableau 9) et doivent posséder des **propriétés mécaniques** (voir le tableau 10) précises pour remplir adéquatement leur fonction.

TABLEAU **9** Types de contraintes.

TYPE	DÉFINITION	SYMBOLE	EXEMPLE
Traction	Tendance à étirer les corps.		
Compression	Tendance à serrer les corps.		
Cisaillement	Tendance à couper les corps.		
Torsion	Tendance à tordre les corps.		

TABLEAU **10** Propriétés mécaniques des matériaux.

PROPRIÉTÉ MÉCANIQUE	DÉFINITION	SYMBOLE
Dureté	Résistance à la pénétration et à la déformation.	
Malléabilité	Aptitude à se laisser réduire en feuilles sans déchirure.	
Élasticité	Capacité de reprendre sa forme initiale lorsque la force agissante cesse.	
Ténacité	Résistance à la tension.	
Ductilité	Faculté de s'étirer en fil sans se rompre.	
Fragilité	Facilité à casser sans se déformer.	

Les matériaux métalliques

Les matériaux métalliques se classent en deux catégories : les ferreux et les non-ferreux. On utilise rarement les métaux à l'état pur mais plutôt en combinaison avec d'autres éléments. On les appelle alors des alliages. Chaque métal a des propriétés particulières.

Pour employer judicieusement les différents métaux, nous devons connaître l'ensemble de leurs propriétés physiques, mécaniques et chimiques. Ces propriétés nous permettent de savoir comment on peut les former et les usiner. Elles nous renseignent aussi sur leur comportement relativement à diverses sollicitations.

Les métaux ferreux

Les métaux ferreux sont des alliages où l'élément fondamental est le fer. Ces métaux sont magnétisables, c'est-à-dire qu'on peut les utiliser pour en faire des aimants. En ajoutant du carbone au fer (plus de 2 %), on fabrique les différentes fontes, qui sont dans l'ensemble dures et fragiles. En ajoutant moins de 2 % de carbone, on obtient des aciers, qui sont tenaces, élastiques et ductiles. La fonte et l'acier sont de couleur grisâtre.

Les métaux non ferreux

Les métaux non ferreux ne contiennent pas de fer, et la majorité ne sont pas magnétisables. Il en existe une multitude. Voici ceux qui sont les plus utilisés dans la fabrication d'objets techniques.

- De couleur rouge-brun, le **cuivre** est un métal ductile, malléable, assez mou et bon conducteur d'électricité. Il est utilisé dans la fabrication de fils électriques et de tuyaux.

- Les **bronzes** (alliages formés de cuivre à 70 % et d'étain) sont plus résistants que le cuivre.

- Les **laitons** (alliages de cuivre à 60 % et de zinc) sont plus durs, plus résistants et plus élastiques que le cuivre. Les bronzes et les laitons sont jaunâtres. Ils sont utilisés dans la robinetterie et dans la visserie. Le cuivre et ses alliages ont la propriété de ne pas s'oxyder (ne pas être attaqués par l'oxygène de l'air ou de l'eau).

- L'**aluminium** est un métal blanc brillant. Il est ductile, malléable et léger. Il est extrait de la bauxite par électrolyse (décomposition de substances par le passage d'un courant électrique), ce qui rend cette métallurgie dépendante de la production d'électricité. À cause de sa légèreté, l'industrie des transports l'utilise abondamment.

- Le **plomb** est un métal mou et malléable. Il est utilisé par les dentistes dans des tabliers qui protègent les patients contre les rayons X et aussi dans la fabrication de piles.

- L'**étain** résiste à la rouille et possède les mêmes propriétés que le plomb. Il est utilisé dans la fabrication de plats et de contenants. L'alliage plomb-étain est un métal d'apport utilisé en plomberie pour la soudure de raccords en cuivre.

- Le **nickel**, dur et résistant à la rouille, est souvent ajouté à l'acier pour en augmenter la dureté.

- Le **chrome,** dur mais peu tenace, est employé comme revêtement protecteur et aussi comme métal d'apport dans certains alliages.

- On emploie le **zinc** pour sa résistance à l'air humide (galvanisation de l'acier) dans la construction de bâtiments.

- Le **titane** est un métal léger, très résistant et non magnétisable, d'un aspect blanc métallique. Sa résistance à la corrosion est exceptionnelle dans de nombreux milieux comme l'eau de mer ou l'organisme humain. Les propriétés du titane sont extrêmement intéressantes : en plus de sa résistance à la corrosion, il possède d'excellentes propriétés mécaniques (résistance, ductilité, résistance à la fatigue, etc.) qui permettent de concevoir des pièces plus fines et légères. Cet éventail impressionnant de propriétés explique son usage dans les domaines aéronautique, aérospatial, chimique et médical. Vu ses propriétés mécaniques, on l'emploie comme blindage (porte-avions américains). Le titane n'étant pas magnétisable, il offre l'avantage d'être difficilement détectable par les radars. Il fut abondamment utilisé dans l'ex-Union soviétique pour la construction d'avions et de sous-marins militaires.

Avec l'or et le platine, le titane est un des matériaux les plus biocompatibles, c'est-à-dire qu'il résiste aux fluides corporels et n'est pas toxique. De plus, il possède une masse qui s'apparente aux structures osseuses du corps humain. Son utilisation est désormais répandue en médecine pour le remplacement de parties osseuses lourdement endommagées. Le titane a aussi fait une percée importante dans le domaine de la médecine dentaire, où il sert d'implant dans la mâchoire pour les supports de prothèses fixes.

Il faut enfin signaler l'apparition d'outillage en titane pour la chirurgie. Contrairement à l'acier, les débris d'outils chirurgicaux en titane qui peuvent rester dans le corps humain n'occasionneront pas d'infection postopératoire, du fait de sa biocompatibilité.

En outre, grâce à une meilleure connaissance de ses propriétés, le titane est de plus en plus utilisé dans des applications courantes du domaine du sport ou de l'automobile.

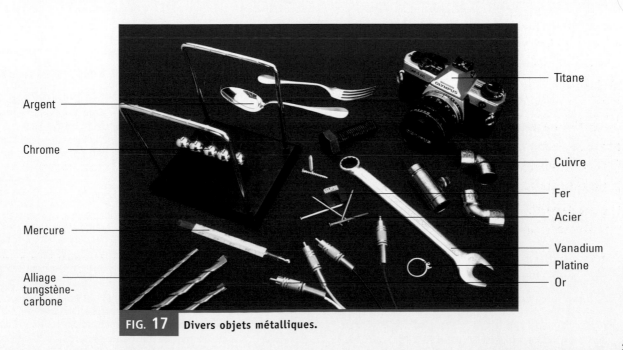

FIG. 17 Divers objets métalliques.

Le bois et le bois modifié

Connaître la classification des arbres permet de mieux comprendre la technologie du bois.

> Les arbres sont des plantes ligneuses qui se divisent en deux grandes catégories :
>
> - arbres à bois dur, ou arbres caduques (qui perdent leurs feuilles à l'automne) ;
> - arbres à bois tendre, appelés résineux, arbres à feuilles persistantes ou conifères (qui produisent des cônes).
>
> L'arbre est composé de trois grandes parties :
>
> - les racines ;
> - le tronc ;
> - la couronne (cime de l'arbre).

Le tronc est la partie qui a la plus grande valeur commerciale. Une fois coupé, il faut un grand nombre d'opérations pour transformer un arbre en bois d'œuvre : débitage en planches, puis séchage, à l'air libre ou artificiellement.

En plus du bois en planches, il existe des placages et des contreplaqués. Le **contreplaqué** est un bois modifié ; il est constitué d'un nombre impair de feuilles de placages assemblées et collées perpendiculairement les unes par rapport aux autres. À masse égale, le contreplaqué est plus solide que l'acier. Il est possible de fabriquer, également à partir des résidus du bois (flocons, éclats, copeaux, bran), un nouveau matériau appelé **aggloméré de copeaux orientés.** Ces deux matériaux (contreplaqué, aggloméré) sont vendus sous la forme de panneaux tout usage ainsi qu'en poutrelles de dimensions diverses.

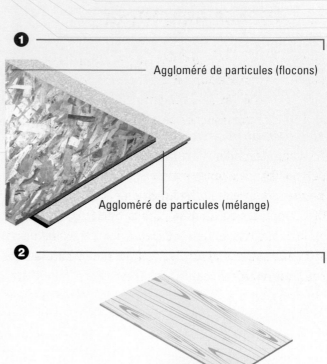

❶ Aggloméré de particules (flocons)

Aggloméré de particules (mélange)

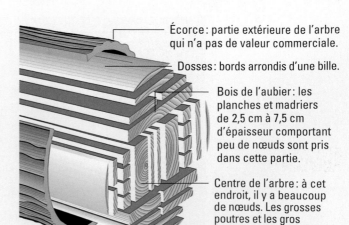

❷ Placage de surface (parement ou revers)

Placages intermédiaires

Âme de placage

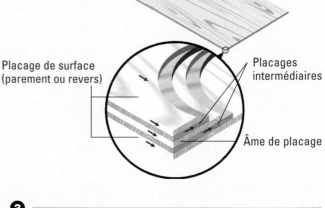

❸ Écorce : partie extérieure de l'arbre qui n'a pas de valeur commerciale.

Dosses : bords arrondis d'une bille.

Bois de l'aubier : les planches et madriers de 2,5 cm à 7,5 cm d'épaisseur comportant peu de nœuds sont pris dans cette partie.

Centre de l'arbre : à cet endroit, il y a beaucoup de nœuds. Les grosses poutres et les gros madriers sont pris dans cette partie.

FIG. 18 **Bois et bois modifié.**

1. Deux exemples d'agglomérés. **2.** Structure du contreplaqué. Les feuilles de parement et de revers ainsi que les feuilles intermédiaires sont entrecroisées. **3.** Tronc d'arbre débité.

LE LANGAGE GRAPHIQUE

En technologie, lorsqu'il faut représenter un objet en vue de sa fabrication, il est nécessaire de voir cet objet tel qu'il est exactement et non tel qu'il paraît être à l'œil d'une personne qui observe.

Pour que la communication soit efficace, le dessin doit faciliter la compréhension de l'objet. La représentation ne doit pas se limiter à des formes et à des lignes qui, même si elles peuvent être d'une grande qualité artistique, ne révéleront pas nécessairement les informations essentielles à la fabrication éventuelle d'un objet.

Sur la figure 19, il est possible de remarquer que la forme circulaire semble être une ellipse et que la forme trapézoïdale est en réalité un rectangle.

Pour s'assurer d'une compréhension sans équivoque de la forme de l'objet, il faut utiliser et appliquer un ensemble de méthodes et de règles standardisées appelées conventions. Ces conventions, bien appliquées, assurent que l'objet pourra être fabriqué tel qu'il a été imaginé et dessiné par le concepteur ou la conceptrice (voir la figure 20).

FIG. 19 Perspective qui offre une représentation déformée de l'objet.

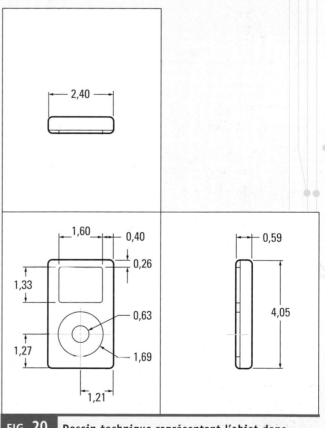

FIG. 20 Dessin technique représentant l'objet dans sa vraie forme.

Les projections orthogonales

Une projection orthogonale est une projection géométrique vers l'avant à angle droit par rapport à l'œil qui observe. La projection orthogonale est utilisée comme moyen de représentation d'un objet tridimensionnel (3D) en plusieurs vues bidimensionnelles (2D) sur une feuille de papier.

Six vues usuelles

La figure 21 montre un objet technologique dont on peut observer les faces selon six vues. Chacune des vues se présente perpendiculairement (à 90°) au sens de vision de l'œil observateur. À ce stade, la représentation mentale de l'objet est complète, mais inutilisable sans l'objet réel sous les yeux.

Le plan de projection

La figure 22 montre un objet technologique au centre d'une boîte transparente (boîte de référence). Les parois de la boîte agissent comme capteurs de l'image de chacune des faces de l'objet par projection orthogonale (à 90° vers l'avant).

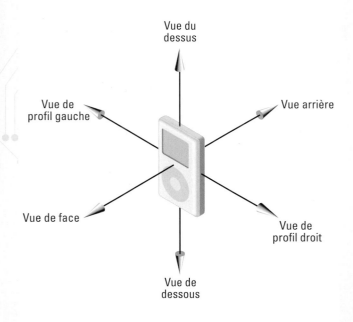

FIG. 21 Six vues usuelles.

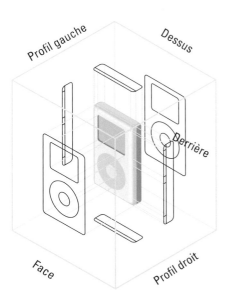

FIG. 22 Boîte de référence captant les projections à 90° vers l'avant.

Le déploiement de la boîte de référence

La figure 23 montre que les parois de la boîte s'articulent et se déploient comme si la vue de face possédait des charnières. Il est possible alors d'obtenir une représentation à plat des six vues usuelles.

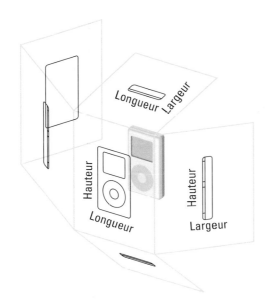

FIG. 23 Déploiement de la boîte de référence.

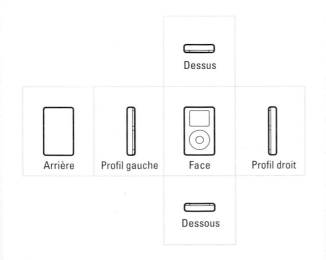

FIG. 24 Généralement, ce sont les vues de dessus, de face et de profil (gauche ou droite) qui sont les plus utilisées.

Six vues à plat en 2D

Certaines vues contiennent des dimensions identiques. Par exemple, dans la figure 24, la vue de face montre les mêmes dimensions que la vue arrière (longueur et hauteur). Il est recommandé de dessiner uniquement les vues nécessaires à la compréhension de l'objet. Il est possible de représenter alors la largeur et la hauteur de l'objet par la vue de face. En règle générale, les vues les plus utilisées pour représenter la totalité d'un objet sont les vues de dessus, de face el de profil (gauche ou droite). Dans le tableau 11, les vues les plus utilisées sont en vert.

TABLEAU **11** Six vues d'un objet et leurs dimensions observables. Les trois vues en vert sont les vues principales.

VUE	DIMENSIONS OBSERVABLES SUR CHACUNE DES VUES
Face	Longueur et hauteur
Dessus	Longueur et largeur
Profil droit	Largeur et hauteur
Profil gauche	Largeur et hauteur
Dessous	Longueur et largeur
Arrière	Longueur et hauteur

Les lignes conventionnelles

La réalisation d'un dessin technique est un assemblage de lignes et de traits plus ou moins larges dessinés selon des besoins précis. Généralement, sept types de lignes et trois types de traits sont utilisés.

TABLEAU **12** Lignes conventionnelles.

LIGNE	FONCTION	EXEMPLE D'UTILISATION
Ligne de construction	Sert de guide au cours de l'ébauche du dessin.	
Ligne de contour visible	Montre la forme et les détails de l'objet.	
Ligne de contour caché	Indique les contours non visibles de l'objet.	
Ligne de cotation	Donne les dimensions par des lignes d'attaches et de cote.	
Ligne d'axe	Indique le centre d'un trou ou d'une pièce symétrique.	
Ligne de plan de coupe	Montre l'emplacement d'un plan de coupe pour voir les détails internes d'une pièce ainsi que la direction d'observation.	VUE A-A
Ligne de hachure	Montre une partie interne qui est pleine.	

Le croquis

Le croquis est un moyen très efficace pour communiquer simplement et rapidement une information visuelle. Un crayon, du papier et une gomme à effacer suffisent à exposer des idées naissantes. Rien de mieux pour présenter plusieurs pistes de conception d'un objet technologique avec un minimum d'énergie et de frais (voir la figure 25).

Encore aujourd'hui, malgré la facilité d'accéder aux technologies ultramodernes, la plupart des idées originales d'un objet technologique sont exprimées initialement par un ou des croquis. Dans un atelier de dessin industriel, le croquis serait ensuite acheminé aux dessinateurs et dessinatrices, qui auraient le mandat de produire un dessin normalisé, à l'aide d'un logiciel de dessin assisté par ordinateur (DAO).

Comme le croquis est surtout utilisé pour sa simplicité et la rapidité de sa mise en œuvre, il peut servir dans les situations suivantes.

Exemples :

- formuler, exprimer et enregistrer des idées ;
- visualiser ou communiquer l'idée d'un objet ou d'un détail ;
- servir de référence pour la fabrication d'un objet quand celui-ci est peu complexe ;
- représenter l'ébauche d'un ensemble de pistes de solutions.

Les règles d'exécution du dessin sont les mêmes, que ce soit à main levée, avec des instruments ou à l'aide d'un logiciel de DAO.

Il n'est pas obligatoire que le croquis soit à l'échelle. Il doit toutefois respecter les proportions de longueur, de hauteur et de largeur de l'objet.

Le croquis procure des avantages : il est plus facile et plus rapide à exécuter que le dessin avec des instruments. Cependant, il comporte des inconvénients : le croquis est moins clair et moins précis. Lorsque le croquis sert de référence pour la fabrication d'un objet, il est conseillé de le faire valider auprès d'un enseignant ou d'une enseignante.

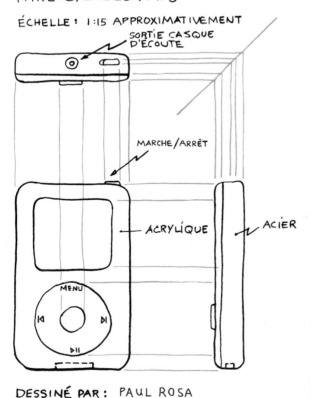

TITRE : BALADEUR MP3

ÉCHELLE : 1:15 APPROXIMATIVEMENT

SORTIE CASQUE D'ÉCOUTE

MARCHE/ARRÊT

ACRYLIQUE

ACIER

MENU

DESSINÉ PAR : PAUL ROSA
DATE : 7 JANVIER 2007

FIG. 25 Croquis d'un objet divisé en trois vues : dessus, face et profil.

Comment dessiner un croquis

Les figures 26 à 29 représentent quatre étapes de construction d'un croquis d'une planche à roulettes. La marche à suivre pour fabriquer cette planche est valable pour tout objet technologique. À cette fin, il est nécessaire de se procurer le matériel suivant :

- une feuille quadrillée ou entièrement blanche ;
- un crayon ;
- une gomme à effacer ;
- une règle, pour un croquis plus précis.

Étapes à suivre

Première étape

1. Tracer un cadre sur une feuille blanche ou quadrillée.

2. Dans le bas du cadre, tracer deux boîtes : une pour indiquer le titre du croquis et une seconde pour écrire le nom du dessinateur ou de la dessinatrice.

3. Écrire l'échelle du dessin. Dans l'exemple ci-dessous, l'échelle est de 1 : 20, ce qui signifie que 1 cm sur le dessin correspond à 20 cm dans la réalité. Sur la figure 28, la planche à roulettes mesure environ 3,5 cm ; dans la réalité, elle mesurera donc 70 cm (3,5 cm × 20 cm).

Deuxième étape

4. Tracer avec des lignes de construction légères le rectangle **1**, **2**, **3** et **4** qui délimite la longueur et la hauteur totale de l'objet en vue de face.

5. Ajouter les lignes de construction **5** et **6** pour la vue de dessus.

6. Pour élaborer la vue de profil, tracer la ligne verticale **7** jusqu'à l'intersection de la ligne **5**.

7. À partir du point d'intersection des lignes **5** et **7**, tracer une diagonale à 45° jusqu'à la ligne **6**.

8. À partir de l'intersection de la ligne **6** et de la diagonale, tracer la ligne verticale **8**.

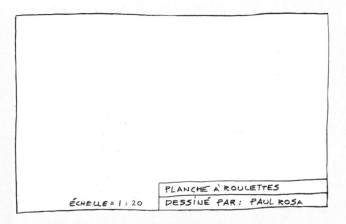

ÉCHELLE = 1 : 20 — PLANCHE À ROULETTES / DESSINÉ PAR : PAUL ROSA

FIG. 26 Première étape.

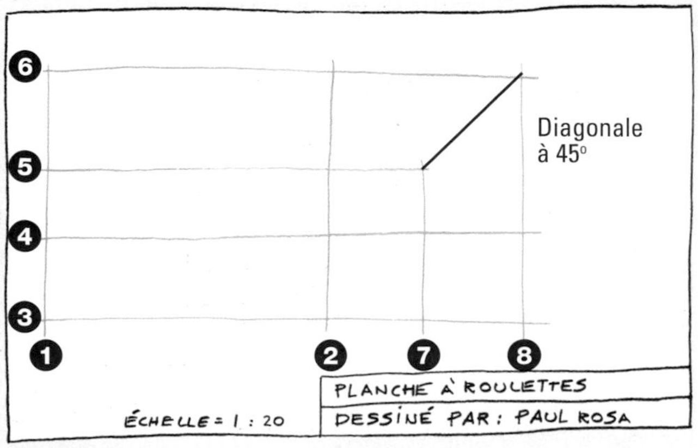

Diagonale à 45°

ÉCHELLE = 1 : 20 — PLANCHE À ROULETTES / DESSINÉ PAR : PAUL ROSA

FIG. 27 Deuxième étape.

BOÎTE À OUTILS

Troisième étape

9. Tracer les principales lignes et courbes de l'objet technique.

10. Compléter le croquis en dessinant les formes détaillées de l'objet: la planche et les roues, en vue de face.

11. Transférer les formes aux autres vues à l'aide des lignes verticales **9, 10, 11** et **12** et des lignes horizontales **13, 14, 15** et **16**.

12. Transférer la position des roues de la vue de dessus horizontalement en ajoutant les lignes **17** et **18** jusqu'à l'intersection avec la diagonale à 45° et verticalement en abaissant les lignes **19** et **20** sur la vue de profil droit.

Quatrième étape

13. Finalement, pour obtenir un rendu final plus propre et lisible, effacer les lignes guides et améliorer la finition du croquis.

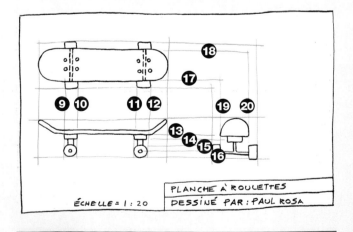

| FIG. **28** | Troisième étape. |

| FIG. **29** | Quatrième étape. |

Tiroir compétences

Toutes les démarches de résolution de problème (démarche du cycle de conception, démarche expérimentale, démarche de modélisation, démarche empirique, démarche de construction d'opinion et démarche technologique[1]) sont des outils qui permettent d'acquérir une plus grande compétence. Il n'y a pas de parfaites ou mauvaises démarches. Il s'agit seulement de bien les exploiter pour améliorer une expertise.

QUE SIGNIFIE ACQUÉRIR UNE PLUS GRANDE COMPÉTENCE ?

- Pour un sauveteur ou une sauveteuse, c'est être de plus en plus efficace dans ses interventions auprès des personnes qui se baignent et qui sont en danger.

- Pour une personne spécialiste en chirurgie, c'est être de plus en plus sûre dans ses interventions.

- Pour un ou une secrétaire dans une clinique médicale, c'est se donner des stratégies pour faciliter le classement des dossiers.

- Pour un bébé d'un an, c'est de marcher de mieux en mieux et de plus en plus vite.

- Pour les élèves du deuxième cycle secondaire, c'est acquérir de nouvelles connaissances et de bons automatismes quant à la manière de relever un défi.

Devenir une personne compétente n'est pas une mince tâche. Cela ne se fait pas sur une courte période, c'est parfois l'histoire d'une vie. On y parvient par une suite de petits et de grands succès, de petits et de grands échecs, qui s'acceptent plus aisément lorsqu'on s'attache à des objectifs déterminés. Il faut faire l'effort d'accepter les risques et de se tromper souvent afin de mieux rebondir. Il n'est pas nécessaire de réinventer la roue chaque jour.

Vous avez la chance de profiter déjà d'une bonne avance, car d'autres personnes avant vous ont contribué à la connaissance collective. À votre tour, vous acquerrez des compétences qui vous rendront aptes à prendre une part active dans votre entourage.

Les trois compétences disciplinaires de science et technologie sont :

Compétence 1

chercher des réponses ou des solutions à des problèmes d'ordre scientifique ou technologique ;

Compétence 2

mettre à profit ses connaissances scientifiques et technologiques ;

Compétence 3

communiquer à l'aide des langages utilisés en science et en technologie.

L'utilisation de diagrammes permet de mieux visualiser les liens pouvant exister entre les compétences disciplinaires et les démarches à suivre pour les acquérir.

LES COMPOSANTES DE LA PREMIÈRE COMPÉTENCE DISCIPLINAIRE

Il est possible d'utiliser les composantes de la première compétence en tout ou en partie. Certaines situations exigeront de cerner uniquement le problème.

Exemple :

En étudiant différents indices économiques d'un pays, on peut constater que le problème de la mortalité infantile est dû à la malnutrition des femmes enceintes.

Toutefois, si la situation l'exige, une recherche plus approfondie permettrait d'élaborer un plan d'action qui suggérerait d'élaborer, par exemple, un guide alimentaire adapté au régime de ces femmes.

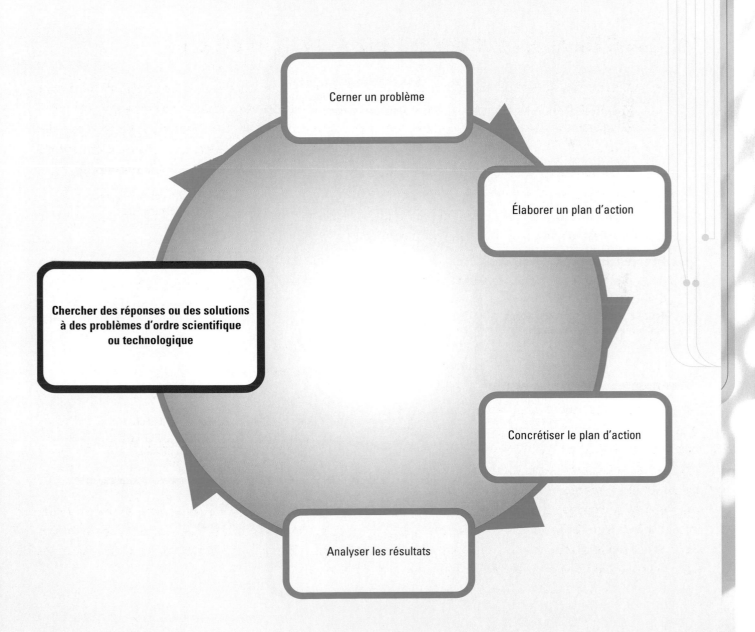

LES COMPOSANTES DE LA DEUXIÈME COMPÉTENCE DISCIPLINAIRE

Il est possible d'utiliser les composantes de la deuxième compétence en tout ou en partie.

Exemple :

L'étude des phénomènes d'osmose et de diffusion permet de mieux comprendre l'absorption intestinale.

La compréhension de ces principes pousse les gens à insister sur l'importance de consommer de l'eau de qualité. Dans un deuxième temps, ceux-ci pourraient s'impliquer dans des campagnes contre le gaspillage de l'eau potable.

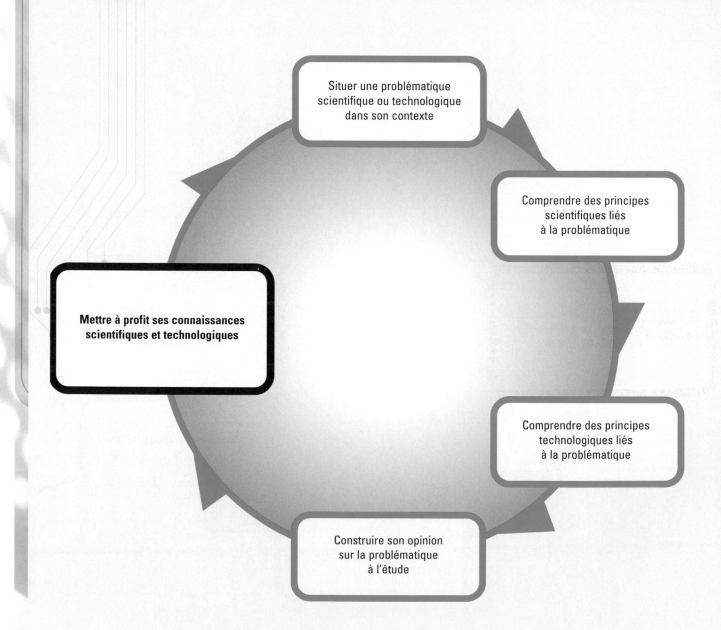

Situer une problématique scientifique ou technologique dans son contexte

Comprendre des principes scientifiques liés à la problématique

Mettre à profit ses connaissances scientifiques et technologiques

Comprendre des principes technologiques liés à la problématique

Construire son opinion sur la problématique à l'étude

LES COMPOSANTES DE LA TROISIÈME COMPÉTENCE DISCIPLINAIRE

Les composantes de la troisième compétence donnent l'occasion de s'exprimer de façon structurée sur différents sujets à caractère scientifique et technologique.

Exemple :

Vous avez compris l'importance de lutter contre d'éventuelles épidémies de grippe à l'école. Vous cherchez donc une façon originale et instructive de prévenir les comportements à risque dans votre entourage.

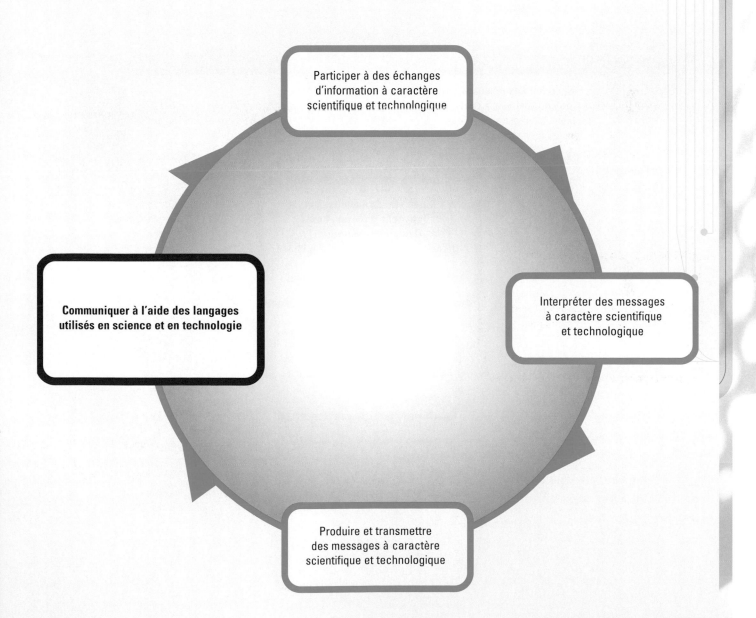

Participer à des échanges d'information à caractère scientifique et technologique

Communiquer à l'aide des langages utilisés en science et en technologie

Interpréter des messages à caractère scientifique et technologique

Produire et transmettre des messages à caractère scientifique et technologique

LES STRATÉGIES D'EXPLOITATION DES TROIS COMPÉTENCES DISCIPLINAIRES

L'analyse du diagramme ci-dessous permet de constater que la troisième compétence est au service des deux premières. Recourir à différentes démarches de résolution de problèmes donne la chance de réussir ce que la plupart des gens curieux tentent de réussir : apprendre pour soi-même et expliquer aux autres. Vous développerez ainsi votre capacité d'utiliser les nombreuses ressources et les diverses stratégies afin de résoudre des problèmes scientifiques et technologiques.

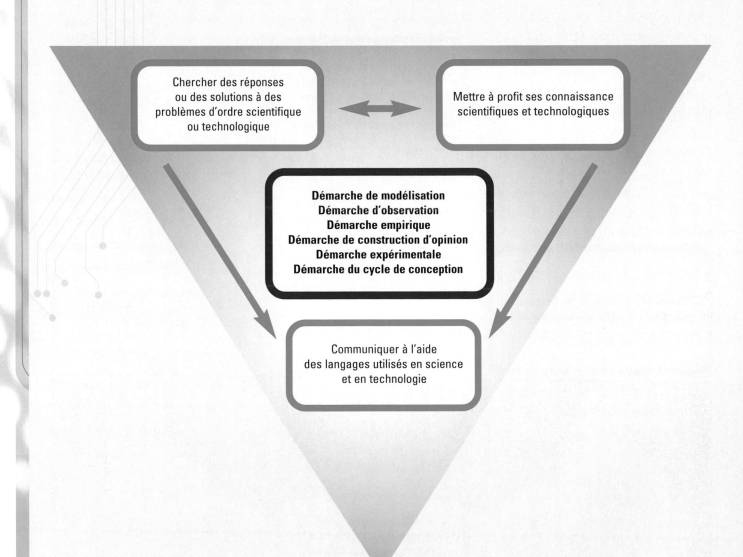

Chercher des réponses ou des solutions à des problèmes d'ordre scientifique ou technologique

Mettre à profit ses connaissance scientifiques et technologiques

Démarche de modélisation
Démarche d'observation
Démarche empirique
Démarche de construction d'opinion
Démarche expérimentale
Démarche du cycle de conception

Communiquer à l'aide des langages utilisés en science et en technologie

BOÎTE À OUTILS

Tiroir démarches

Qu'est-ce que les enseignants et enseignantes pourraient faire pour vous intéresser à la science et à la technologie ?

Peu de choses, car vous vous y intéressez probablement déjà. En fait, vous n'avez pas vraiment le choix, puisqu'il est possible de réaliser chaque jour que les applications scientifiques et technologiques influent inévitablement sur vos habitudes de vie. Il faut disposer d'un important bagage de connaissances en ce domaine pour comprendre la portée et les limites du savoir.

L'étendue des connaissances scientifiques sur la Terre est beaucoup trop impressionnante pour qu'il soit possible d'être un expert ou une experte dans tous les domaines. Ainsi, les avancées technologiques associées à la miniaturisation de l'électronique sont telles que la plupart des gens ne peuvent rien y comprendre. De même, en mécanique automobile, il suffit de soulever le capot d'une voiture pour constater rapidement l'ampleur de la tâche qui se présente à celui ou celle qui n'y connaît rien.

Néanmoins, en connaître un peu ou beaucoup – et même passionnément – demeure souhaitable. Au même titre que vous vous donnez une culture littéraire en lisant des romans, en assistant à des pièces de théâtre ou en assimilant des règles de grammaire, vous pouvez éprouver un réel plaisir à développer votre culture scientifique en étudiant l'histoire des sciences, en visitant des musées à caractère scientifique et en assimilant des concepts de chimie, de biologie, de physique, d'écologie ou de géologie.

Plusieurs stratégies contribuent à développer efficacement votre capacité à résoudre une situation problématique. Il ne convient pas de se limiter à une seule démarche. En résolution de problèmes, il faut faire preuve de créativité, d'autonomie et d'esprit critique.

Le schéma suivant énumère différentes démarches pouvant être exploitées en science et technologie. Vous apprendrez à recourir à ces démarches, à en connaître les limitations et à y découvrir les fondements de l'activité scientifique et technologique.

Les démarches de résolution de problèmes

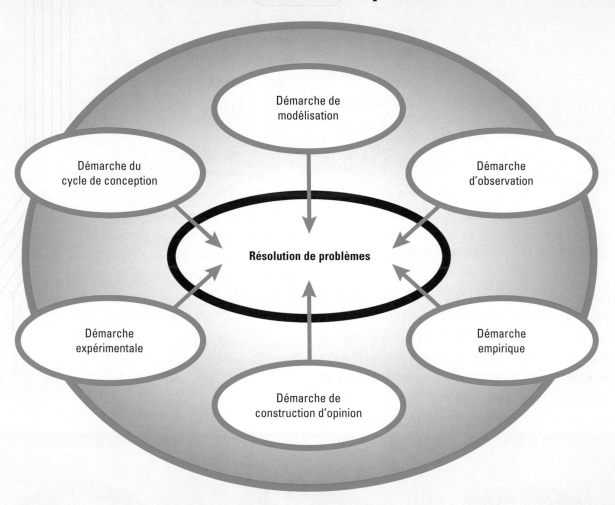

LA DÉMARCHE DE MODÉLISATION

Comment expliquer à une personne les caractéristiques d'un objet inusité si petit qu'il est à peine visible même à la loupe ? Comment décrire l'allure d'une nouvelle voiture aperçue dans la rue ?

Voici différentes possibilités :

- comparer ces objets avec des objets que vous connaissez déjà ;
- les dessiner ;
- utiliser des symboles ;
- construire des maquettes ;
- chercher sur Internet.

Quelles stratégies utiliser pour décrire l'apparence d'une cellule animale, d'un atome ou d'une molécule ?

Il faut recourir à un modèle, c'est-à-dire à une représentation visible qui aidera à expliquer une réalité invisible à l'œil nu. Pour être exploitable, ce modèle devra :

- faciliter la compréhension de la réalité ;
- permettre d'expliquer certaines propriétés de la réalité à représenter ;
- permettre de prédire de nouveaux phénomènes.

Au fur et à mesure de votre compréhension de la réalité, le modèle se raffinera et se complexifiera. Il deviendra désuet s'il n'est plus conforme à de nouvelles évidences scientifiques. Alors, vous le modifierez ou le rejetterez. Le modèle sera remplacé par un autre, plus performant.

LA DÉMARCHE D'OBSERVATION

À partir du moment où vous prêtez attention à votre environnement, vous ne pouvez faire autrement que d'observer de nouveaux faits quantifiables ou qualifiables qui influeront probablement sur votre compréhension du monde. Dans un contexte d'expérimentation, vous recueillerez différentes observations que vous organiserez en espérant découvrir les liens qui les unissent. L'élément déclencheur de cette démarche est assurément votre curiosité.

LA DÉMARCHE EMPIRIQUE

L'intuition constitue souvent le meilleur allié pour résoudre un problème. Un remue-méninges permet d'explorer et de représenter de nombreux éléments d'un problème. Ce brassage d'idées permet aussi de susciter plusieurs réflexions et d'élaborer des hypothèses et des théories provisoires. Un sondage d'opinion auprès d'un public bien ciblé peut aider à recueillir et à organiser de nouvelles informations qui vous serviront tôt ou tard ou vous amèneront sur une piste inattendue.

LA DÉMARCHE DE CONSTRUCTION D'OPINION

Pour satisfaire vos attentes et celles des gens qui sont importants pour vous, il faut vous y engager personnellement. La majorité des situations problématiques que vous tenterez de résoudre seront considérées comme des problèmes complexes. Elles devront être abordées sous plusieurs angles : éthique, économique, scientifique, psychologique, politique, etc.

L'essentiel est de ne pas s'enfermer dans des idées préconçues, mais de s'ouvrir à d'autres points de vue, à d'autres valeurs et à d'autres cultures. L'étude de l'histoire des sciences vous permet de mieux comprendre l'évolution des idées, les gens qui y ont contribué, les événements clés, les causes, les conséquences et les enjeux souvent associés à l'évolution de la pensée scientifique et technologique. Cette démarche humaniste vous aide à mieux comprendre afin de mieux agir. Personne n'y perd et tout le monde y enrichit son savoir.

LA DÉMARCHE EXPÉRIMENTALE

Certaines expériences vous permettent de confirmer ou d'infirmer vos hypothèses de travail. Vous confrontez ainsi vos idées à la réalité. Et c'est par un rapport de laboratoire que vous pouvez communiquer vos résultats d'expérience. Ce rapport devrait contenir les éléments suivants :

- page couverture ;
- introduction ;
- manipulations ;
- données expérimentales ;
- analyse ;
- conclusion.

Page couverture

Elle contient les différentes informations relatives à votre identité, à celle de votre enseignant ou enseignante, à votre cours, à votre expérience et à la remise de votre rapport.

Introduction

L'introduction porte sur le but de votre expérimentation, c'est-à-dire qu'elle explique clairement la problématique qui lui est associée. Vous émettez ici des hypothèses concernant les résultats de votre démarche. Ces hypothèses se basent sur vos connaissances antérieures et devraient s'écrire de la façon suivante : « Je pense que... parce que... »

Manipulations

Dans cette partie, vous dressez la liste du matériel utilisé, puis vous décrivez la marche à suivre pour réaliser l'expérience. Cette partie contient suffisamment de détails pour qu'un autre expérimentateur ou une autre expérimentatrice puisse refaire l'expérience à son tour, et cela dans des conditions identiques.

Données expérimentales

Ce sont les résultats de votre expérience. Il ne devrait y avoir ici ni calcul, ni analyse. Il s'agit de données brutes, bien organisées dans des tableaux ou des grilles d'observation.

Analyse

Votre analyse doit comprendre les éléments suivants :

- exemples de calculs ;
- causes anticipées d'erreurs ;
- évaluation de votre hypothèse (indication de sa vérité ou de sa fausseté, avec explications appropriées) ;
- déductions à partir de vos données expérimentales. (Pouvez-vous déduire des lois générales ? Devez-vous émettre de nouvelles hypothèses ?)

Conclusion

En rappelant le but de votre expérience, vous devez également synthétiser vos résultats.

LA DÉMARCHE DU CYCLE DE CONCEPTION

Vous pouvez apprécier le rôle de la science et de la technologie dans la vie de tous les jours en analysant d'une manière critique et ingénieuse des situations problématiques diverses. Vous devez chercher des solutions adaptées à certains besoins déterminés.

Le cycle de conception comprend quatre étapes adaptables en fonction des besoins de la situation problématique. Pour mieux vous représenter cette démarche, observons parallèlement une véritable situation d'apprentissage. Nous tenterons de résoudre le problème en suivant le cycle de conception ci-dessous. Voici le contexte :

Connaissez-vous dans votre entourage immédiat une ou des personnes qui éprouvent de la difficulté à fonctionner efficacement à cause d'un handicap physique ou intellectuel, temporaire ou permanent ?

Cycle de conception

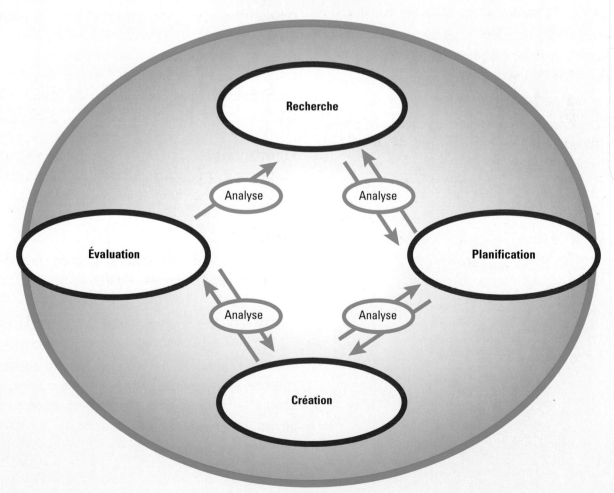

LA DÉMARCHE DU CYCLE DE CONCEPTION (*suite*)

Recherche

Faire le premier travail de débroussaillage suivant afin de maîtriser votre sujet.

- Définir ce qu'est un handicap physique.

- Définir ce qu'est un handicap intellectuel.

- Donner des exemples :
  - avec des fiches résumées ;
  - avec un organisateur graphique ;
  - en parlant avec une personne-ressource ;
  - en lisant des revues spécialisées ;
  - en regardant la télévision ;
  - en naviguant sur Internet, etc.

- Mettre en œuvre les moyens de communication utiles pour transmettre les résultats de la recherche :
  - lecture d'un article scientifique pour mieux savoir comment en écrire vous-même ;
  - construction d'une maquette pour mieux en connaître les méthodes de construction ;
  - création d'une présentation multimédia pour mieux maîtriser les rudiments de ce type de communication ;
  - élaboration d'une conférence afin de mieux en connaître les étapes de réalisation, etc.

L'esprit de la **recherche** vous oblige à comprendre au fur et à mesure les différents aspects associés à votre projet. Au cours de la phase de **recherche**, vous apprenez donc à :

- vous interroger sur le sujet ;
- analyser les impacts potentiels (économiques, sociaux, environnementaux, humains) ;
- utiliser des sources variées ;
- synthétiser, sélectionner et évaluer les informations.

Prenons l'exemple de la page 259 :

Dans votre famille, une personne âgée de cinq ans présente un problème léger de motricité fine. Vous décidez de produire un cahier d'activités qui l'aidera à atténuer les effets négatifs de son handicap. Votre recherche vous permet de comprendre la maladie et d'acquérir une certaine expertise sur le moyen de communication que vous avez choisi (cahier d'activités).

Planification

Pour élaborer votre plan de travail, vous devez :

- planifier l'échéancier ;
- réfléchir à d'autres possibilités ;
- préparer des plans ;
- comparer votre idée avec d'autre réalisations existantes ;
- tenir compte de contraintes (les coûts, la disponibilité des personnes-ressources, l'échéancier, etc.

Vous constatez rapidement que de nouvelles recherches s'imposent avant de continuer. Donc, vous devez effectuer un retour à la première étape du cycle de conception afin d'y apporter certains ajouts.

Au cours de la phase de **planification**, vous apprenez donc à :

- établir les priorités ;
- produire un plan de conception ;
- évaluer la faisabilité du projet ;
- vous associer des personnes-ressources ;
- travailler avec un échéancier ;
- prévoir l'imprévisible dans les limites du possible.

Continuons avec l'exemple de la page 259 :

Votre plan de cahier d'activités sera suffisamment précis pour que vous puissiez le soumettre le moment venu à un service d'impression ou de reproduction.

Création

Au cours de la phase de **création**, vous devez :

- utiliser les ressources appropriées (matériaux) ;
- respecter les techniques adaptées ;
- laisser des traces de votre démarche (vidéo-cassettes, photographies) ;
- justifier les changements apportés au plan initial.

Vous vous apercevez aussi qu'il faudra revenir aux étapes précédentes de **planification** et de **recherche** pour réaliser votre création.

Vous voilà maintenant en mesure de concevoir votre cahier d'activités adapté aux besoins d'une personne handicapée.

Évaluation

Dans cette phase, il faut :

- évaluer votre propre processus ;
- évaluer les répercussions de votre conception ;
- envisager de nouvelles pistes d'exploration ;
- faire montre d'engagement personnel (créativité, initiatives, etc.).

Qui mieux qu'un membre de votre famille pourrait tester votre prototype de cahier d'activités ? Vous pourrez aussi contacter d'autres jeunes atteints par le même handicap afin de valider votre conception. Vous en profiterez pour noter les modifications que vous pourriez apporter à votre solution ou en suggérer de nouvelles pour qu'une autre personne ait la possibilité de continuer ce travail.

Tiroir communication

Il y a plusieurs façons d'exprimer un message à caractère scientifique ou technologique.

Exemples :

- cahier de conception ;
- rapport de laboratoire ;
- dépliant ;
- bulletin à votre public cible ;
- communiqué de presse ;
- brochure ;
- article scientifique ;
- toute autre forme de communication adaptée.

LE CAHIER DE CONCEPTION

C'est la forme de communication associée à la démarche du cycle de conception en science et technologie[1].

Conseils : Cette démarche est cyclique et il arrive fréquemment que vous soyez dans l'obligation de retourner aux phases précédentes. Par exemple, il faudra, au cours de la phase de PLANIFICATION, faire de nouvelles RECHERCHES. Votre enseignant ou enseignante devra évaluer tout le long de la démarche l'évolution des différentes phases de votre RECHERCHE.

Vous pourriez utiliser une couleur différente pour chacune des phases du cycle de conception. Par exemple :

Jaune = RECHERCHE,

Rose = PLANIFICATION,

Bleu = CRÉATION,

Vert = ÉVALUATION.

Des surligneurs de différentes couleurs vous permettront de distinguer les différentes phases. Indiquez dans la marge la date et le nombre de minutes travaillées.

Surligner et dater chacune de vos interventions dans votre cahier de conception permettra à votre enseignant ou enseignante d'évaluer la chronologie de votre projet. Il est possible d'utiliser un cahier ligné. Dans celui-ci, tout sera consigné et intégré au cahier de conception, par exemple les photographies collées.

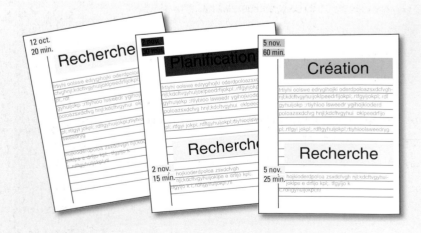

---

1. Voir la démarche du cycle de conception aux pages 259 à 261.

LE RAPPORT DE LABORATOIRE

C'est la forme de communication habituellement exigée au cours de la démarche expérimentale.

Conseils: Organisez les observations et enregistrez vos résultats expérimentaux. Il existe principalement trois formes de présentation: les tableaux, les diagrammes et les schémas.

LES TABLEAUX

Un tableau comporte habituellement les éléments suivants:

- un titre;
- un cadre (les données sont compilées dans des colonnes);
- une légende (au besoin).

TABLEAU **13**   Composition chimique du lait et du pain.

SUBSTANCES CHIMIQUES	COMPOSITION D'UN LITRE DE LAIT (g)		COMPOSITION D'UN KILOGRAMME DE PAIN (g)	
Eau		De 900 à 910		400
Sels minéraux	Chlorures Phosphates Sulfates	De 9 à 10	Phosphates	10
Glucides	Lactose	De 47 à 52	Amidon + glucose	500
Lipides		De 35 à 40		10
Protéines	Caséine	30	Gluten	80

LES DIAGRAMMES

Un diagramme comporte les éléments suivants:

- un titre descriptif;
- des paramètres (leur nom et l'unité de mesure utilisée);
- s'il y a lieu, les informations utiles à la compréhension et à l'interprétation du graphique (légende, notes, etc.).

Il existe cinq grands types de diagrammes.

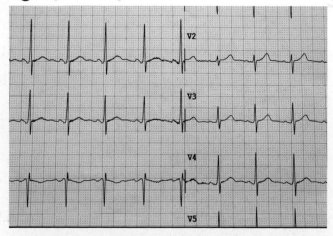

❶ Diagramme enregistreur.

Ce type de diagramme permet de mettre en évidence plusieurs phénomènes physiologiques, tels que la tension artérielle, l'activité cardiaque (ECG) ou l'activité des ondes cérébrales (EEG).

LE RAPPORT DE LABORATOIRE (*suite*)

❷ Diagramme à bandes (ou en bâtonnets).

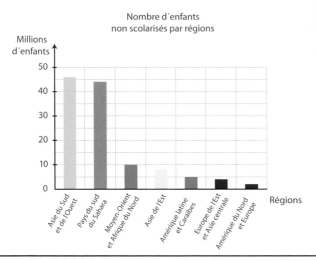

Nombre d'enfants
non scolarisés par régions

Base de données statistiques de l'ISU et projection et estimation de février 2000.

Un diagramme à bandes sert à comparer différents éléments par rapport à l'une de leurs caractéristiques. Il comporte des bandes séparées les unes des autres. L'axe horizontal représente généralement un paramètre non continu (ici, les régions du monde).

❸ Histogramme.

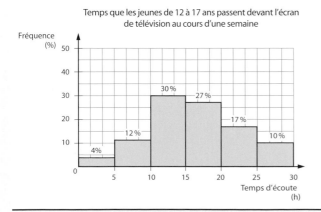

Temps que les jeunes de 12 à 17 ans passent devant l'écran de télévision au cours d'une semaine

Un histogramme comporte des bandes collées les unes aux autres. L'axe horizontal représente généralement un paramètre continu (ici, le temps d'écoute).

❹ Diagramme cartésien.

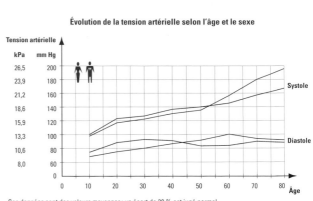

Évolution de la tension artérielle selon l'âge et le sexe

Ces données sont des valeurs moyennes : un écart de 20 % est jugé normal.

Ce diagramme permet de représenter des observations effectuées en laboratoire. Il est utilisé lorsque le nombre de coordonnées (x, y) n'est pas très élevé. Son tracé illustre l'allure générale que pourrait avoir la relation entre les variables utilisées.

❺ Diagramme à pictogrammes.

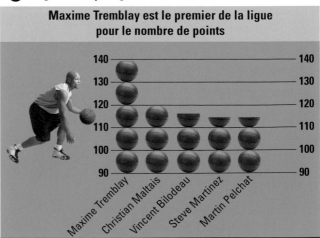

Maxime Tremblay est le premier de la ligue pour le nombre de points

Ce diagramme sert à comparer différents éléments par rapport à une caractéristique commune. Les colonnes sont remplacées par les illustrations signifiantes. Il est aussi utilisé dans de nombreux domaines scientifiques : chimie, santé, sécurité, produits ménagers, environnement, etc.

6 Diagramme circulaire.

Répartition des résultats
de 10 lancers d'un dé ordinaire

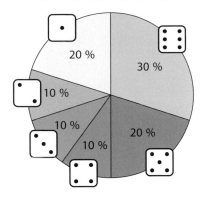

Le diagramme circulaire permet d'illustrer des proportions.

LES SCHÉMAS

Les schémas sont souvent associés aux sciences biologiques.

Exemples :

- dessin d'observation utilisé en microscopie ;
- dessin anatomique utilisé au cours d'une dissection.

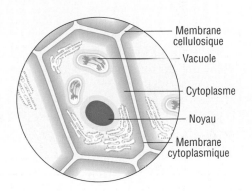

LE DÉPLIANT

Le dépliant diffuse de l'information utile et réutilisable. Il se présente généralement sous la forme d'une feuille de papier pliée en deux ou en trois. Le dépliant est facile à transporter. Il contient des informations auxquelles il faudrait se référer fréquemment. Les éléments clés du dépliant sont :

- un titre évocateur ;
- des phrases courtes ;
- un bref texte explicatif ;
- des images.

Pour rédiger un dépliant, il faut bien connaître le public cible (âge, niveau d'instruction). La mise en page du dépliant doit contenir les informations suivantes :

- un titre en grosses lettres ;
- un logo, un slogan, etc. ;
- le nom de l'organisation ou le thème de la campagne ;
- des images et des mots pour le corps même du dépliant.

Il existe des logiciels de traitement de texte ou de mise en page avec lesquels vous obtiendrez des résultats graphiques très satisfaisants.

LE BULLETIN

Le bulletin est destiné à informer les membres d'une organisation sur ses activités. C'est un moyen de communication privilégié pour établir un lien entre des personnes qui possèdent des intérêts communs (par exemple, le bulletin des agriculteurs, le bulletin des Amis du Jardin botanique de Montréal).

Il peut être parfois difficile de trouver des nouvelles importantes et intéressantes à communiquer dans une publication périodique (hebdomadaire, mensuelle, bi-annuelle, etc.).

Quoi qu'il en soit, il faut apprendre à respecter des délais, recueillir suffisamment d'information pour remplir le bulletin, le publier avec régularité et maintenir l'intérêt pour celui-ci. Vous vous rendrez compte de l'ampleur de la tâche à accomplir et de la nécessité de monter à cette fin une équipe de rédaction dynamique et fiable.

Sujets habituels d'un bulletin :

- activités de l'organisation ;
- événements passés ;
- éditorial ;
- événements à venir (dans le prochain bulletin) ;
- chroniques ;
- courriers des lecteurs et lectrices ;
- divertissements (mots croisés, devinettes, récits, bandes dessinées, etc.) ;
- enquêtes et questionnaires ;
- publicité.

Il faut prendre des décisions sur les points suivants :

- le nombre de bulletins ;
- la largeur des colonnes ;
- le style et le corps de la police ;
- les illustrations à insérer ;
- l'assemblage du bulletin.

Utilisez des logiciels d'éditique afin d'uniformiser le contenu de votre bulletin.

LE COMMUNIQUÉ DE PRESSE

Le communiqué de presse aide les journalistes (présents ou absents) à une conférence de presse à rédiger un article sur le sujet de la conférence. Vous ne devez pas écrire l'article à leur place mais être très précis et convaincant. Il peut arriver que votre communiqué de presse soit publié intégralement.

Un communiqué de presse est tout indiqué pour attirer l'attention du public sur une campagne en cours ou sur un problème particulier. Il y est souvent question d'un événement d'actualité ou sur le point de se produire, qui risque de se produire ou qui est mis en scène pour justifier la campagne d'information.

Le communiqué de presse comprend :

- un titre percutant (maximum de 8 à 12 mots);
- un premier paragraphe accrocheur qui répond aux questions suivantes :

  Qui ? Quoi ? Quand ? Où ? et Pourquoi ? ;
- des paragraphes traitant chacun d'un élément (procédez par ordre décroissant d'importance);
- le nom et les coordonnées de la personne à joindre.

Le communiqué de presse doit être clair et détaillé. Citez quelques faits et chiffres qui aideront les journalistes à cerner l'événement. Évitez les ambiguïtés, l'humour et les astuces.

Il faut s'assurer que le communiqué de presse est diffusé aux bonnes personnes, c'est-à-dire à celles qui le publieront.

LA BROCHURE

La brochure est habituellement une petite publication destinée à défendre une cause (manifeste). Elle se lit en moins de 30 minutes et comprend en général un texte unique (un article) sur un seul thème qui, souvent, est sujet à controverse.

Optez pour une brochure lorsque vous désirez :

- stimuler un débat ;
- soulever une controverse.

La brochure s'adresse à un public instruit (étudiants, étudiantes, dirigeants et dirigeantes de collectivités ou d'organisations gouvernementales). La brochure dérange, elle trouble les gens qui la lisent. La principale force de la brochure est son organisation des idées. Consacrez-y donc tout le temps qu'il faut pour en perfectionner le contenu. Utilisez des phrases-clés. Prenez un ton incisif, avec des slogans percutants. Écrivez des phrases courtes (maximum 28 mots). La page couverture doit frapper et les grands titres doivent sauter aux yeux. Insistez sur la nécessité d'agir, sur l'urgence de la situation, puisque vous voulez que les gens se rallient à votre cause.

Les règles de production d'une brochure sont moins contraignantes que celles des autres formes de communication. Utilisez les moyens à votre disposition. Vous devez rendre votre brochure disponible en la distribuant largement à votre public cible. Bien entendu, il ne faut pas oublier d'y inclure votre adresse de correspondance.

L'ARTICLE SCIENTIFIQUE

La présentation d'un article scientifique comprend le titre, les auteurs et auteures et l'organisation pour laquelle ils et elles travaillent.

L'article scientifique se divise en cinq parties :

- le résumé ;
- l'introduction ;
- le développement ;
- les remerciements ;
- la bibliographie.

Le résumé :

Il permet au lecteur ou à la lectrice de prendre connaissance du contenu avec rapidité et précision. Votre public aura ainsi une idée de la valeur de l'article et de son intérêt relativement au sujet traité. Le résumé ne devrait pas dépasser 250 mots et devrait se limiter à une brève description de la question étudiée. Évitez d'inclure trop de détails ou des références à des travaux précédents. Faites un sommaire des grandes idées de votre recherche en y énonçant vos idées principales et votre conclusion.

L'introduction :

La personne qui lit doit comprendre facilement l'ensemble de l'ouvrage et être en mesure de l'apprécier sans avoir à consulter la bibliographie.

En rédigeant votre introduction :

- présentez le plus clairement possible la nature du problème et la raison de son étude ;
- choisissez les références avec attention pour fournir des informations pertinentes ;
- citez les principales idées et leurs sources ;
- expliquez clairement les termes spécialisés.

Le développement :

En rédigeant votre développement :

- énoncez les principes, les relations et les généralisations que vous désirez démontrer dans votre article ;
- analysez et interprétez les grandes idées ;
- illustrez le plus fidèlement possible les diverses interprétations du même sujet (comparaison) ;
- formulez des conclusions claires et précises ;
- accompagnez-le d'éléments graphiques (photographies, graphiques ou tableaux) qui faciliteront la compréhension de certains aspects ou sous-aspects.

Les remerciements :

Ils consistent à remercier les collaborateurs et collaboratrices (personnes-ressources) ou tout organisme qui a pu contribuer d'une manière ou d'une autre à la production de votre article. Votre propos doit être bref et précis, et vous devez éviter la flatterie.

La bibliographie :

Vous devez rendre compte de la littérature consultée. Énumérez les ouvrages cités dans votre texte en indiquant, dans l'ordre, chacun des détails suivants :

- nom de l'auteur ou auteure ;
- année de publication ;
- titre de l'ouvrage ;
- source du document.

L'ÉVALUATION DE LA PERTINENCE DES SOURCES

Il faut pouvoir se fier à vos sources d'information, qu'elles soient imprimées ou électroniques. Éliminez systématiquement toute information dont la provenance n'est pas indiquée.

Les spécialistes de la recherche suggèrent de suivre quatre pistes de validation :

- Les sources sont-elles fiables ?
- L'information est-elle exacte ?
- L'information est-elle objective ?
- L'information est-elle récente ?

Les sources sont-elles fiables ?

Documents imprimés (livre, encyclopédie, etc.)	Internet
Les documents imprimés doivent correspondre au champ d'expertise des auteurs et auteures. Les articles scientifiques publiés sont d'abord soumis à des comités de correction qui vérifient la rigueur du contenu.	Assurez-vous de consulter des sites reconnus qui fournissent des informations fiables. Vous pouvez faire confiance aux sites universitaires, gouvernementaux ou d'associations reconnues. Évitez les forums de discussion et les sites personnels qui, quel que soit leur intérêt, peuvent contenir des aberrations.

L'information est-elle objective ?

Le document consulté peut répondre à différents objectifs. Vous devez savoir quels sont les intentions de l'auteur ou auteure. Son but est-il simplement de nous informer sur un sujet ? Ou bien y a-t-il une volonté de vendre un produit ou de faire valoir un point de vue ? Dans ce cas, il faut se méfier et rechercher les textes les plus objectifs possible. Le document doit être vraiment informatif, c'est-à-dire présenter des arguments solides et exprimer plus d'un point de vue. Par exemple, si vous faites une recherche sur la téléphonie sans fil, utilisez des textes de sources indépendantes qui décrivent les différentes technologies, plutôt que de l'information provenant d'une compagnie qui vend des téléphones cellulaires. Cette compagnie cherche peut-être, dans un texte apparemment objectif, à mettre en valeur ses produits.

L'information est-elle exacte ?

Assurez-vous que l'information scientifique est vraiment à jour. Vos informations doivent provenir de sources incontestables.

L'information est-elle récente ?

La date de publication et la date de mise à jour sont des critères importants à considérer.

Dans le domaine de la science, les connaissances changent parfois rapidement et il faut donc toujours garder à l'esprit la durée de vie des documents scientifiques.

Santé Canada Health Canada | *Votre santé et votre sécurité… notre priorité.* | *Your health and safety… our priority.*

Bien manger avec le
Guide alimentaire canadien

Canada

Nombre de *portions du Guide alimentaire* recommandé chaque jour

	Enfants			Adolescents		Adultes			
Âge (ans)	2-3	4-8	9-13	14-18		19-50		51+	
Sexe	Filles et garçons			Filles	Garçons	Femmes	Hommes	Femmes	Hommes
Légumes et fruits	4	5	6	7	8	7-8	8-10	7	7
Produits céréaliers	3	4	6	6	7	6-7	8	6	7
Lait et substituts	2	2	3-4	3-4	3-4	2	2	3	3
Viandes et substituts	1	1	1-2	2	3	2	3	2	3

Le tableau ci-dessus indique le nombre de portions du Guide alimentaire dont vous avez besoin chaque jour dans chacun des quatre groupes alimentaires.

Le fait de consommer les quantités et les types d'aliments recommandés dans le *Guide alimentaire canadien* et de mettre en pratique les trucs fournis vous aidera à :

• Combler vos besoins en vitamines, minéraux et autres éléments nutritifs.

• Réduire le risque d'obésité, de diabète de type 2, de maladies du coeur, de certains types de cancer et d'ostéoporose.

• Atteindre un état de santé globale et de bien-être.

À quoi correspond une portion du Guide alimentaire ?
Regardez les exemples présentés ci-dessous.

Légumes et fruits

Légumes frais, surgelés ou en conserve
125 mL (½ tasse)

Légumes feuillus
Cuits : 125 mL (½ tasse)
Crus : 250 mL (1 tasse)

Fruits frais, surgelés ou en conserve
1 fruit ou 125 mL (½ tasse)

Produits céréaliers

Pain
1 tranche (35 g)

Bagel
½ bagel (45 g)

Pains plats
½ pita ou ½ tortilla (35 g)

Riz, boulgour ou quinoa, cuit
125 mL (½ tasse)

Céréales
Froides : 30 g
Chaudes : 175 mL (¾ tasse)

Lait et substituts

Lait ou lait en poudre (reconstitué)
250 mL (1 tasse)

Lait en conserve (évaporé)
125 mL (½ tasse)

Boisson de soya enrichie
250 mL (1 tasse)

Yogourt
175 g
(¾ tasse)

Kéfir
175 g
(¾ tasse)

Viandes et substituts

Poissons, fruits de mer, volailles et viandes maigres, cuits
75 g (2 ½ oz)/125 mL (½ tasse)

Légumineuses cuites
175 mL (¾ tasse)

Tofu
150 g ou
175 mL (¾ tasse)

Oeufs
2 oeufs

Beurre d'arachide ou de noix
30 mL (2 c. à table)

Huiles et autres matières grasses

- Consommez une petite quantité, c'est-à-dire de 30 à 45 mL (2 à 3 c. à table) de lipides insaturés chaque jour. Cela inclut les huiles utilisées pour la cuisson, les vinaigrettes, la margarine et la mayonnaise.
- Utilisez des huiles végétales comme les huiles de canola, d'olive ou de soya.
- Choisissez des margarines molles faibles en lipides saturés et trans.
- Limitez votre consommation de beurre, margarine dure, saindoux et shortening.

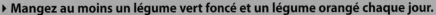

Tirez le maximum de vos portions du Guide alimentaire...
partout où vous êtes : à la maison, à l'école, au travail ou au restaurant !

Jus 100 % purs
125 mL (½ tasse)

▸ **Mangez au moins un légume vert foncé et un légume orangé chaque jour.**
- · Choisissez des légumes vert foncé comme le brocoli, les épinards et la laitue romaine.
- · Choisissez des légumes orangés comme les carottes, les courges d'hiver et les patates douces.

▸ **Choisissez des légumes et des fruits préparés avec peu ou pas de matières grasses, sucre ou sel.**
- · Dégustez des légumes cuits à la vapeur, au four ou sautés plutôt que frits.

▸ **Consommez des légumes et des fruits de préférence aux jus.**

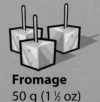

Pâtes alimentaires ou couscous, cuits
125 mL (½ tasse)

▸ **Consommez au moins la moitié de vos portions de produits céréaliers sous forme de grains entiers.**
- · Consommez une variété de grains entiers comme l'avoine, l'orge, le quinoa, le riz brun et le riz sauvage.
- · Dégustez des pains à grains entiers, du gruau ou des pâtes alimentaires de blé entier.

▸ **Choisissez des produits céréaliers plus faibles en lipides, sucre ou sel.**
- · Comparez les tableaux de la valeur nutritive sur les emballages des produits céréaliers pour faire des choix judicieux.
- · Appréciez le vrai goût des produits céréaliers. Limitez les quantités de sauces ou tartinades que vous leur ajoutez.

Fromage
50 g (1 ½ oz)

▸ **Buvez chaque jour du lait écrémé ou du lait 1 % ou 2 % M.G.**
- · Consommez 500 mL (2 tasses) de lait chaque jour pour avoir suffisamment de vitamine D.
- · Buvez des boissons de soya enrichies si vous ne buvez pas de lait.

▸ **Choisissez des substituts du lait plus faibles en matières grasses.**
- · Comparez les tableaux de la valeur nutritive sur les emballages de yogourts et fromages pour faire des choix judicieux.

Noix et graines écalées
60 mL (¼ tasse)

▸ **Consommez souvent des substituts de la viande comme des légumineuses ou du tofu.**

▸ **Consommez au moins deux portions du Guide alimentaire de poisson chaque semaine.***
- · Privilégiez le hareng, le maquereau, l'omble, les sardines, le saumon et la truite.

▸ **Choisissez des viandes maigres et des substituts préparés avec peu ou pas de matières grasses ou sel.**
- · Retirez toutes les graisses visibles de la viande. Enlevez la peau de la volaille.
- · Cuisez vos aliments au four ou faites-les griller ou pocher. Ces méthodes de cuisson nécessitent peu ou pas de matières grasses.
- · Si vous mangez des charcuteries, des saucisses ou des viandes préemballées, choisissez des produits plus faibles en sodium et lipides.

Savourez une variété d'aliments provenant des quatre groupes alimentaires.

Buvez de l'eau pour étancher votre soif !
Buvez de l'eau régulièrement. L'eau étanche bien la soif sans fournir de calories. Buvez-en davantage lorsqu'il fait chaud ou que vous êtes très actif.

* Santé Canada fournit des conseils visant à limiter l'exposition au mercure présent dans certains types de poissons.

Conseils en fonction de l'âge et des étapes de la vie

Enfants

En suivant le *Guide alimentaire canadien*, les enfants peuvent grandir et se développer en santé.

Même s'ils ont un petit appétit, les jeunes enfants ont besoin de calories pour grandir et se développer.

- Servez-leur de petits repas et collations nutritifs chaque jour.
- Ne les privez pas d'aliments nutritifs à cause de la quantité de lipides qu'ils contiennent. Offrez-leur une variété d'aliments provenant des quatre groupes alimentaires.
- Surtout, donnez-leur le bon exemple !

Femmes en âge de procréer

Toutes les femmes pouvant devenir enceintes, les femmes enceintes et celles qui allaitent devraient prendre une multivitamine renfermant de l'**acide folique** chaque jour. Les femmes enceintes doivent s'assurer que cette multivitamine renferme également du **fer**. Un professionnel de la santé peut vous aider à choisir le type de multivitamine qui vous convient.

Les besoins en calories sont plus élevés chez les femmes enceintes et celles qui allaitent. C'est pourquoi elles devraient consommer chaque jour 2 ou 3 portions additionnelles du Guide alimentaire.

Voici deux exemples :
- Manger un fruit et un yogourt à la collation, ou
- Manger une rôtie de plus au déjeuner et boire un verre de lait de plus au souper.

Hommes et femmes de plus de 50 ans

Les besoins en **vitamine D** augmentent après l'âge de 50 ans.

En plus de suivre le *Guide alimentaire canadien*, toutes les personnes de plus de 50 ans devraient prendre chaque jour un supplément de 10 µg (400 UI) de vitamine D.

Comment puis-je calculer le nombre de portions du Guide alimentaire dans un repas ?

Voici un exemple :

Sauté de légumes et boeuf avec du riz, un verre de lait et une pomme comme dessert		
250 mL (1 tasse) de brocoli, carottes et poivrons rouges	=	2 portions du Guide alimentaire de **Légumes et fruits**
75 g (2 ½ onces) de boeuf maigre	=	1 portion du Guide alimentaire de **Viandes et substituts**
250 mL (1 tasse) de riz brun	=	2 portions du Guide alimentaire de **Produits céréaliers**
5 mL (1 c. à thé) d'huile de canola	=	une partie de votre apport quotidien en **Huiles et autres matières grasses**
250 mL (1 tasse) de lait 1 % M.G.	=	1 portion du Guide alimentaire de **Lait et substituts**
1 pomme	=	1 portion du Guide alimentaire de **Légumes et fruits**

Mangez bien et soyez actif chaque jour !

Bien manger et être actif comportent de nombreux avantages :

- une meilleure santé globale,
- une diminution du risque de maladies,
- un poids santé,
- une sensation de bien-être et une meilleure apparence,
- un regain d'énergie,
- un renforcement des muscles et des os.

Soyez actif

La pratique quotidienne de l'activité physique représente une étape vers une meilleure santé et un poids santé.

Le Guide d'activité physique canadien recommande aux adultes d'accumuler de 30 à 60 minutes d'activités physiques modérées chaque jour. Il recommande aux enfants et aux jeunes d'en accumuler au moins 90 minutes par jour. Il n'est pas nécessaire de faire toutes ces activités au même moment. Les adultes peuvent additionner des séances d'au moins 10 minutes, tandis que les enfants et les jeunes peuvent additionner des séances de 5 minutes.

Commencez doucement, puis augmentez graduellement.

Mangez bien

Une autre étape importante vers une meilleure santé et un poids santé consiste à suivre le *Guide alimentaire canadien*, c'est-à-dire :

- Consommer les quantités et les types d'aliments recommandés chaque jour.
- Limiter la consommation d'aliments et boissons riches en calories, lipides, sucre ou sel (sodium), tels que : beignes et muffins, biscuits et barres granola, chocolat et bonbons, crème glacée et desserts surgelés, croustilles, nachos et autres grignotines salées, frites, gâteaux et pâtisseries, alcool, boissons aromatisées aux fruits, boissons gazeuses, boissons sportives et énergisantes, boissons sucrées chaudes ou froides.

Consultez les étiquettes

- Comparez les tableaux de la valeur nutritive sur les étiquettes des aliments pour choisir des produits qui contiennent moins de lipides, de lipides saturés et trans, de sucre et de sodium.
- Rappelez-vous que les quantités de calories et d'éléments nutritifs correspondent à la quantité d'aliment indiquée en haut du tableau de la valeur nutritive.

Limitez votre consommation de lipides trans

Lorsqu'il n'y a pas de tableau de la valeur nutritive, demandez qu'on vous fournisse de l'information nutritionnelle afin de choisir des aliments plus faibles en lipides saturés et trans.

Valeur nutritive

par 0 mL (0 g)

Teneur	% valeur quotidienne
Calories 0	
Lipides 0 g	0 %
saturés 0 g	0 %
+ trans 0 g	
Cholestérol 0 mg	
Sodium 0 mg	0 %
Glucides 0 g	0 %
Fibres 0 g	0 %
Sucres 0 g	
Protéines 0 g	

Vitamine A	0 %	Vitamine C	0 %
Calcium	0 %	Fer	0 %

Commencez dès aujourd'hui...

✓ Prenez un petit-déjeuner tous les matins. Cela pourrait vous aider à contrôler votre faim plus tard dans la journée.

✓ Marchez aussi souvent que vous le pouvez. Descendez de l'autobus avant d'arriver à destination, empruntez les escaliers, etc.

✓ Savourez des légumes et des fruits à tous les repas et aux collations.

✓ Réduisez les périodes d'inactivité passées devant la télévision ou l'ordinateur.

✓ Lorsque vous mangez à l'extérieur, demandez qu'on vous fournisse de l'information nutritionnelle sur les aliments au menu afin de faire des choix plus sains.

✓ Prenez plaisir à manger en famille ou avec vos amis !

✓ Prenez le temps de manger et de savourer chaque bouchée !

Pour obtenir de plus amples informations, des outils interactifs ou des copies supplémentaires, consultez le Guide alimentaire canadien en ligne.

Bien manger avec le Guide alimentaire canadien, Ottawa, Santé Canada, 2007,
© reproduit avec la permission du ministère des Travaux publics et Services gouvernementaux.

Gl(o)ssaire

A

Absorption : Passage de substances à travers une membrane ; passage des nutriments du tube digestif vers le sang.

Acide aminé : Acide organique constituant l'unité de base des protéines.

ADN : Acide désoxyribonucléique, présent dans le noyau de toutes les cellules vivantes ; l'ADN porte l'information génétique de l'organisme.

Agglutination : Groupement de cellules formant un petit amas.

Agglutinine : Anticorps du sérum sanguin capable de provoquer l'agglutination de bactéries ou de cellules sanguines.

Agglutinogène : Antigène génétiquement déterminé situé à la surface des globules rouges ; sert de base aux diverses classifications des groupes sanguins.

Alliage : Produit métallique qu'on obtient en incorporant à un métal un ou plusieurs éléments.

Alvéole : Cavité microscopique des poumons où s'opèrent les échanges gazeux entre l'air et le sang.

Amygdales : Structures riches en globules blancs, situées autour de l'entrée du pharynx, qui recueillent et détruisent les microorganismes nuisibles portés par les aliments ou par l'air.

Amylase salivaire : Enzyme contenue dans la salive ; elle provoque la dégradation de l'amidon, surtout au moment où les aliments se trouvent encore dans la bouche.

Anabolisme : Phase du métabolisme qui nécessite de l'énergie et qui permet de transformer de petites molécules en grosses molécules.

Anatomie : Branche de la biologie qui étudie la structure d'un organisme et les liens qui existent entre ses diverses parties.

Année-lumière : Unité de longueur égale à la distance parcourue par la lumière en un an (environ 9461 milliards de km) ; sert à calculer la distance entre les corps célestes.

Anticorps : Protéine produite par certaines cellules ; l'anticorps se fixe à un antigène pour le neutraliser, l'empêcher de se multiplier ou le détruire.

Antigène : Substance qui, lorsqu'elle est introduite dans les tissus ou le sang, provoque la formation d'anticorps ou réagit avec ces derniers.

Antioxydant : Substance qui s'oppose aux effets de l'oxydation ; l'oxydation altère les aliments et les composés organiques.

Anus : Orifice terminal du tube digestif ; l'anus permet la défécation.

Aorte : Artère prenant naissance dans le ventricule gauche du cœur et à laquelle se rattachent toutes les artères de la grande circulation.

Appendice : Structure rattachée au corps ; prolongement d'un organe.

Artéfact : Objet ayant subi une transformation, même minime, par l'être humain et se distinguant ainsi de tout objet dont la modification serait due à un phénomène naturel.

Artère : Vaisseau sanguin qui transporte le sang provenant du cœur.

Arthropode : Animal invertébré dont le corps est segmenté et possède des appendices articulés ; les crustacés et les insectes sont des arthropodes.

Atome : Particule la plus petite en laquelle un élément chimique peut se diviser tout en conservant ses propriétés chimiques.

B

Big bang : Explosion gigantesque qui serait à l'origine de l'Univers et de son expansion.

Bile : Sécrétion du foie qui sépare les grosses particules de lipides en gouttelettes avant leur digestion.

Bol alimentaire : Masse molle et arrondie, habituellement constituée d'aliments, prête à être avalée.

Borborygme : Bruit produit par le déplacement des gaz dans l'intestin ou dans l'estomac.

Bronche : L'une des deux grosses divisions de la trachée ; les bronches pénètrent dans les poumons.

Bronchiole : Subdivision ou ramification terminale des bronches.

C

Cæcum : Première partie du gros intestin, en forme de cul-de-sac, située entre le dernier segment de l'intestin grêle (iléon) et le côlon ascendant.

Calorie : Unité de mesure d'énergie équivalant à 4,186 joules.

Cancer : Multiplication cellulaire incontrôlée, qui forme souvent une tumeur ayant tendance à s'accroître, à détruire les tissus voisins et à favoriser la prolifération à distance.

Capacité pulmonaire totale : Volume des poumons à la fin d'une inspiration maximale ; environ 6 litres.

Capillaire : Plus petit vaisseau sanguin ; les capillaires sont le siège des échanges entre le sang et les cellules corporelles.

Cardia : Orifice par lequel l'estomac communique avec l'œsophage.

Carie : Lésion qui détruit l'émail et l'ivoire de la dent et évolue vers l'intérieur, en formant une cavité qui entraîne sa destruction progressive.

Catabolisme : Réaction chimique qui dégrade des composés organiques complexes en composés simples en libérant de l'énergie.

Cellule souche : Cellule n'ayant aucune fonction particulière, qui peut se renouveler rapidement et produire des cellules spécialisées.

Changement de phase : Transformation physique d'une substance ou d'un aliment de l'état solide à liquide ou de liquide à gazeux, sans modification de sa nature.

Chimique : Relatif à la composition, aux réactions et aux transformations de la matière.

Chyle : Liquide laiteux composé de lymphe et de graisses émulsifiées qui occupe l'intestin grêle après la digestion.

Chyme : Mélange composé de nourriture partiellement digérée et de sécrétions digestives qui occupe l'estomac et l'intestin grêle au cours de la digestion.

Cils vibratiles : Petites projections situées au sommet de certaines cellules et qui sont douées de mouvements assurant le déplacement des substances organiques.

Circulation pulmonaire (petite circulation) : Trajet du sang non oxygéné depuis le côté droit du cœur vers les poumons, puis de ceux-ci au côté gauche du cœur, une fois le sang désoxygéné.

Circulation systémique (grande circulation) : Trajet que suit le sang oxygéné à partir du côté gauche du cœur vers les différents organes du corps pour leur fournir de l'oxygène, puis de ceux-ci vers le côté droit du cœur, sous forme de sang désoxygéné.

Coagulation : Formation de sang à l'état solide ; aussi appelée caillot.

Colloïde : Mélange hétérogène dans lequel de fins corpuscules demeurent indéfiniment en suspension.

Côlon : Chacun des segments du gros intestin ; un segment est ascendant, transverse, descendant ou sigmoïde.

Compatibilité : Caractère de ce qui est compatible, de ce qui peut s'accorder avec autre chose.

Composé : Substance constituée de molécules identiques.

Concentration : Rapport entre la quantité de soluté et le volume total de la solution ; généralement exprimée en mg/L.

Constellation : Groupement d'étoiles voisines que l'on peut voir sur la sphère céleste.

Constipation : Difficulté dans l'évacuation des selles.

Cosmologie : Science qui étudie les origines de l'Univers ainsi que son évolution.

Cosmos : L'Univers, dans son ensemble.

Couche stratigraphique : Strate de sol ou de roc ayant la même origine, la même composition.

Cytoplasme : Substance entourant le noyau d'une cellule.

Cytosol : Partie liquide du cytoplasme qui contient les organites et les inclusions ; appelé aussi liquide intracellulaire.

D

Datation : Processus visant à déterminer l'âge d'un objet, son époque.

Défécation : Évacuation des déchets corporels solides, des matières fécales.

Déglutition : Action d'avaler.

Diapédèse : Passage des globules blancs à travers les parois des capillaires.

Diarrhée : Évacuation fréquente de selles liquides.

Diastole : Phase de dilatation du cœur et des artères au cours de laquelle les cavités du cœur se remplissent de sang.

Digestion : Processus mécanique et chimique de transformation des aliments en molécules simples qui peuvent être absorbées et utilisées par l'organisme.

Dilution : Action d'ajouter du solvant à une solution afin d'en diminuer la concentration.

Dissolution : Dispersion des particules de soluté dans un solvant jusqu'à ce que le soluté ne soit plus visible.

Diverticulose : Présence de poches, de diverticules, sur le côlon, l'œsophage ou autres organes creux.

Donneur universel : Sujet du groupe O, dont le sang peut, théoriquement, être transfusé aux sujets de tous les groupes ABO, étant donné qu'il possède très peu ou pas d'agglutinogène A ou B.

Duodénum : Première partie de l'intestin grêle, d'une longueur d'environ 25 cm.

E

Eau : Liquide transparent, sans saveur ni odeur, essentiel à la vie.

Échelle : Rapport existant entre une longueur et sa représentation sur une carte ou sur un modèle grandeur nature ; dans une échelle de 1 : 1000, 1 cm sur une carte correspond à 1000 cm sur le terrain.

Échelle des temps géologiques : Division en différentes étapes de l'histoire de la Terre ; cette histoire se divise en éons, en ères, en périodes et en époques.

Échographie : Méthode d'exploration médicale utilisant la réflexion des ultrasons par les organes.

Élément : Substance impossible à décomposer en d'autres substances plus simples par des moyens chimiques.

Élément figuré : Structure cellulaire du sang : globule rouge, globule blanc ou plaquette.

Émulsion : Dispersion d'un liquide au sein d'un autre en particules très fines, avec lequel ce liquide ne peut pas se mélanger.

Endoscope : Tube lumineux pourvu de lentilles, utilisé pour voir à l'intérieur des organes creux tels que l'estomac ou la vessie.

Endoscopie : Examen visuel d'une cavité de l'organisme à l'aide d'un endoscope.

Enzyme : Protéine qui modifie ou accélère la vitesse des réactions chimiques. On trouve des enzymes dans les cellules et les sécrétions de certaines glandes digestives.

Éon : Très longue période de temps généralement exprimée dans l'échelle des temps géologiques ; se divise en plusieurs ères.

Épiglotte : Structure élastique triangulaire située dans l'arrière-gorge ; elle s'abaisse pour fermer la trachée au moment de la déglutition.

Épithélial : Relatif au tissu primaire qui recouvre la surface du corps, tapisse ses cavités et forme les glandes.

Époque : Période déterminée dans l'histoire, marquée par des événements importants.

Ère : Espace de temps de longue durée qui commence à un point déterminé ; s'étend sur plusieurs millions d'années.

Estomac : Organe en forme de J du tube digestif, situé entre l'œsophage et l'intestin grêle, où s'amorce le processus de digestion.

Euryptéride : Arthropodes pouvant survivre hors de l'eau. Le scorpion de mer fait partie des euryptérides. Ces arthropodes ont vécu il y a 245 millions d'années.

Excrément : Toute matière rejetée par l'organisme en tant que déchet, notamment les selles.

Excrétion : Processus par lequel les déchets sont rejetés hors d'une cellule, d'un tissu ou de l'organisme.

Expiration : Phase de la ventilation pulmonaire ; action de faire sortir l'air des poumons.

Extinction : Fin d'une activité, d'une existence. En biologie, disparition totale d'une ou de plusieurs espèces.

F

Facteur rhésus : Antigène d'origine héréditaire présent à la surface des globules rouges chez la majorité des personnes (Rh+) et qui crée une incompatibilité sanguine avec ceux qui en sont dépourvus (Rh−).

Fèces : Substance éliminée par les intestins et composée de résidus d'aliments, de sécrétions et de bactéries ; aussi appelées excréments.

Fermentation : Dégradation d'une substance organique (comme le glucose) sous l'action d'enzymes et en l'absence d'oxygène ; les levures et les bactéries utilisent ce processus.

Flore bactérienne : Ensemble des bactéries qui peuplent la muqueuse d'un organe de façon normale ou pathologique ; la muqueuse est l'ensemble des cellules qui tapissent la cavité interne d'un organe creux.

Fluide : Corps aux molécules relativement libres qui n'a pas de forme propre ; les gaz et les liquides sont des fluides.

Fluide compressible : Fluide dont le volume peut être réduit sous l'action d'une pression ; les gaz sont des fluides compressibles.

Fluide incompressible : Fluide dont le volume demeure inchangé sous l'action d'une pression ; l'eau est un fluide incompressible.

Foie : Glande volumineuse, située sous le diaphragme, qui produit de la bile et des protéines ; le foie transforme les nutriments, joue un rôle de désintoxication, entrepose et active les minéraux et les vitamines.

Fonctionnement : Action, manière de remplir son rôle. *Exemple :* le fonctionnement d'un organe.

Force : Cause ou puissance capable de modifier le mouvement d'un corps ou de provoquer sa déformation.

Fosse nasale : Cavité du nez tapissée d'une muqueuse contenant les structures de l'olfaction ; centre de perception des odeurs.

Fossile : Trace d'un organisme ayant vécu au cours des temps géologiques, conservée dans une roche.

G

Galaxie : Immense agglomération d'étoiles, de gaz et de poussière qui tourne autour de son centre.

Ganglion lymphatique : Petit corps arrondi situé sur le trajet d'un vaisseau lymphatique et dont le rôle est de filtrer la lymphe et de produire des globules blancs.

Glandes digestives : Parties anatomiques du système digestif qui comprennent les glandes annexes, liées au tube digestif par des canaux, et les glandes intégrées, faisant partie de la paroi du tube digestif.

Glande gastrique : Glande minuscule située à l'intérieur de l'estomac qui sécrète les sucs gastriques.

Glande intestinale : Glande tubulaire qui s'ouvre en surface de la muqueuse intestinale et qui sécrète des enzymes digestives.

Glande parotide : Une des glandes salivaires, située sous l'oreille et liée à la cavité buccale par un canal qui débouche dans l'intérieur de la joue.

Glande salivaire : Glande située sous la muqueuse de la cavité buccale, responsable de la fabrication et de la sécrétion de la salive.

Glande sublinguale : Glande salivaire située dans le plancher de la cavité buccale et qui y déverse ses sécrétions par un canal.

Glande submandibulaire : Glande salivaire située à l'intérieur de la mâchoire inférieure.

Globule blanc : Cellule qui participe à la défense de l'organisme et intervient dans les réactions inflammatoires et immunitaires (leucocyte).

Globule rouge : Cellule sanguine transportant l'oxygène des poumons vers les tissus (hématie).

Glucide : Élément nutritif qui représente la principale source d'énergie du corps.

Graptolite : Groupe d'animaux marins fossiles qui vivaient en colonies, dont le corps était divisé en trois segments.

Gros intestin : Partie boursouflée et terminale du tube digestif, en forme de U inversé, qui fait suite à l'intestin grêle.

H

Hémoglobine : Molécule contenant du fer, que l'on trouve dans les globules rouges ; l'hémoglobine participe au transport de l'oxygène et du gaz carbonique dans le sang.

Hérédité : Transmission des caractéristiques génétiques des parents à l'enfant.

I

Iléon : Dernière partie de l'intestin grêle, située entre le jéjunum et le gros intestin.

Immunité : Capacité qu'a l'organisme de résister aux agressions qui causent les maladies en repoussant les germes ou corps étrangers ou en les détruisant.

Immunité acquise : Immunité qui résulte de la rencontre des cellules du système immunitaire avec un antigène, soit par suite d'une maladie, soit sous l'effet d'une vaccination ; aussi appelée immunité active.

Immunité constitutive : Immunité d'un organisme présente à sa naissance.

Inspiration : Action d'attirer l'air dans les poumons.

Intestin grêle : Longue partie du tube digestif remplissant la cavité abdominale située entre l'estomac et le gros intestin.

J

Jéjunum : Partie de l'intestin grêle située entre le duodénum et l'iléon.

Joule : Unité de mesure de l'énergie dans le système international d'unités (SI) ; symbole : J.

L

Larynx : Organe cartilagineux liant le pharynx à la trachée ; il abrite les cordes vocales et est destiné à la production de la voix.

Lipide : Corps gras d'origine animale ou végétale.

Liquide interstitiel : Liquide contenu dans les espaces microscopiques entre les cellules des tissus.

Lymphe : Liquide transporté par les vaisseaux du système lymphatique avant de retourner dans le sang.

M

Macromolécule : Molécule géante obtenue par une réaction chimique entre plusieurs molécules simples identiques.

Macrophage : Grosse cellule qui ingère des corps étrangers, les détruit dans son cytoplasme et participe ainsi à la défense de l'organisme.

Masse volumique : Masse d'un corps ou d'une substance divisée par son volume ; généralement exprimée en kg/m³ pour des solides ou en mg/L pour des liquides.

Mastication : Action de mâcher.

Matière : Substance qui possède une masse et occupe un volume.

Mélange hétérogène : Mélange composé d'au moins deux parties distinctes, visibles à l'œil ou au microscope et dont les corpuscules sont distribués de façon non uniforme.

Mélange hétérogène simple : Mélange hétérogène dont les corpuscules tombent rapidement au fond du récipient ou flottent à la surface du mélange parce qu'ils ne se mêlent pas aux constituants.

Mélange homogène : Mélange ne montrant qu'une seule partie distincte visible et dont les corpuscules sont distribués de façon uniforme.

Métabolisme : Ensemble des réactions chimiques de transformation de la matière et de l'énergie qui se produisent dans un organisme.

Mitose : Mode de division des cellules produisant deux cellules filles qui comportent le même nombre de chromosomes que la cellule mère.

Molécule : La plus petite partie d'une substance chimique qui peut exister à l'état libre et conserver sa composition chimique et ses propriétés ; une molécule est composée de deux ou plusieurs atomes semblables ou différents.

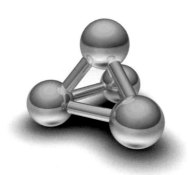

Molécule prébiotique : Molécule inerte qui, une fois soumise à des réactions chimiques spécifiques, peut constituer une molécule biologique plus complexe.

N

Nutriment : Substance alimentaire absorbée directement par l'organisme.

O

Œsophage : Tube musculaire creux liant le pharynx à l'estomac.

OGM (organisme génétiquement modifié) : Organisme dont on a transformé le patrimoine génétique afin de le doter de propriétés différentes.

Oligo-élément : Élément chimique, métal ou métalloïde, présent en très faible quantité dans l'organisme et généralement indispensable au métabolisme.

Oreillette : Cavité située dans la partie supérieure du cœur, où arrive le sang.

Organe : Structure de l'anatomie composée d'au moins deux tissus différents et exerçant une fonction spécifique.

Organite : Structure cellulaire qui effectue des fonctions métaboliques précises répondant aux besoins de toute la cellule.

Ovipare : Se dit d'un organisme dont le développement s'effectue dans un œuf pondu à l'extérieur du corps maternel.

P

Pancréas : Glande située derrière l'estomac, entre la rate et le duodénum, qui produit de l'insuline et des enzymes digestives.

Pathogène : Qui engendre une maladie ; un organisme ou une bactérie peut être pathogène.

Peptide : Composé organique formé par l'union d'un petit nombre d'acides aminés ; l'insuline est un peptide.

Période : Phase du temps marquée par des événements importants dans le cours d'une évolution.

Péristaltisme : Contractions musculaires successives qui poussent la nourriture dans les organes du tube digestif.

Perméabilité sélective : Propriété d'une membrane de ne se laisser traverser que par certaines substances.

Phagocytose : Processus par lequel une cellule ingère et détruit des microbes, des débris cellulaires et autres matières étrangères.

Pharynx : Carrefour des voies digestives et respiratoires ; gorge.

Photosynthèse : Processus permettant aux plantes de fabriquer du glucose à partir du gaz carbonique et de l'eau, grâce à l'énergie solaire captée par la chlorophylle.

Physiologie : Branche de la biologie qui étudie le fonctionnement des organismes vivants ou de leurs parties.

Physique : Science qui traite des constituants fondamentaux de l'Univers (matière et énergie), des forces qu'ils exercent les uns sur les autres et du résultat produit par ces forces.

Plaquette : Fragment de cellule présent dans le sang qui contribue à la coagulation.

Plasma : Partie liquide du sang, au sein de laquelle les éléments figurés sont en suspension.

Plèvre : Membrane qui enveloppe les poumons et tapisse les parois du thorax.

Pluricellulaire : Organisme vivant constitué de plusieurs cellules.

Point d'ébullition : Température à laquelle une substance passe de l'état liquide à l'état gazeux.

Point de fusion : Température à laquelle une substance passe de l'état solide à l'état liquide.

Polymère : Macromolécule organique formée d'une chaîne de petites molécules (monomères) de même nature chimique.

Pomme d'Adam : Saillie de cartilage, appartenant au larynx, située sur la partie antérieure du cou de l'homme.

Pouls : Contraction rythmée du cœur, perceptible au toucher, spécialement sur la face interne du poignet.

Poumon : Organe pair de la respiration, l'un droit et l'autre gauche, contenu dans la cage thoracique, qui communique avec l'air ambiant par la trachée et les bronches, et qui est fait d'un ensemble de bronchioles se terminant par des alvéoles dans lesquels le sang désoxygéné se transforme en sang oxygéné.

Précipitation : Passage à l'état solide d'un surplus de soluté dans une solution.

Pression : Force exercée par un corps solide, liquide ou gazeux sur une surface ; généralement exprimée en pascals (Pa).

Pression artérielle : Force que le sang exerce sur les parois des artères et qui s'adapte aux états variés de l'organisme.

Pression atmosphérique : Pression de l'atmosphère en un lieu de la surface terrestre ou maritime.

Produit : Substance formée à partir d'un ou de plusieurs réactifs, dans une réaction chimique.

Protéine : Macromolécule organique complexe, formée d'acides aminés, qui entre dans la composition des êtres vivants ; les protéines sont essentielles à la croissance, à l'entretien et à la réparation des tissus de l'organisme.

R

Radioactivité : Propriété que possèdent certains corps de se transformer en émettant spontanément des rayonnements capables de produire des ions.

Radiographie : Ensemble des procédés qui permettent d'obtenir une image d'un objet ou d'un organe exposé aux rayons X.

Rate : Organe spongieux situé entre l'estomac et le diaphragme, qui participe aux défenses immunitaires et au stockage du sang.

Réactif : Substance prenant part à une réaction chimique. Les réactifs sont consommés dans une réaction chimique.

Réaction de décomposition : Processus qui engendre la séparation des éléments premiers qui constituent une substance.

Réaction de synthèse : Processus qui entraîne la combinaison d'éléments simples pour créer un composé plus complexe.

Récepteur : Cellule ou terminaison nerveuse d'un neurone sensitif spécialisé qui répond à un type particulier de stimulus.

Receveur universel : Sujet du groupe sanguin AB, dépourvu d'agglutinines anti-A ou anti-B, et donc apte à recevoir du sang de tous les groupes (A, B, AB ou O).

Rectum : Dernier segment du gros intestin s'étendant du côlon sigmoïde à l'anus.

Repas baryté : Substance ingérée, à base de baryum, qui permet d'examiner par rayons X le tube digestif afin d'y dépister les ulcères, les tumeurs ou les hémorragies.

Reproduction asexuée : Processus par lequel un seul individu produit, par fragmentation ou bourgeonnement, un ou plusieurs individus qui lui sont identiques.

Reproduction sexuée : Processus par lequel deux êtres vivants produisent des individus différents par la fusion des éléments génétiques de leurs cellules respectives.

Résonance magnétique : Technique d'imagerie utilisant des champs magnétiques pour faire réagir certains composants du corps humain et destinée au diagnostic des maladies du système nerveux central et d'autres tissus mous.

Respiration cellulaire : Réaction chimique ayant lieu dans les mitochondries, qui fournit l'énergie nécessaire à une cellule pour fonctionner.

Roche sédimentaire : Roche qui résulte de l'accumulation et du compactage de débris d'origine minérale (dégradation d'autres roches) ou organique (restes de végétaux ou d'animaux).

S

Sac alvéolaire : Groupe de petites alvéoles pulmonaires qui partagent une ouverture commune.

Salive : Liquide sécrété par les glandes salivaires, contenant des enzymes actives dans la digestion.

Saturation : Solubilité limite atteinte lorsque le solvant a dissous la quantité maximale de soluté à une température donnée.

Scanner : Appareil à rayons X qui permet d'obtenir l'image en coupes fines d'un organe et de déterminer avec précision l'emplacement d'une lésion.

Sels minéraux : Éléments provenant de matières minérales, nécessaires au bon fonctionnement de l'organisme.

Solubilité : Quantité maximale de soluté pouvant être dissous dans un volume déterminé de solvant à une température donnée ; généralement exprimée en g/100 mL.

Soluté : Substance dissoute par un solvant.

Solution : Liquide homogène formé par dispersion complète et uniforme des molécules d'un soluté dans un solvant.

Solvant : Substance ayant la propriété de dissoudre une autre substance appelée soluté.

Sphygmomanomètre : Instrument servant à mesurer la pression artérielle.

Structure : Organisation complexe des différents éléments d'un tout concret ou abstrait.

Substance pure : Substance ne comportant qu'un seul type de corpuscules.

Suc digestif : Liquide sécrété par les glandes digestives, contenant des enzymes et favorisant la digestion chimique des aliments.

Suc gastrique : Produit de la sécrétion des glandes gastriques, contenant des enzymes et de l'acide chlorhydrique.

Suc intestinal : Composé d'eau et d'enzymes, il participe à la transformation des aliments en vue de leur absorption.

Suc pancréatique : Produit de la sécrétion du pancréas, contenant des ions bicarbonates et des enzymes contribuant à la dégradation de la plupart des catégories d'aliments.

Suspension : Mélange dans lequel de fines particules sont dispersées dans un liquide sans s'y dissoudre.

Système : Groupe d'organes qui travaillent ensemble pour accomplir une fonction vitale.

Système circulatoire : Ensemble des organes assurant la circulation du sang ; la circulation a pour but d'apporter aux cellules des nutriments et de l'oxygène, et d'éliminer le dioxyde de carbone et autres déchets.

Système digestif : Ensemble des organes qui transforment les aliments en nutriments absorbables et éliminent les résidus impossibles à digérer.

Système immunitaire : Ensemble des tissus lymphoïdes qui protègent l'organisme contre les agressions de corps étrangers pouvant causer des infections et des maladies ; la moelle osseuse, le thymus, la rate et les ganglions lymphatiques composent le système immunitaire.

Système lymphatique : Ensemble des structures où circule la lymphe et qui contribue à la surveillance immunitaire ; ce système se compose de vaisseaux lymphatiques, de ganglions et d'autres organes lymphoïdes (contenant des globules blancs).

Système respiratoire : Système où s'effectuent les échanges gazeux comprenant le nez, le pharynx, le larynx, la trachée, les bronches et les poumons.

Systole : Phase de contraction des ventricules du cœur.

T

Tension artérielle (ou pression artérielle) : Pression sous laquelle le sang circule dans les artères ; exprimée en pascals (Pa) ou en millimètres de mercure (mm par Hg). On mesure deux types de pression artérielle : la pression systolique, dont la valeur est plus élevée, lorsque le cœur est contracté ; et la pression diastolique, dont la valeur est plus basse, lorsque le cœur est relâché.

Thermophile : Se dit des organismes qui vivent dans des conditions optimales à des températures supérieures à 55 °C.

Thymus : Organe lymphoïde (contenant des globules blancs) situé derrière le sternum et entre les poumons, qui joue un rôle important dans le mécanisme de l'immunité durant l'enfance.

Tissu cellulaire : Ensemble de cellules semblables et de leur substance intercellulaire liées entre elles pour accomplir une fonction déterminée.

Tomographie : Appareil à rayons X qui permet d'obtenir l'image en coupes fines d'un organe et de déterminer avec précision l'emplacement d'une lésion.

Trachée : Voie respiratoire tubulaire qui s'étend du larynx jusqu'aux bronches primaires.

Transformation chimique : Modification d'une ou de plusieurs substances en un ou plusieurs autres produits, qui perdent leurs propriétés initiales et en acquièrent d'autres.

Transformation physique : Modification de la forme et de l'état de la matière mais non de sa nature, au cours d'une transformation physique ; les molécules ne subissent aucun changement et conservent leur masse et leurs propriétés.

Trilobite : Classe d'arthropodes primitifs fossiles au corps ovale, aplati et protégé par une cuticule très épaisse.

Tube digestif : Conduit s'étendant de la bouche à l'anus, par où circulent les aliments.

U

Ulcère : Lésion ouverte de la peau ou d'une muqueuse, difficile à cicatriser.

Unicellulaire : Organisme constitué d'une seule cellule ; le phytoplancton et les bactéries sont des organismes unicellulaires.

Unité astronomique (UA) : Unité de distance approximativement égale à la distance entre le Soleil et la Terre, soit près de 150 millions de km ; utilisée pour établir la distance entre des corps célestes.

Univers : Ensemble de tout ce qui existe dans le temps et dans l'espace, comprenant la totalité des êtres et des choses et, selon les philosophies, les choses immatérielles.

V

Vaccin : Préparation comprenant des antigènes qui permet de donner l'immunité active contre certaines maladies bactériennes, virales ou parasitaires.

Valvule auriculo-ventriculaire : Structure qui assure le passage du sang dans un seul sens, soit de l'oreillette vers le ventricule.

Veine : Vaisseau sanguin qui transporte le sang des tissus au cœur.

Veine cave : Celle des deux grosses veines qui se déverse dans l'oreillette droite et retourne au cœur le sang désoxygéné.

Vent : Déplacement de l'air sous l'action d'une différence de pression entre deux régions de l'atmosphère.

Ventricule : Cavité inférieure du cœur, dont la paroi musculaire est épaisse, qui constitue la principale pompe sanguine.

Vésicule biliaire : Petit sac situé sous le foie, qui entrepose la bile.

Villosité intestinale : Saillie de la paroi interne de l'intestin grêle ou du côlon qui joue un rôle dans l'absorption des aliments.

Vitamine : Substance chimique apportée en très petite quantité par l'alimentation, qui est indispensable à la croissance et au fonctionnement de l'organisme.

Vomissement : Expulsion forcée du contenu gastrique par la bouche.

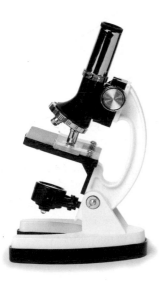

INDEX

A

Abel, 32
Absorption, 108, 132, 149, 151
    intestinale, 128
Accrétion, 12
Acide(s)
    aminés, 14, 77, 113, 122, 128, 132, 151
    chlorhydrique, 62, 122, 150
    désoxyribonucléique (ADN), 14, 19, 38, 48, 61, 86
    folique, 79
    gras, 127-128, 132, 151
    nucléique, 61
    ribonucléique (ARN), 61
Acier, 240-241
Activité volcanique, 28-30, 49
ADN, voir Acide désoxyribonucléique (ADN)
Aggloméré de copeaux orientés, 242
Agglutinine, 179-180, 208
Agglutinogène, 178-179, 208
Air, 172
    pur, 160
Aire, unité de mesure de l', 224-225
Ajout d'additifs, 81, 101
Alcool, 120-121, 126, 132
    méthylique, 68
Aliments, 71, 101
    besoins alimentaires, 73-74
    constructeurs, 73, 101
    énergétiques, 73, 101
    propriétés des, 80-81
    régulateurs, 73, 101
    transformation, 81-82, 101
        chimique, 111-113, 116-117, 120-122, 125-128, 130-131, 149-151
        physique, 111, 115, 120, 124, 129-130, 149-151
    types d', 71-73, 101
Alliage, 62, 66, 240-241
Aluminium, 240
Alvéole(s), 160, 165-166, 206-207
    pulmonaire, 169
Alzheimer, 23
Amibe, 16
Amidon, 75, 113, 117
Ammoniac, 13
Amphibiens, 27-29, 49
Amygdales, 114, 190-193, 209
Amylase salivaire, 116-117, 132, 150
Anabolisme, 73
Anaphase, 21
Andromède, 6, 11
Année-lumière (a.l.), 11, 47, 225
Antarès, 7
Anticorps, 176, 178, 193-194, 196, 208-209
Antigènes, 193, 209
Antioxydant, 79
Anus, 109-110, 129, 132, 151
Aorte, 174, 182-183, 188, 209
Appareil de Golgi, 17-18, 20
Appendice, 129
Arbre
    à bois dur, 242
    à bois tendre, 242

Archéobactéries, 25
Archéologie, 35, 39
Archéologue, 35, 39
Argent, 241
Argon, 34, 160
ARN, voir Acide ribonucléique (ARN)
Artéfacts, 33, 35, 49
Artère(s), 173-174, 184-185, 208
    pulmonaires, 182-183, 187, 209
Artérioles, 184-185, 190
Arthropode, 31
Article scientifique, 268
Astéroïdes, 10
Asthme, 197
Astronome, 39
Atmosphère (atm), 170, 225
Atmosphère primitive, 12, 48
Atome, 56, 60-61, 66, 99
    modélisation de l', 58-59, 88-89
Australopithèque, 32
Azote, 13, 14, 34, 48, 60-62, 76, 78, 122, 160

B

Bactérie(s), 14-15, 25, 48, 90, 121, 128, 130, 193-194, 209
    mangeuse de chair, 195
Bagage génétique, 16, 19, 49
Baryum, 134
Basse pression, 170
Bauxite, 240
Besoins alimentaires, 73-74
Bételgeuse, 7
Bicarbonate de sodium, 126
Big bang, 4-5, 12, 47
Bile, 109-110, 125, 127, 132, 151
Biochronologie, 34, 49
Bipédie, 32
Blanchiment des dents, 140
Bohr, Niels, 89
Bois, 242
    d'œuvre, 242
    modifié, 242
Bol alimentaire, 116, 118-120, 122, 150
Bon cholestérol, 76, 101
Borborygme, 120
Bouche, 109-110, 114-117, 131-132, 149-150
Bras (de la Voie lactée)
    d'Orion, 8-9
    de Persée, 9
    du Cygne, 9
    du Sagittaire, 9
Brassage, 111
Brochure, 267
Bronches, 160-161, 163, 165, 206
Bronchioles, 160-161, 164-165, 169, 206
Bronze, 233, 240
Brûlures d'estomac, 141
Bulletin, 266

C

Cæcum, 129
Cahier de conception, 262
Calcium, 79, 139

Calorie (cal), 74, 225
Came, 238
Canal
    anal, 131
    cholédoque, 125-126
Canaux chylifères, 128
Cancer, 23, 137-138, 193
    du côlon, 141
Canine, 114
Capacité pulmonaire totale, 167-168, 207
Capillaire(s), 168, 173, 176, 184-185, 188, 190-191, 208
Capsule, 193
Carbonate, 12
Carbone, 13, 14, 34, 48, 56, 60, 62, 75-76, 78, 116, 122, 226-227, 240
Carboxypeptidase, 126
Cardia, 119-121
Cardiologue, 182, 197
Carie dentaire, 135, 139-140
Cartilage, 23
Catabolisme, 73
Catalogue d'objets stellaires, 4
Ceinture de Kuiper, 10
Cellule(s), 14, 16, 48-49
    adipeuse, 22, 76
    animale, 16-19
    épithéliale, 22
    fille, 21
    mère, 21
    musculaires, 22
        lisses, 22
        striées, 22
    nerveuse, 22-23
    sexuelle, 23
    souche, 22-23
    végétale, 16, 20
Cellulose, 75, 130
Cément, 114-115
Chadwick, James, 89
Chaînes et roues dentées, 237
Champ magnétique, 137
Changement
    climatique, 29-30, 49
    de phase, 80, 111
Charge électrique, 59, 89
Chasse, 30
Chaud (procédé de transformation), 81, 101
Chlore, 79
Chloroplaste, 20
Chlorure de sodium, 68
Choléra, 195
Cholestérol, 72, 76, 101
Chromatine, 16-17, 19-20
Chrome, 79, 233, 241
Chromosome, 19, 21
Chyme, 120, 122-124, 126-128, 150-151
Chymotrypsine, 126
Cils
    bronchiques, 163
    vibratiles, 162
Circulation
    du sang, 187-189
    pulmonaire, 187, 208
    systémique, 187-188, 209
Cirrhose, 126

Cisaillement, 239
Clonage, 83
Coagulation du sang, 177, 208
Cobalt, 79
Coefficients stœchiométriques, 227
Collet, 114-115
Colloïde, 65-66, 100
Côlon, voir aussi Gros intestin
    ascendant, 129
    descendant, 129
    sigmoïde, 129, 131
    transverse, 129
Comètes, 10
Communiqué de presse, 267
Compatibilité des groupes sanguins, 179-181
Compétence, 250
    disciplinaire, 251-254
Composé, 60-61, 66
    inorganique, 62, 99
    organique, 61, 99
Compression, 239
Concentration, 69, 100
Conception,
    cahier de, 262
    cycle de, 254, 256, 259-262
Connaissances scientifiques, 255
Constellation, 7, 47
    de la Grande Ourse, 7
    du Grand Chien, 7
    du Scorpion, 7
    Orion, 7
Constipation, 130
Contreplaqué, 242
Convention, 243
Corde vocale, 162-163
Cornets, 162
Corpuscules, 58, 99
Cosmologie, 4
Couches stratigraphiques, 31, 49
Coulisse et système bielle et manivelle, 238
Cœur, 173, 181-184, 186-187, 207-208
Couronne
    de l'arbre, 242
    dentaire, 114-115, 140
Courroie et poulies, 236
Crémaillère et pignon, 238
Crête, régime de l'île de, 85
Crick, Francis, 38
Cristallographie, 195
Croquis, 247-249
Croûte terrestre, 12
Cuivre, 61-62, 79, 240-241
Cyanocobalamine, 79
Cycle de conception, 254, 256, 259-262
Cytoplasme, 16-19, 48
    du basophile, 176
Cytosol, 16-18, 48

D

Dalton, John, 88
Darwin, Charles, 29, 37
Darwinisme, 37-38
Déca (da), 224
Déchet(s), 24, 74, 78, 108, 158, 173, 207, 209,
        voir aussi Excréments
    cellulaires, 167-168, 178, 184, 208
Décomposition, 113, 149
Découpage, 111
Défécation, 131, 151
Déformation, 111
Déglutition, 118, 149-150, 163
Degrés
    Celsius (°C), 225
    Fahrenheit (°F), 225

Démarche
    d'observation, 254, 256-257
    de construction d'opinion, 254, 256-257
    de modélisation, 254, 256-257
    de résolution de problèmes, 256
    du cycle de conception, 254, 256, 259-261
    empirique, 254, 256-257
    expérimentale, 254, 256, 258
Démocrite, 88
Dendrochronologie, 34, 49
Densité de la matière, 68
Dentine, 115
Dents, 114-115, 139-140
Dépliant, 265
Dépôt, 70, 100
Déshydratation, 81, 101
Désintégration, 34
Dessin assisté par ordinateur (DAO), 247
Destruction d'habitats, 30
Détartrage, 140
Diabète, 86-87
    de grossesse, 87
    de l'adulte, 86
    juvénile, 86
Diagramme
    à bandes, 264
    à pictogrammes, 264
    cartésien, 264
    circulaire, 265
    histogramme, 264
Diapédèse, 176-177, 208
Diaphragme, 160-161, 166, 206-207
Diarrhée, 130
Diastole, 186, 188, 208
Diffusion, 168
    de l'oxygène, 169
    du dioxyde de carbone, 169
Digestion, 108, 111-112, 117, 131-132, 149
Dilution, 70, 100, 111
Dinosaures, 27-29, 49
Dioxyde
    de carbone, 12-13, 61, 66, 74, 158, 160, 168,
        170, 172-173, 187, 206-208,
        voir aussi Gaz carbonique
    de soufre, 62
Dioxygène, 13, 25, 227
    libre, 48
Disaccharides, 61, 75
Dissolution, 67, 100, 111
Distance, mesures de la, 11, 47
Diverticulose, 138
Division cellulaire, 16, 19, 21, 49
    phases de la, 21
Document imprimé (source), 269
Donneur universel, 180
Drogues, 121
Ductilité, 239
Duodénum, 109, 121, 123-124, 126
Dureté, 239

E

Eau, 13, 15, 48, 61-62, 64, 67-68, 71-74, 76, 78,
        88, 101, 126-128, 130, 132, 151, 160,
        178, 190, 227
    de mer, 68
    douce, 68
    résiduelle, 131
    salée, 69
Ébullition, point d', 80
Échanges gazeux, 168-170, 172, 206
Échelle(s)
    de distance dans l'Univers, 11, 47
    des temps géologiques, 25-27, 49
Échographie, 133, 135-136, 141, 151

Élasticité, 239
Électrocardiogramme (ECG), 197
Électrocardiographie (ECG), 182
Électrolyse, 240
Électron, 58-59, 89, 99
Élément, 56-57, 60-61, 66, 99
Émail, 114-115, 135
Emballage, 81, 101
Emphysème, 197
Émulsion, 127, 149, 151
Endocarde, 182
Endoscope, 138
Endoscopie, 129, 133, 138, 141, 151
Énergie, 73-74, 78, 108
    réserve d', 76
    unités de mesure de l', 74, 224-225
Engrenage, 237
Enveloppe nucléaire, 16-17, 19-20
Enzyme(s), 61, 110, 113, 116-117, 121-122,
        130, 150
    intestinales, 109-110, 132
    pancréatiques, 126-127, 132
Éosinophile, 176
Épaule d'Orion, 7
Épidémies, 195
Épiglotte, 118, 161, 163
Épithélium, 23
Équations chimiques, 226-227
    équilibrées, 227
Ère, 25, 49
    cénozoïque, 27-28, 49
    mésoprotérozoïque, 25
    mésozoïque, 27-28, 49
    néogène, 27
    paléoarchéen, 25
    paléogène, 26-27
    paléozoïque, 25-26, 28, 31, 49
Érythrocytes, 175
Essence, 68
Estomac, 24, 109-110, 120-122, 131-132, 141,
        149-150
Étain, 62, 240
Étanchéité, fonction d', 228, 234
Étoile(s), 6-7, 47
    géantes, 7
    masse des, 7
    naines, 7
    taille des, 6-7
Eubactéries, 25
Eucaryotes, 25, 27
Europe, 15
Euryptéride, 31
Évaluation des sources en recherche, 269
Évolution
    de l'Univers, 4-5
    des espèces, 25-28, 49
    théories de l', 37-38
Excréments, 117, 131, 151, voir aussi Déchet(s)
Excrétion, 108, 132, 149
Expiration, 166-171, 207
Extinction, 28, 49
    des dinosaures, 27
    massive, 29-30

F

Facteur rhésus, 179-180, 208
Fasciite nécrosante, 195
Fer, 56, 61-62, 66, 78-79, 113, 240-241
Fermentation, 81, 101, 130, 195
Fibroblaste, 22
Fibrose kystique, 197
Flagelle, 23
Flore bactérienne, 130

Fluides, 172, 207
    compressibles, 172, 207
    incompressibles, 172, 207
Fluor, 79
Foie, 109-110, 125-126, 141, 149, 151
Fonction mécanique
    d'étanchéité, 228, 234
    de guidage, 228, 231-232
    de liaison, 228-230
    de lubrification, 228, 232-233
Fonte, 240
Foraminifères, 25
Force, unité de mesure de la, 224
Fosses nasales, 118, 160-163, 206
Fossiles, 30-31, 35, 39, 49
    d'écorce d'arbre, 31
    d'insectes, 31
    datation des, 34, 49
    de poissons, 31
    stratigraphiques, 31
Fossilisation, 30
Fragilité, 239
Froid (procédé de transformation), 81, 101
Fructose, 75
Fusion, 80
    cellulaire, 83
    point de, 80

G

Galactose, 75
Galaxie, 4-6, 8, 11, 47
    elliptique, 6
    irrégulière, 6
    spirale, 6, 8
    taille d'une, 8
Galileo Galilei (dit Galilée), 9, 36
Ganglions, 190-193, 209
Gastro-entérologue, 110, 141
Gaz, 65, 78, 130, 172
    carbonique, 15, 22, 66, 175, 208, 227,
        voir aussi Dioxyde de carbone
Gencives, 114-115, 139
Gènes, 19, 82-83
Génome, 82, 101
Giga (G), 224
Glaciation, 29-30
Glandes
    digestives, 109-110, 131, 149
        annexes, 109-110, 150
        intégrées, 110
    gastriques, 109-110, 120-122, 149-150
    intestinales, 109-110, 126, 149, 151
    parotides, 116, 150
    salivaires, 109-110, 116, 149-150
    submandibulaires, 116, 150
    sublinguales, 116, 150
Globules
    blancs, 22, 173, 175-176, 190,
        192-194, 207-209
    rouges, 22, 169, 173, 175, 178,
        192, 207-209
Glucide(s), 61, 71, 73-75, 101, 126, 150
    caractéristiques des, 75
    complexes, 72, 74-75, 117, 130
    simples, 72, 74-75, 116-117
Glucose, 74-75, 113, 116-117, 132, 151
Glycémie, 86-87
Glycérine, 68
Glycérol, 127-128, 132, 151
Glycogène, 117
Gould, Stephen Jay, 38
Grand Chien (constellation), 7
Grande
    circulation, 187-188
    Ourse, 7
    veine lymphatique, 190

Graptolites, 31
Gras, 61
    monoinsaturé, 77
    polyinsaturé, 77
        hydrogéné, 77
    saturé, 77
Gros intestin, 109-110, 129-132, 141, 149,
    151, 191
Groupes sanguins, 178-181, 208
Guanine, 61
Guidage
    du mouvement de rotation, 231-232
    du mouvement de translation, 231-232
    du mouvement hélicoïdal, 231-232
    fonction de, 228, 231-232
Guide alimentaire canadien (Bien manger avec le),
    84-85, 87, 270-275

H

Haute pression, 170
HDL, voir Lipoprotéine de haute densité (HDL)
Hectare (ha), 225
Hecto (h), 224
Hélicoïdal, mouvement, 231-232
Hélium, 59, 89
Hématies, 175
Hémoglobine, 61, 175, 208
Hépatite, 141
    B, 196
    C, 195
Hérédité, 19
    lois de l', 38
Heure (h), 225
Hominidés, 27-28, 32-33, 49
Homme de Neanderthal, 33
Homo,
    erectus, 32
    habilis, 32
    sapiens, 27, 32
Hormones, 78, 178
Humain, 24
Huygens (sonde), 15
Hybridation, 83
Hydrogène, 13, 48, 57, 59-61, 75-76, 78, 88, 116,
    122, 226-227
Hydroxyde de sodium, 62
Hygiène
    dentaire, 139-140
    mesures d', 82, 101
Hypoglycémie, 87

I

Iléon, 109, 123, 127
Image tomographique, 136
Imagerie
    médicale, 133-138, 141, 151
    par résonance magnétique (IRM), 137, 141
Immunisation, voir Vaccination
Immunité, 193-194, 209
    acquise, 194
    constitutive, 194
Impact météoritique, 29-30, 49
Implants dentaires, 140
Incisives, 114
Indigestion, 121
Influenza, 196
Information de recherche, 269
Inhalothérapeute, 167, 197
Insalivation, 116, 150
Insectes, 26
Inspiration, 166-167, 169-171, 206
Insuline, 61, 78, 86
Internet (source), 269
Interphase, 21

Intestin grêle, 109-110, 123-128, 131-132, 141,
    149-151, 191
Intoxication alimentaire, 82
Invertébrés, 25, 29, 31, 49
Iode, 78-79
Irradiation, 81, 101
Irruption volcanique, voir Activité
    volcanique
Ivoire, 115, 135

J

Jéjunum, 109, 123
Joule (J), 74, 224
Jupiter, 9-10, 15

K

Kelvin (K), 224
Kilo (k), 224
Kilocalorie (kcal ou Cal), 74, 225
Kilogramme (kg), 224
Kilojoule (kJ), 74
Kilopascal (kPa), 170

L

Laboratoire
    matériel de, 218-219
    rapport de, 263-265
    sécurité en, 215
Lactose, 75
Laiton, 240
Lamarck, Jean-Baptiste, 37-38
Landsteiner, Karl, 178
Langage graphique, 243-249
Langue, 114
Larynx, 160-163, 206
LDL, voir Lipoprotéine de faible densité (LDL)
Leucocytes, 176-177
Liaison
    complète ou partielle, 228-230
    démontable ou indémontable, 228-229
    directe ou indirecte, 228
    fonction de, 228-230
    rigide ou élastique, 228-229
Ligne
    d'axe, 246
    de construction, 246
    de contour
        caché, 246
        visible, 246
    de cotation, 246
    de hachure, 246
    de plan de coupe, 246
Lipide(s), 18, 61, 71-73, 76, 101, 126-127
    complexes, 127
    types de, 77
Lipoprotéine
    de faible densité (LDL), 76-77, 101
    de haute densité (HDL), 76-77, 101
Liquide, 172
    interstitiel, 190, 209
    pleural, 164
Lithium, 59
Litre (L), 225
Lois
    de l'hérédité, 38
    de la génétique, 38
Longueur, unité de mesure de la, 224-225
Lubrification, fonction de, 228, 232-233
Lucy, 28, 32
Luette, 114, 118
Lumière, vitesse de la, 11, 47
Lune, 9, 11, 15

Lunette astronomique, 36
Lymphe, 158, 190, 209
Lymphocytes, 176
    B, 193
    T, 192
Lysosome, 17

M

Macromolécule, 19, 48, 61
Macrophages, 193, 209
Macrophagocyte, 22
Magnésium, 79
Maladie(s), 23, 86-87, 126, 136-138, 141, 193, 195-197
    contagieuse, 195
    d'Alzheimer, 23
    des gencives, 139
    du cœur, 197
    transmissibles sexuellement (MTS), 195-196
Malléabilité, 239
Maltose, 75, 117
Mammifères
    géants, 27, 29
    marsupiaux, 27
    modernes, 26, 28, 49
    ovipares, 27-28, 49
Mammouths, 29, 33
Manganèse, 79
Mars, 10, 15
Masse
    de l'atome, 59
    de la matière, 56
    solaire, 7-8, 225
    unité de mesure de la, 224-225
    volumique de la matière, 68-69, 100
Mastication, 115, 149-150
Mastodonte, 27
Matériau(x)
    contraintes des, 239
    de bois et de bois modifié, 242
    ferreux, 240
    métallique, 233, 240
    minéral, 233
    non ferreux, 240-241
    plastique, 233
    propriétés mécaniques des, 239
Matériel
    de laboratoire, 218-219
    génétique, voir Bagage génétique
Matière, 56, 99
    densité de la, 68
    gazeuse, 56, 80, 99
    liquide, 56, 80, 99
    masse de la, 56
    modélisation de la, 57-58
    organisation de la, 57-66, 99-100
    solide, 56, 80, 99
    volume de la, 56
Maturité cellulaire, 22
Mauvais cholestérol, 76, 101
Médicaments, 120-121, 132
Méga (M), 224
Mélange, 62, 66, 99
    hétérogène, 62, 64-67, 69, 100
        simple, 64, 66, 100
    homogène, 62-63, 65-67, 99-100
Membrane
    nucléaire, 21
    plasmique, 16-17, 19-20, 48
Mendel, Gregor, 38
Mendeleïev, Dimitri Ivanovitch, 57
Mercure (élément), 68, 241
Mercure (planète), 10
Messier, Charles, 4

Mesure de la radioactivité, 34, 49
Métabolisme, 73, 101
Métal, 62
Métaphase, 21
Météorites, 15, 29-30, 49
Méthane, 13, 48, 130, 227
    liquide, 15
Méthode scientifique, 36
Méthodes de datation
    objectives, 34, 49
    relatives, 34, 49
Mètre (m), 224
Mètre carré (m²), 224
Mètre cube (m³), 224
Micro-caméras, 133
Microbes, 195-196
    pathogènes, 190, 192
Microscope
    calcul de l'agrandissement, 221
    composantes du, 220
    préparation de la lame d'un, 220
    protocole d'utilisation d'un, 221
Millimètre de mercure (mm Hg), 189, 225
Miller, Stanley, 14
Minéraux, 73
    cristallins, 34
Minute (min), 225
Mitochondrie, 17-18, 20
Mitose, voir Division cellulaire
Modèle atomique
    de Bohr, 89
    de Dalton, 58, 88
    de Démocrite, 88
    de Thomson, 89
    planétaire de Rutherford, 89
Modélisation de la matière, 57-58
    modèle corpusculaire, 58, 60, 62, 99
    modèle planétaire, 58-59, 99
Moelle
    osseuse, 191-192
    rouge, 192
Molaires, 114-115
Molécule(s), 60-61, 66, 99
    complexes, 112
    prébiotiques, 14, 31, 48
    simples, 112, 151
Monocyte, 176
Monomère, 117, 149
Monosaccharides, 61, 75
Monoxyde de carbone, 61
Mouvement(s)
    de rotation, 231-232
    de translation, 231-232
    hélicoïdal, 231-232
    péristaltique, voir Péristaltisme
    respiratoires, 167
    transformation du, 235
    transmission du, 234-238
Mucus, 122
Muscle, 22
Myocarde, 182

N

Néodarwinisme, 38
Neptune, 10
Neutron, 58-59, 89, 99
Neutrophile, 176
Newton (N), 224
Niacine, 79
Nickel, 240
Nitrate d'argent, 68
Noyau
    atomique, 58, 89, 99
    cellulaire, 16-17, 19-20, 48
    de la Terre, 12

Nuage de Oort, 10
Nucléole, 16-17, 19-20
Nucléon, 89
Nutriments, 22, 24, 71, 78, 101, 108, 120, 123-124, 128, 132, 151, 158, 173, 178, 184, 190, 207
    lipidiques, 128
    solubles, 128
Nutritionniste, 71, 91

O

Obturation, 139
Œsophage, 109-110, 119, 132, 141, 149-150, 162
OGM, voir Organisme génétiquement modifié (OGM)
Oligo-élément, 78-79
Oparin, Alexander, 14
Opportunity (sonde), 15
Or, 62, 241
Oreillette, 181-183, 186-188, 208-209
Organe(s), 24, 48
    intermédiaire, 234
    moteur, 234
    récepteur, 234
Organisme(s), 24
    génétiquement modifié (OGM), 82-83
    pluricellulaires, 16, 21, 25, 49
    unicellulaires, 14, 16, 21, 25, 48
Organite, 16-18, 20, 48
Orion, 7
Osséine, 139
Outils (fabrication), 32-33
Oxydation, 112
Oxygène, 22, 24, 56, 60-62, 66, 74-76, 78, 88, 113, 116, 122, 158, 160, 167-168, 170, 172-173, 175, 184, 187, 206-208, 226-227

P

Palais, 114, 118
Paléontologie, 30, 35, 39
Paléontologue, 35, 39
Pancréas, 109-110, 123, 126-127, 136, 141, 149, 151
Pangée, 27
Paroi cellulaire, 20
Particules, 58, 99
Pascal (Pa), 169, 224
Pasteur, Louis, 90, 195
Pasteurisation, 90
Pectine, 117
Pepsine, 132, 150
Peptide, 122, 150
Péricarde, 182
Période, 25, 49
    cambrien, 26, 29, 31
    carbonifère, 26, 31
    crétacé, 27, 29
    dévonien, 26, 29
    éocène, 26
    holocène, 27
    jurassique, 27, 29
    miocène, 27
    néogène, 27, 29, 32
    oligocène, 27
    ordovicien, 26, 29, 31
    paléocène, 26
    paléogène, 27
    permien, 29
    pléistocène, 27
    pliocène, 27
    silurien, 26
    trias, 27, 29
Péristaltisme, 119, 124, 129, 149-151
Perméabilité sélective, 16, 19

Peroxysome, 17
Petite circulation, 187
Phagocytose, 176, 208
Pharynx, 109-110, 114, 118, 149-150, 160-162, 206
Phase(s)
    gazeuse, 56, 80, 99
    liquide, 56, 80, 99
    solide, 56, 80, 99
Phosphore, 76, 79, 139
Photosynthèse, 20, 25
Pied (pi ou ft), 225
Pignon et crémaillère, 238
Plan de projection, 244-245
Planète(s), 9-10, 15, 47
    du système solaire, 10
    naines, 10, 47
Plaque dentaire, 139-140
Plaquettes, 173, 175, 177, 192-193, 207-209
Plasma, 173, 178-180, 190, 207-208
Platine, 233, 241
Plèvres, 164, 206
Plomb, 34, 58, 240
Pluton, 9-10, 47
Plutonium, 57
Point
    d'ébullition, 80
    de fusion, 80
    de solidification, 80
Polarimètre, 39
Poliomyélite, 196
Pollution, 30
Polymères, 117, 122, 149
    de glucide, 150
Polysaccharides, 61, 75
Pomme d'Adam, 163
Pont dentaire, 140
Potassium, 34, 79
Pouce (po ou in), 225
Poulies et courroie, 236
Pouls, 186
Poumons, 160-161, 164, 206
Précambrien, 25-27
Précipitation, 69-70, 100, 112
Prémolaires, 114
Pression, 169-171, 207
    artérielle, 188-189, 209
    atmosphérique, 162, 170-171, 207
    d'un gaz, 169
    unité de mesure de la, 224-225
    variation de la, 169-170, 172, 207
Primates, 32
Procaryote, 14
Produits, 112-113, 226-227
Projection(s)
    orthogonales, 244
    plan de, 244-245
Prophase, 21
Protéine(s), 18-19, 48, 61, 71-73, 77-78, 101,
        113, 120, 122, 126, 178-179, 193, 209
    caractéristiques des, 78
    complète, 72
    fibreuse, 78
    globulaire, 78
    incomplète, 72
    production de, 18-19
    synthèse des, 16
Prothèse dentaire, 140
Proton, 58-59, 89, 99
Protozoaires, 25
Proxima du Centaure, 7, 9
Puissances de 10, 222-223
Pulpe dentaire, 115, 135
Pylore, 120-121, 123
Pyridoxine, 79

R

Racine, 114-115, 242
Radio-oncologie, 141
Radioactivité
    mesure, 34, 49
    naturelle, 34
Radiographie, 133-134, 141, 167
    dentaire, 134
Rage, 195
Raphé du palais, 114
Rapport de laboratoire, 263-265
Rate, 141, 190-192, 209
Rayons X, 133-134, 136, 151
Réactifs, 112-113, 226-227
Réaction
    d'agglutination, 180
    de décomposition, 113, 149
    de synthèse, 113, 149
    nucléaire, 7
Récepteurs olfactifs, 162
Receveur universel, 180
Réchauffement planétaire, 29
Recherche pour de la vie extraterrestre intelligente
    (SETI), 15
Rectum, 109, 129, 132, 137, 141, 151
Reeves, Hubert, 39
Régime alimentaire, 84-85
    crétois, 85
Repas baryté, 134
Reproduction asexuée, 25
Reptiles, 26
Résidus
    alimentaires, 130
    digestifs, 132
Résolution de problèmes, 255-256
Résonance magnétique, 133, 151
Respiration, 167, 170-172
    cellulaire, 18, 74
    forcée, 167
    normale, 167
Réticulum endoplasmique, 18
    lisse, 17-18, 20
    rugueux, 17-18, 20
Riboflavine, 79
Ribosome(s), 17, 20
    libres, 18
    liés, 18
    production des, 19
Röntgen, Wilhelm, 133
Rotation
    mouvement de, 231-232
    vitesse de, 235
Roue(s)
    de friction, 236
    dentées et chaînes, 237
    et vis sans fin, 237
Rubidium, 34
Rutherford, Ernest, 89
Rythme cardiaque, 186, 208

S

Saccharose, 75
Sacs alvéolaires, 160, 164-166, 206
Salive, 116
Sang, 22, 173-178, 207
    circulation du, 187-189
    coagulation du, 177, 208
Satellites, 10, 15
Saturation, 69-70, 100
Saturne, 10, 15
Scanner, 133, 136, 141, 197
Schéma, 265
Scorpion (constellation), 7

Search for Extra Terrestrial Intelligence (SETI), 15
Seconde (s), 224
Sécrétion
    gastrique, 132
    salivaire, 132
Sécurité en laboratoire, 215
Segmentation, 124, 151
Sel, 61
Sélection
    naturelle, 37-38
    sexuelle, 37
Sélénium, 79
Sels minéraux, 71-72, 78-79, 101, 128, 132,
        151, 178, 190
Septum, 182
SETI, voir Search for Extra Terrestrial Intelligence
    (SETI)
SIDA, voir Syndrome immunodéficitaire
    acquis (SIDA)
Sinus, 162
Sirius, 7, 9
Sodium, 79
Soleil, 7-9, 12, 47
Solidification, 80
    point de, 80
Solubilité, 69-70, 100
Soluté, 67, 69, 100
Solution, 67, 100
    aqueuse, 67
    concentration d'une, 69, 100
    limpide, 62, 65-67, 99
    masse volumique d'une, 68-69, 100
    non saturée, 69-70, 100
    opaque, 62, 65, 99
    saturée, 69-70, 100
    solubilité d'une, 69-70, 100
Solvant, 67, 69-70, 100
Sonde, 15
Soufre, 79
Sources extraterrestres, 15
Sources, évaluation de la pertinence des, 269
Spéciation allopatrique, 37
Spectromètre, 39
Spermatozoïde, 22-23
Sphincter, 131
Sphygmomanomètre, 188-189, 209
Spirit (sonde), 15
Spiromètre, 167-168, 207
Sternum, 166, 206-207
Stéroïde, 61
Stratigraphie, 34, 49
Stromatolites, 26, 30
Strontium, 34
Substance(s)
    insoluble, 67, 100
    nutritives, voir Nutriments
    pure, 60-62, 66, 80
    simples, 132
    soluble, 67, 100
Suc(s)
    digestifs, 110, 124, 151
    gastriques, 109-110, 122, 150
    intestinal, 126-127, 151
    pancréatiques, 109-110, 126-127, 151
Sulfure d'hydrogène, 130
Suspension, 65-66, 100
Syndrome immunodéficitaire acquis (SIDA), 195
Synthèse, 113, 149
    des protéines, 16
Système(s), 24, 48
    circulatoire, IV, 24, 67, 158-159,
        173-189, 207-209
    de transmission du mouvement, 236-238
    digestif, IV, 24, 131-132
        fonction du, 108, 149
        organisation du, 109-110, 149